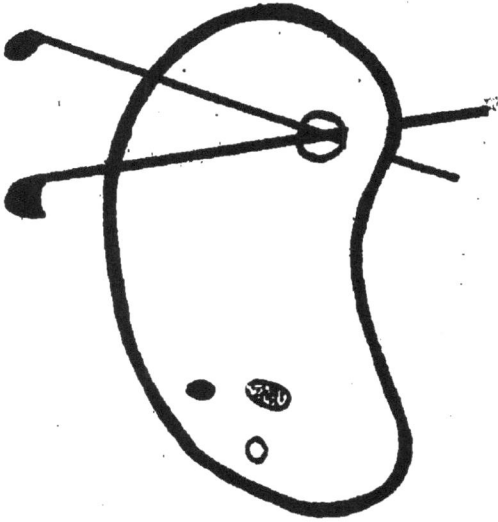

BIBLIOTHÈQUE
DE PHILOSOPHIE CONTEMPORAINE

7025

LES RÉVÉLATIONS

DE

L'ÉCRITURE

D'APRÈS UN CONTRÔLE SCIENTIFIQUE

PAR

ALFRED BINET

Docteur ès sciences,
Lauréat de l'Institut (Académie des Sciences et Académie des Sciences morales),
Directeur du Laboratoire de Psychologie physiologique à la Sorbonne.

Avec 67 figures dans le texte.

PARIS
FÉLIX ALCAN, ÉDITEUR
LIBRAIRIES FÉLIX ALCAN ET GUILLAUMIN RÉUNIES
108, BOULEVARD SAINT-GERMAIN, 108

1906

FIN D'UNE SERIE DE DOCUMENTS
EN COULEUR

LES RÉVÉLATIONS

DE L'ÉCRITURE

AUTRES OUVRAGES DE M. A. BINET

(FÉLIX ALCAN, ÉDITEUR)

Les Altérations de la Personnalité. 1 vol. in-8° de la *Bibliothèque scientifique internationale*, 2ᵉ édition, cartonné à l'anglaise . . **6 fr.**

La Psychologie du Raisonnement (RECHERCHES EXPÉRIMENTALES SUR L'HYPNOTISME). 1 vol. in-16 de la *Bibliothèque de philosophie contemporaine*, (3ᵉ édition) . . . . **2 fr. 50**

Le Magnétisme animal. 1 vol. in-8° de la *Bibliothèque scientifique internationale* (4ᵉ édition), cartonné à l'anglaise **6 fr.** (En collaboration avec M. Ch. Féré).

La Fatigue intellectuelle. 1 vol. in-8° avec 90 figures et 3 planches hors texte. (En collaboration avec M. V. Henri), Schleicher, éditeur.

La Suggestibilité. 1 vol. in-8° avec 32 figures et 2 hors texte. Cartonné. Schleicher, éditeur.

L'Année psychologique. 12ᵐᵉ année, 1906. 1 vol. in-8° avec figures, Paris, Masson et Cⁱᵉ, éditeurs.

L'Ame et le Corps. 1 vol. in-16. Flammarion, éditeur.

FÉLIX ALCAN, ÉDITEUR

L'Écriture et le Caractère, par J. CRÉPIEUX-JAMIN. Quatrième édition revue et augmentée, avec 232 figures. 1 vol. in-8° . . . . . **7 fr. 50**

LES RÉVÉLATIONS

DE

L'ÉCRITURE

D'APRÈS UN CONTROLE SCIENTIFIQUE

PAR

ALFRED BINET

Docteur ès Sciences
Lauréat de l'Institut (Académie des Sciences
et Académie des Sciences morales)
Directeur du Laboratoire de Psychologie Physiologique
à la Sorbonne

———

AVEC 67 FIGURES DANS LE TEXTE

———

PARIS

FÉLIX ALCAN, ÉDITEUR

LIBRAIRIES FÉLIX ALCAN ET GUILLAUMIN REUNIES

108, BOULEVARD SAINT-GERMAIN, 108

——

1906

A

M. BRIEUX

Souvenir d'un Ami

A. B.

INTRODUCTION

Voici une étude qui m'a intéressé passionnément. Je ne regrette pas les longs mois qu'elle m'a pris, ni même le travail parfois fastidieux de paperasserie qu'elle m'a imposé.

Le contrôle de la graphologie est une des plus belles expériences qu'un psychologue puisse souhaiter.

On trouve là une occasion précieuse de démontrer l'application de la méthode expérimentale à des phénomènes qui semblent toujours vouloir s'y dérober, les phénomènes moraux. On expose la délicate complexité des conditions nécessaires pour qu'un fait soit démontré et devienne scientifique, ce dont bien des gens ne se doutent pas! Et on n'écrit pas une de ces froides et abstraites pages de logique, qui légifèrent dans le vide, sur des hypothèses d'expériences pour des hypothèses de savants. On est en plein dans la réalité vivante. On discute des expériences réelles, contre des adversaires qui sont en chair et en os, et qui nous le font bien sentir, car défendant une position personnelle, ils apportent dans la discussion une ardeur charmante.

C'est une petite guerre qui nous oblige à veiller avec soin sur l'armure de notre pensée. Il ne suffit pas de

trouver la solution juste, il faut la démontrer, l'imposer
à des combattants, qui ont toujours quelque peine à convenir de leur tort. Il faut lutter contre les objections,
déjouer les sophismes en caressant les amours-propres,
et parfois, pourquoi ne pas l'avouer? on gagne soi-
même à cette discussion, car on découvre que sur certains points on s'est trompé.

Et ce qui augmente encore le plaisir de ce débat,
c'est qu'il n'a pas seulement l'intérêt un peu théorique
de faire triompher une règle de méthode. Il s'agit de
contrôler un art naissant, souvent décrié (mais ça n'a
aucune importance) qui, s'il était reconnu exact, ren-
drait à l'étude de l'homme moral quelques services
appréciables. Il s'agit aussi de favoriser cette évolution si
intéressante grâce à laquelle des connaissances qui sont
encore dans l'obscurité de l'occultisme émergent len-
tement dans la pleine lumière de la science.

Meudon, 24 Mars 1906.

LES
RÉVÉLATIONS DE L'ÉCRITURE

PREMIÈRE PARTIE
LE SEXE DE L'ÉCRITURE

CHAPITRE PREMIER

A quel signe reconnaît-on le sexe dans l'écriture ?

Peut-on, par l'examen d'une écriture, reconnaître le sexe de celui qui l'a tracée? Il est facile de le savoir. Ici, point d'incertitudes sur le caractère moral du scripteur. Le sexe est connu, c'est un fait précis. La seule précaution à prendre, pour estimer l'exactitude des déterminations du sexe par l'écriture, est de faire la part du hasard ; car l'examinateur ne peut choisir qu'entre deux sexes; le calcul des probabilités montre qu'en opérant au hasard, sans même regarder les écritures, on devinerait juste une fois sur deux.

Par conséquent, le nombre des déterminations justes, pour être pris en considération, doit être supérieur à 50 p. 100. En outre, comme le calcul des probabilités s'applique seulement à de grands nombres, il faudra multiplier les expériences pour arriver à quelque précision.

Sur quels documents allons-nous travailler?

Prenons garde! Il faut que ces documents ne soient pas significatifs par leur contenu ; une lettre, même non signée, peut nous révéler le sexe de qui l'a écrite, par beaucoup de signes, l'orthographe, le style, les idées. Il nous faut des documents moins parlants. Le diagnostic du sexe doit reposer seulement sur la forme de l'écriture.

D'après le conseil d'un graphologue éminent, j'ai pris comme documents des enveloppes de lettres, portant une adresse, et généralement la mienne; il y a mon nom, mon prénom, le nom et le numéro de la rue, le nom de la ville et celui du département; parfois, on a ajouté mon titre: directeur du laboratoire de psychologie de la Sorbonne. Cela fait de 8 à 20 mots. Quelques personnes aimables ont bien voulu me fournir aussi des enveloppes reçues par elles. Le nombre total des enveloppes est de 180. Ce nombre est suffisant pour qu'on puisse éliminer la part du hasard.

Je donne quelques détails complémentaires sur cette collection d'enveloppes. J'en ai enlevé les en-têtes, les cachets, les armoiries, tout ce qui pourrait servir d'indice; j'ai éliminé les enveloppes trop féminines par leur forme et leur parfum. Les écritures sont tracées : les masculines en majorité par des hommes de profession libérale, avocats, médecins, quelques commerçants, quelques commis et de rares domestiques; les féminines en majorité par des femmes du monde, quelques paysannes et quelques domestiques. Supposant qu'une lettre adressée à un homme ferait penser à un expéditeur masculin, et qu'à l'inverse une lettre adressée à une femme ou à une jeune fille paraîtrait envoyée par une femme, j'ai eu soin de placer dans ma collection 38 adresses de femme à homme, balançant 47 adresses de femme à femme, et de même 22 adresses d'homme à femme, faisant la contre-partie de 68 adresses d'homme à homme.

Je dis tout de suite que cette suggestion par le sexe du destinataire a exercé une influence sur les réponses. Ainsi, jamais une enveloppe écrite par un homme à une femme n'a été jugée masculine à l'unanimité ; au contraire, beaucoup d'adresses écrites par des hommes à des hommes ont été attribuées au sexe masculin à l'unanimité.

L'ordre de succession des enveloppes dans la série de 180 a été fixé par des chiffres écrits sur chaque enveloppe; les personnes ont reçu l'invitation de suivre cet ordre dans leur examen. J'ai essayé de ne mettre aucune régularité dans l'ordination des enveloppes; parfois des enveloppes de sexe différent alternent par 1, par 2, par 3; parfois il y a de longues séries d'enveloppes de même sexe, par exemple 15. Le nombre total d'enveloppes féminines est de 89; enveloppes masculines, 91.

L'immense majorité de ces documents a passé par la poste; c'est dire que les adresses ont été écrites d'une main naturelle par des correspondants qui ne songeaient pas à faire une expérience. Cependant, j'ai intercalé dans la série une dizaine d'adresses qui ont été écrites sur commande; enfin, je note une personne qui m'a offert spontanément de déguiser son écriture; elle a écrit 4 enveloppes différentes.

Je donne quelques détails complémentaires qui sont nécessaires pour préciser la signification des résultats obtenus. Il est clair, comme ce travail le démontrera, que certaines écritures cachent mieux leur sexe que d'autres.

Il est donc important que je dise que mes 180 enveloppes ont été réunies sans opérer aucun choix entre celles que je trouvais dans mes tiroirs ou que des amis complaisants ont bien voulu mettre à ma disposition; il n'a été fait aucune élimination en vue de faciliter l'expérience ou au contraire pour la rendre plus difficile. Par conséquent, je tiens pour probable que mes 180 enveloppes représentent les caractères sexuels moyens des écritures, dans leur état moyen de fréquence et de difficulté.

Si d'autres personnes désirent renouveler l'essai de diagnostic avec d'autres corps d'écriture, elles feront bien de tenir compte de la circonstance ci-dessus, pour obtenir des solutions comparables aux miennes.

Les experts. — Les personnes qui ont bien voulu collaborer à cette recherche scientifique sont nombreuses. Je citerai d'abord M. Crépieux-Jamin, qui, d'après les témoignages que j'ai recueillis, est aujourd'hui le représentant le plus autorisé de la graphologie. Je ne saurais assez le remercier de son zèle et de son amabilité. Mais vraiment, je me demande si je dois le remercier; car s'il a consenti à étudier mes documents, c'est beaucoup moins pour m'obliger personnellement que parce qu'il a cru accomplir son devoir,

en soumettant la graphologie au contrôle scientifique que
je lui proposais. M. Crépieux-Jamin ne craint pas le contrôle, il le demande avec une franchise et une simplicité
qui lui font le plus grand honneur. J'ajoute que l'expérience
que je fais avec lui est rendue tout à fait satisfaisante par une
circonstance accidentelle. Il habite Rouen, et je suis à Paris.

Cet éloignement des deux expérimentateurs paraît être, à
première vue, un gros inconvénient; on ne peut pas se
parler, il faut s'écrire. La vérité est que c'est là un avantage
inappréciable; nous gardons avec soin les lettres que nous
avons échangées; par conséquent, nous n'avons pas à
craindre d'avoir dit de ces mots imprudents dont on n'est
pas avare dans les conversations, qu'on oublie aussitôt après,
et qui n'en font pas moins une dangereuse suggestion; la
suggestion est toujours à craindre, même entre les personnes les plus loyales. Dans une lettre, on s'observe davantage, et si un mot imprudent a été écrit on en garde la trace[1].

Un membre fort distingué de la Société de graphologie,
M. Eloy, a bien voulu déterminer le sexe de 103 adresses; nous
trouverons quelque intérêt à comparer ses résultats à ceux
de M. Crépieux-Jamin.

1. De plus, on évite de cette manière les suggestions involontaires et imperceptibles du geste, de l'attitude, suggestions qui finement interprétées par l'inconscient
du graphologue, pourraient le guider vers la vérité, à peu près avec la même sûreté que des mouvements inconscients de la main ou de la respiration guident vers
l'objet caché le chercheur qui fait du « cumberlandisme ». On évite aussi par la
méthode de la correspondance l'équivoque de réponses mal définies, que le graphologue pourrait interpréter plus tard et très innocemment en sa faveur, par de
petites modifications destinées à les faire cadrer avec la vérité. Je veux donner un
curieux exemple de cette sorte de falsification rétrospective. Elle s'est ébauchée devant moi, un jour que je faisais une petite expérience de graphologie pour m'amuser,
et sans prendre de précautions. C'était à une séance de notre *Société de psychologie
de l'enfant*. Je présidais, et pour alimenter la séance j'avais fait circuler dans la salle
quatre adresses dont deux étaient écrites par des hommes et deux par des femmes. Je
demandais aux personnes présentes de bien vouloir déterminer le sexe des scripteurs, et de me répondre par écrit. Pendant que le travail collectif suivait son cours,
un graphologue très distingué vint s'asseoir près de moi au bureau; je lui montrai
une des enveloppes, en l'invitant à deviner le sexe. Il examina l'écriture de très
près, puis, après un moment, il me dit, avec ce bon sourire confiant des professionnels : « Ceci me paraît être très probablement une écriture d'homme. » Il fit
une courte pause, puis ajouta : « Cependant, je dois remarquer que je connais une
femme qui a, à peu de chose près, la même écriture. » Une heure après, je causai
de nouveau avec ce même graphologue; et je lui dis, en lui montrant la même enveloppe : « C'est une écriture d'homme ». Une expression de satisfaction se pei-
gnit discrètement sur sa physionomie; il me répondit simplement : « Vous voyez! »
Et c'est tout. La conversation n'alla pas plus loin. Maintenant, examinons cette
petite circonstance, en elle-même, et faisons abstraction du très sympathique graphologue qui y a joué un rôle. Je le sais très prudent et très perspicace. Si par
hasard je lui avais demandé catégoriquement : « Pensez-vous avoir deviné le sexe

J'ai pensé qu'il serait curieux de savoir comment se tireraient de l'expérience des personnes étrangères à la graphologie. Une quinzaine de personnes, comprenant des hommes, des femmes, de tout âge, et aussi des enfants, ont consenti à étudier mes documents. M. Belot, inspecteur primaire de la Seine, a bien voulu en distribuer à plusieurs instituteurs. C'est un travail assez long. En général, ces bénévoles étaient laissés en tête-à-tête avec les 180 adresses, et me remettaient leurs appréciations par écrit.

A QUEL SIGNE RECONNAIT-ON, D'APRÈS LES EXPERTS, LE SEXE DANS L'ÉCRITURE? — Si nous nous contentions de montrer des écritures à des graphologues, en les priant de déterminer le sexe sans nous expliquer les raisons qui les décident, l'expérience ne serait pas bien instructive; elle nous apprendrait que M. Un-tel est très fort, que l'autre M. Un-tel est moins exact, et ainsi de suite, et que d'une manière générale l'écriture renferme ce que les naturalistes ont appelé des *caractères sexuels secondaires*. Vraiment, ce serait peu de chose. La science veut qu'on dévoile le mystère, qu'on détermine les signes graphologiques du sexe avec une précision telle que n'importe qui, remplissant certaines conditions d'exercice et d'aptitude naturelle, puisse diagnostiquer l'écriture comme le fait un graphologue.

M. Crépieux-Jamin, qui ne s'est jamais refusé à aucune de mes exigences scientifiques, a bien voulu décrire en quelques lignes ses principes et sa méthode; ces lignes que je transcris ici, ont été écrites à un moment où M. Crépieux-Jamin ignorait les résultats donnés par la vérification de ses diagnostics.

Rouen, 11 mars 1903.

Cher monsieur,

Je vais vous donner, comme vous le désirez, quelques détails sur ma façon de procéder.

Tout d'abord, saviez-vous que la possibilité de déterminer l'âge et le sexe par l'écriture avait été niée par Michon, le fondateur de la graphologie? (Voyez *Mystères de l'écriture*, p. 11, et *Méthode pratique* p. 147.)

de cette enveloppe? » probablement il aurait reconnu lui-même l'équivoque de la première réponse. Mais un expert moins fin ou plus arriviste que lui aurait pu affirmer qu'il ne s'était pas trompé.

Voilà, je crois, un très bel exemple, tout à fait saisissant, des incertitudes de la parole.

Dans mon *Traité pratique*, écrit il y a près de vingt ans, j'ai consacré un petit chapitre à la question (p. 253 à 260), et j'exprimais nettement l'avis que cette détermination était possible. Je disais, en substance, que chaque sexe ayant sa psychologie doit avoir son écriture. L'écriture se modifiant selon le développement de l'individu indique aussi son âge.

J'en suis resté là et personne, à ma connaissance, ni en France, ni à l'étranger, n'a repris la question. Votre initiative m'a obligé de faire un effort et j'ai dû, pour vous donner satisfaction, instituer la méthode au fur et à mesure de mes essais.

Dans bien des cas, un examen rapide de quelques secondes m'a déterminé. Cependant, lorsqu'il fallait expliquer le cas, donner mes raisons, j'ai été plus d'une fois arrêté pendant quelques minutes. D'autres fois après avoir passé un quart d'heure sur une enveloppe et avoir fait le même exercice le lendemain, je n'aboutissais qu'à une probabilité.

Sur certaines enveloppes, en additionnant les temps des reprises, j'ai sûrement passé une heure. Mais en général, examens et notations comprises m'ont demandé 10 minutes par écriture.

Pour le sexe, les raisons les plus diverses m'ont décidé. Tantôt c'était la psychologie du scripteur qui me renseignait, tantôt c'était directement la forme du geste écrit.

Chez la femme, le geste écrit et gauche, souvent disgracieux et lâché, ne quittant l'allure insignifiante que pour devenir discordant, désordonné ou exagéré; il a souvent des formes penchées et frêles, ou bien prétentieuses ou compliquées. L'écriture dite du Sacré-Cœur, au tracé triangulaire, est actuellement un précieux indice du sexe féminin, mais il est aléatoire puisqu'il suffirait d'une modification dans l'enseignement des couvents pour qu'il disparaisse. La surélévation des divers minuscules, principalement des *s*, *r* et de la hampe des *p*, se rencontre très souvent, même habituellement dans les écritures de femmes, et très rarement dans celles des hommes. Il en est de même des finales longues, soit qu'elles aillent à la dérive, soit qu'elles soient horizontales. Ce qui m'a frappé le plus, c'est de constater combien on exagérait l'importance des signes de la finesse et de la légéreté; ils n'ont pas une grande importance différentielle. Si parfois les écritures de femmes sont plus fines et légères que celles des hommes, par contre on y voit plus fréquemment des traits appuyés, des renflements, — c'est-à-dire que la femme qui a moins de besoins sexuels que l'homme, serait cependant plus sensuelle. Il est vrai que les renflements disent aussi la gourmandise.

Chez l'homme la netteté, la fermeté, la sûreté, la simplicité, la sobriété du tracé sont caractéristiques. La simplification, qui est un signe graphologique de culture d'esprit, est bien plus fréquente que chez la femme. Quand l'écriture d'une femme a de la tenue, chose rare, elle n'évite pas la raideur, le mouvement manque de grâce. Chez l'homme, l'aisance du tracé s'allie le plus souvent aux qualités de netteté et de sobriété. Ces différences existent jusque dans l'écriture des gens inférieurs. A égale infériorité, l'écriture de l'homme est plus simple et sobre. On trouve aussi beaucoup moins d'écritures lâchées d'hommes que de femmes.

Chacun de ces signes, pris séparément, est un critérium insuffisant, mais j'ai considéré la réunion de plusieurs d'entre eux comme une preuve.

Quand il m'est resté un doute, même léger, j'ai noté mon appréciation comme probable seulement. Il s'agit d'un essai, n'est-ce pas? J'ai exprimé le degré de ma conviction; voilà tout.

M. Éloy m'a exposé sa méthode dans les lignes suivantes :

Je m'appuie, pour trouver le sexe au moyen de l'écriture, sur deux bases : 1° Cette proposition du philosophe H. Kleffer : « Le centre de gravité de la fonction intellectuelle chez la femme est la grâce ou la faculté de produire harmoniquement sans effort; celui de sa fonction morale est la bonté; le centre de gravité de la fonction intellectuelle chez l'homme est la force, ou la propriété d'aller plus loin par l'effort; celui de sa fonction morale, est la justice », etc.

« 2° Il y a chez la femme, comparativement à l'homme au point de vue intelligence, au point de vue activité et au point de vue moralité, une faiblesse ou même un *minus* (en général) dont l'écriture est révélatrice. Quand une écriture n'a pas un caractère bien tranché, pour acquérir une certitude sur le sexe il est nécessaire d'avoir plus qu'une enveloppe; il faudrait au moins 8 ou 10 lignes; il se peut donc que quelques-unes de mes réponses soient dubitatives, je les piquerai d'un point d'interrogation ».

Ces principes sont un peu moins explicites que ceux de M. Crépieux-Jamin; le détail graphologique sur lequel l'expert doit s'appuyer pour ses déterminations n'y est pas indiqué : M. Éloy se contente presque de faire la psychologie du sexe féminin.

Quant aux ignorants de la graphologie, à qui l'on demande un jugement sur les écritures, ils n'aiment pas donner d'explications. On a beaucoup de peine, parfois, à les décider à l'expérience; ils sont peu confiants, et prétendent souvent qu'ils vont au hasard. Je crois qu'ils ne font point d'analyse et se contentent d'une impression d'ensemble, et généralement peu consciente. Pour eux, la légèreté, la finesse, l'inclinaison sont des signes féminins de l'écriture; parfois ils font une comparaison avec une écriture qui leur est connue ; « C'est une femme, dira l'un, parce que ça ressemble à l'écriture d'une de mes cousines. » Parfois, il y a un effort de généralisation : « C'est insignifiant comme toutes les écritures de femmes », nous dit une dame âgée et peu indulgente pour son sexe. Mais ces remarques ne mènent pas loin. En somme, les ignorants se laissent guider par une vague intuition. Ils devinent le sexe de l'écriture à peu près comme nous devinons, à la tournure générale, un avocat, un militaire, un paysan endimanché.

CHAPITRE II

Les experts et les ignorants se sont-ils trompés ?

A tout seigneur tout honneur. Commençons par M. Crépieux-Jamin.

Sur les 180 adresses, M. Crépieux-Jamin ne se récuse qu'une seule fois, pour une enveloppe dont il dit : « Elle a été écrite à la diable, soit en riant, soit dans une mauvaise position ; c'est un mauvais document. Peut-être a-t-il été également écrit trop vite. » Pour les 180 enveloppes, le nombre de déterminations justes est de 141 ; soit un pourcentage de 78,8 p. 100 [1].

Notons un petit point de détail. M. Crépieux-Jamin a eu soin de nous indiquer chaque fois si sa détermination lui paraissait probable ou certaine ; sur ces 180 diagnostics il y en a eu 51 de probables et 129 de certains, ce qui revient à dire que ce graphologue doute environ deux fois sur sept. Il est intéressant de rechercher si, lorsque le jugement paraît douteux à celui qui le porte, ce jugement est plus souvent faux que lorsqu'on l'émet avec confiance. Sur 51 erreurs, il y a eu 23 jugements probables, près de la moitié, tandis que

---

1. J'ai dit plus haut que j'ai mis dans ma collection d'enveloppes 60 adresses dans lesquelles l'écrivain expéditeur n'est pas de même sexe que le destinataire. J'ai expliqué que les erreurs qu'on peut commettre sur ces adresses doivent être plus nombreuses que sur d'autres, car chacun fait plus ou moins la supposition qu'une lettre écrite à une femme doit venir d'une femme, et une lettre adressée à un homme doit venir d'un homme. Toutes les personnes ont subi cette suggestion, et M. Crépieux-Jamin semble n'y avoir pas échappé ; ses déterminations justes sont de 82 p. 100 pour les enveloppes dont le sexe est identique chez l'expéditeur et le destinataire, et de 74 p. 100 seulement pour les enveloppes dans lesquelles les deux personnes sont de sexe différent. M. Crépieux-Jamin m'assure qu'il n'a fait aucune attention au sexe du destinataire. La suggestion serait donc chose inconsciente dans son cas, si elle a réellement existé.

sur les 129 réponses justes, il n'y avait que 27 jugements probables, proportion beaucoup plus faible. Conclusion : M. Crépieux-Jamin se trompe moins souvent dans les jugements qu'il qualifie de sûrs.

Si on supprimait tous ses jugements de simple probabilité, on lui enlèverait le bénéfice de 27 réponses justes et le désavantage de 23 réponses fausses. Autant vaut dire que ses jugements probables, pris dans leur ensemble, n'ont guère plus d'exactitude que des réponses données au hasard.

J'ai été curieux de rechercher quels sont les signes graphologiques qu'il a invoqués dans les cas où il s'est trompé ; il a motivé 138 de ses jugements. Dans ces jugements, je trouve 4 motifs principaux : 1º la netteté, simplicité, sobriété, fermeté du tracé, qui révèlent l'homme ; 2º la surélévation de certaines lettres, qui révèle la femme, et l'absence de surélévation, qui, sauf quelques réserves, révèle l'homme ; 3º la forme et l'allure de certaines lettres, qui serait essentiellement féminine dans certains cas et masculine dans d'autres. Ainsi, on nous dit : l'r de rue a l'allure féminine en plein ; — les finales sont typiques. — Les D, S, O me paraissent d'une femme, etc. 4º Des arguments tirés de la psychologie du sujet. Ainsi, l'expert écrit : « La graphologie dit que l'écrivain a beaucoup de défauts de femme ; — insignifiance tranquille, douce et modeste, donc une femme — incohérence des signes de volonté, c'est une femme, — allure débraillée me détermine pour une femme. »

En faisant un recensement général, je trouve que la psychologie du sujet a été invoquée 40 fois avec raison, 8 fois à tort ; la forme de certaines lettres, majuscules, finales, a été invoquée 66 fois avec raison et 12 fois à tort. La surélévation de certaines lettres a été invoquée 25 fois avec raison et une fois seulement à tort. La netteté, sobriété, simplification de l'écriture a été invoquée 48 fois avec raison et 8 fois à tort. J'ajoute que Crépieux-Jamin emploie le plus souvent plusieurs arguments pour une même écriture ; parfois même il en cite plusieurs qui sont contradictoires, et entre lesquels il choisit. Ainsi, il a rencontré des surélévations, assez rarement il est vrai, dans des écritures qu'il a néanmoins attribuées à des hommes âgés. De cette courte revue il résulte que tous les signes graphologiques du sexe peuvent tromper, sans qu'il soit facile de dire lequel est le plus sûr : peut-être la surélévation des lettres avec les réserves indiquées par Crépieux-Jamin est-elle un des meilleurs signes féminins ; en tout cas, tous ces signes invoqués ont une certaine valeur, puisqu'ils se vérifient dans la majorité des écritures.

M. Éloy, à mon grand regret, n'a pas pu étudier la série complète des enveloppes, mais seulement 103 (environ le premier et le troisième tiers de la série complète). Le nombre total de ses erreurs est de 25, ce qui donne comme pourcentage de ses jugements exacts 75 p. 100. C'est un pourcentage très voisin de celui de M. Crépieux-Jamin, très légèrement inférieur. Du reste, il ne faut pas attacher trop d'importance à cette différence ; rien ne prouve qu'elle se conserverait dans une autre expérience ; elle pourrait grandir ou diminuer.

Que conclurons-nous de ces premiers chiffres ? C'est que bien réellement les graphologues ont le droit d'affirmer que l'écriture renferme des caractères sexuels, et que ces caractères sont suffisants pour déterminer le sexe du scripteur, dans un certain nombre de cas. Voilà le fait décisif.

Il y a un autre fait à relever : c'est que ces signes sexuels de l'écriture ne sont pas des signes infaillibles, puisque de bons juges, comme MM. Crépieux-Jamin et Éloy, s'y sont souvent trompés. Il est possible ou que les erreurs commises soient imputables aux expérimentateurs, à leur défaut d'exercice, etc., — ou qu'elles soient imputables aux signes graphologiques eux-mêmes, qui, peut-être, n'ont point une valeur absolue. Laissons la question en suspens.

Les ignorants se trompent-ils plus que les experts ?

Nous appelons ignorants en graphologie ceux qui ne se sont point initiés aux principes de la graphologie officielle, ou qui n'ont fait aucune étude spéciale sur les signes graphologiques. Ces ignorants peuvent se comporter, vis-à-vis de nos expériences, de deux manières bien différentes : 1° juger les écritures par instinct, intuition, ou par un raisonnement quelconque, plus ou moins conscient, mais toujours avec absence d'étude préalable ; 2° se préparer par une étude préalable à l'examen des écritures qui leur sont soumises. Cette préparation consistera, par exemple, dans le cas où on leur demandera de deviner le sexe d'une écriture, à se faire une petite collection d'écritures de sexe différent, et à regarder l'une après l'autre ces écritures pour chercher à se rendre conscients de leurs différences sexuelles. Dans ce cas, quand ils se donnent cette préparation, nos ignorants ne deviennent pas des graphologues, mais ils cessent d'être des ignorants intuitifs. J'ai tout lieu de croire que dans notre étude sur le sexe de l'écriture les ignorants qui nous ont prêté leur concours en sont restés à l'intuition.

Et d'abord, les ignorants, ceux qui n'entendent rien à la graphologie, sont-ils capables de déterminer le sexe d'une écriture ? J'entends par là : sont-ils capables de faire des déterminations plus exactes que celles du hasard, et par conséquent supérieures à 50 p. 100 du nombre total des écritures ?

Oui ; le fait est absolument certain. J'ai montré mes séries d'adresses à une foule de personnes, des gens instruits, des gens sans culture, et même des jeunes enfants. Constamment et *sans aucune exception,* ces ignorants donnent un pourcentage de réponses justes qui est supérieur au hasard.

Exemples : Une jeune fille de dix-sept ans, sérieuse, appliquée, mais qui ne sait rien en graphologie, étudie 161 enveloppes de la série (20 enveloppes sont écartées, parce qu'elle reconnaît qui les a écrites). Le nombre total des erreurs est de 49 ; soit un pourcentage de 70 p. 100 de réponses justes.

M. Belot, inspecteur primaire à Paris, a bien voulu faire répéter l'expérience à dix instituteurs et institutrices choisis avec soin dans son personnel ; on leur a fait deviner le sexe de 137 écritures d'adresses. Le pourcentage des réponses justes a été de : 65,9 ; 66,4 ; 67 ; 68 ; 69 ; 69,3 ; 72,9 ; 73 ; 73 ; 73.

On voit que la justesse de coup d'œil varie dans de larges proportions ; la personne qui a le moins d'habileté ne devine que 63 p. 100 ; celle qui en a le plus va jusqu'à 73 p. 100. Cette dernière proportion a été atteinte trois fois par des institutrices.

Concluons que le don de reconnaître les caractères sexuels de l'écriture appartient à peu près à tout le monde. Seulement, les plus habiles des ignorants sont restés au-dessous des graphologues professionnels. Il est naturel que l'exercice, l'entraînement, l'habitude de se rendre compte donnent aux graphologues un certain avantage.

CHAPITRE III

Le sexe apparent, le sexe dissimulé et le sexe falsifié

Tous ceux qui ont consenti à deviner le sexe des enveloppes ont reconnu que, pour certaines écritures, l'opération est très facile et demande un simple coup d'œil, tandis que d'autres spécimens font beaucoup hésiter; il en est même de si douteux qu'on se décide complètement au hasard. L'étude des motifs des jugements écrits par M. Crépieux-Jamin montre en outre que l'expert professionnel, placé devant une écriture dont il cherche à deviner le sexe y découvre plusieurs caractères, qui tantôt se confirment et tantôt se contredisent; dans ce dernier cas, il faut non seulement compter, mais peser les caractères, faire une résultante, travail délicat et subtil, souvent plein de conjectures.

A ne regarder les choses que du dehors, nous trouvons à distinguer trois genres d'écritures :

1º Celles dont le sexe est très apparent;

2º Celles, moins nombreuses, dont le sexe est ambigu;

3º Celles, en petit nombre, qui portent les signes du sexe opposé.

Je vais donner des spécimens de ces différents genres graphiques.

Écritures franchement sexuées. — Il y a, dans ma collection, des écritures d'hommes que tout le monde, sans aucune exception, a reconnues. J'en reproduis une, celle d'un professeur de l'Université (fig. 1). C'est un homme de quarante ans, grand, fort, intelligent. Dix-huit personnes ont été appelées à deviner le sexe de son écriture. Toutes ont reconnu un homme, toutes sans exception.

M. Crépieux-Jamin écrit :

Homme, sûr ; quarante ans ; écriture claire, ferme, simple, simplifiée, sobre, d'un homme. Quelques tremblements légers disent plus de quarante ans.

Ayant eu l'occasion, plusieurs mois auparavant, de juger un autre spécimen provenant de la même personne, —

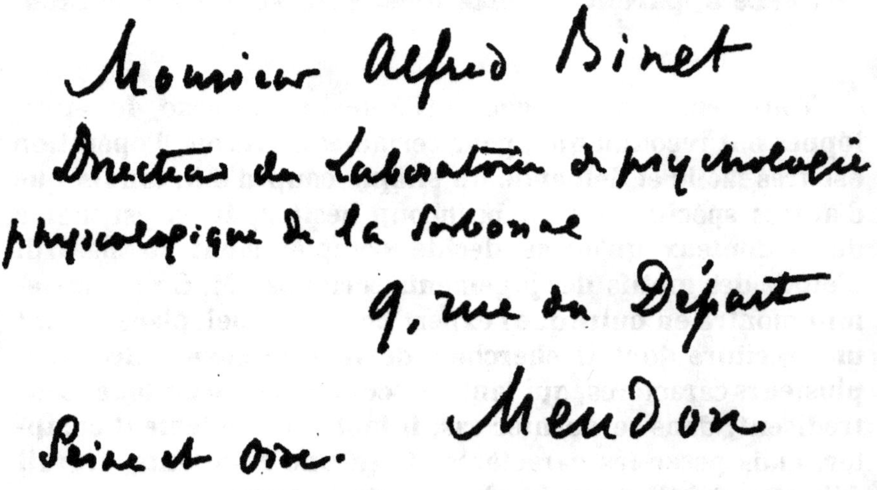

Fig. 1. — *Écriture d'homme, adulte, profession libérale.*
Le sexe de cette écriture a été reconnu par tous ceux qui l'ont étudiée.

j'ignore s'il a songé à les identifier, — M. Crépieux-Jamin écrivait :

Homme, quarante à quarante-cinq ans. Écriture sobre, nette, simple et droite d'un homme. Je n'ai jamais vu une femme écrire ainsi et je ne me l'imagine pas, ce serait la psychologie des sexes renversée. Pour l'âge, il y a dans ce tracé une maîtrise qu'on n'a guère de bonne heure.

M. Éloy porte un jugement identique, mais autrement motivé :

Homme. Écriture boueuse, mais claire et lisible ; ponctuation ; soins de lisibilité marqués ; les *e* minuscules de Binet et de Meudon non pochés, malgré écriture boueuse.

Je signalerai encore deux autres écritures, celle de M. Sardou et celle de Taine.

L'écriture de Taine (fig. 2) a été reconnue comme mascu-

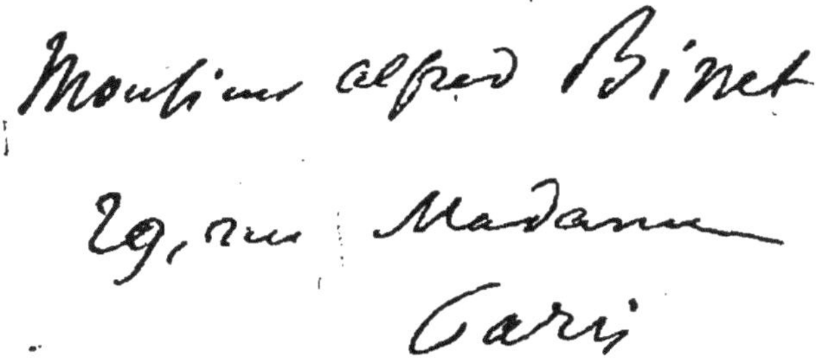

Fig. 2. — *Écriture de Taine ; le sexe de cette écriture a été presque
toujours reconnu.*

line par 15 personnes ; 3 personnes l'ont attribuée cependant
à une femme. Voici ce que les graphologues en disent.

M. Crépieux-Jamin :

Homme, sûr, cinquante ans. Netteté, simplicité, sobriété, simplification.

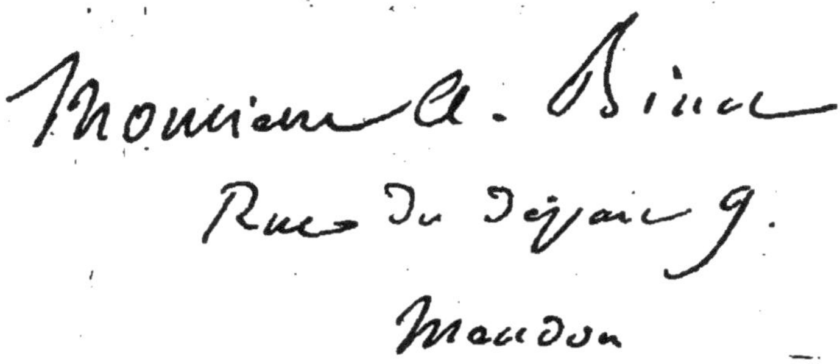

Fig. 3. — *Écriture de Victorien Sardou ; le sexe de cette écriture
a été presque toujours reconnu.*

Donc, écriture d'homme. Dépression et légers tremblements du cinquan-
tenaire, environ.

M. Éloy :

Homme : activité et simplicité de formes ; finesse et souplesse d'esprit
au point de vue intellectualité.

Pour l'écriture de M. Sardou (fig. 3), 13 personnes ont
reconnu un homme ; 2 personnes l'ont attribuée à une
femme.

M. Crépieux-Jamin :

Homme, sûr, soixante ans au moins. Netteté et simplicité de l'écriture d'un homme.

Voici deux spécimens d'écriture de femme reconnus féminins par toutes les personnes qui les ont examinés.

Le premier (fig. 4) est d'une jeune fille de vingt ans ; il

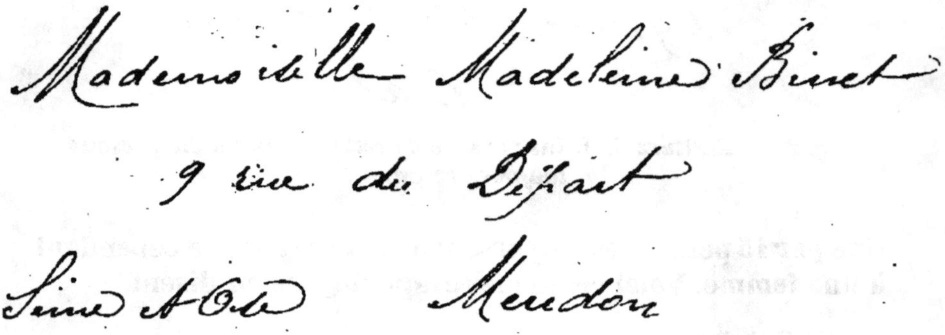

Fig. 4. — *Jeune fille de 20 ans ; le sexe de son écriture a été presque toujours reconnu.*

a été examiné par 14 personnes ; 13 ont attribué cette écriture à une femme.

M. Crépieux-Jamin écrit :

Femme, probable, vingt-cinq ans. L'écriture un peu calligraphique, rend très difficile la détermination du sexe. Les s surélevés me décident pour femme. Le tracé frais, élégant, dit la jeunesse adulte.

M. Éloy :

Femme. Forme du s de mademoiselle (manœuvres psychologiques de la coquetterie), forme du B.

L'écriture de la figure 5 est d'une jeune fille de dix-neuf ans ; toutes les personnes (15) ont reconnu la femme.

M. Crépieux-Jamin :

Femme, sûre, 50 ans au plus. Écriture lourde, anguleuse et disgracieuse, dite du Sacré-Cœur. Tracé d'une physiologie fatiguée.

M. Éloy :

Entêtement égoïste ; esprit étroit et cœur fermé.

Écritures à sexe douteux. — Ce sont des écritures que j'ap-
pellerais volontiers hermaphrodites ; les réponses se répartissent en nombre égal pour les deux sexes ; et les grapho-

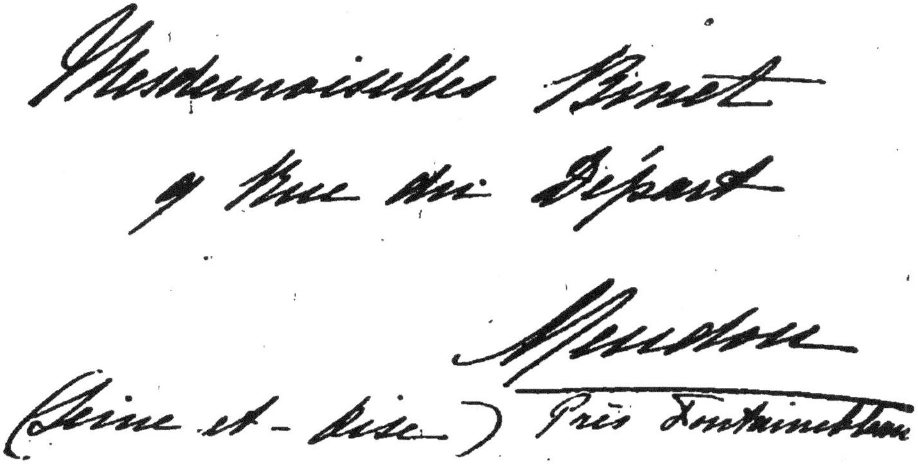

Fig. 5. — *Écriture anguleuse, dite du Sacré-Cœur, tracée par une jeune
fille de 19 ans ; sexe de l'écriture toujours reconnu, c'est sur l'âge qu'on
s'est trompé ; on l'a généralement vieillie.*

logues professionnels restent incertains. Il est bien entendu
que nous trouvons tous les termes du passage entre les écritures franchement sexuées et les écritures à sexe ambigu. La
raison de l'ambiguïté vient, soit de ce que ces écritures n'ont

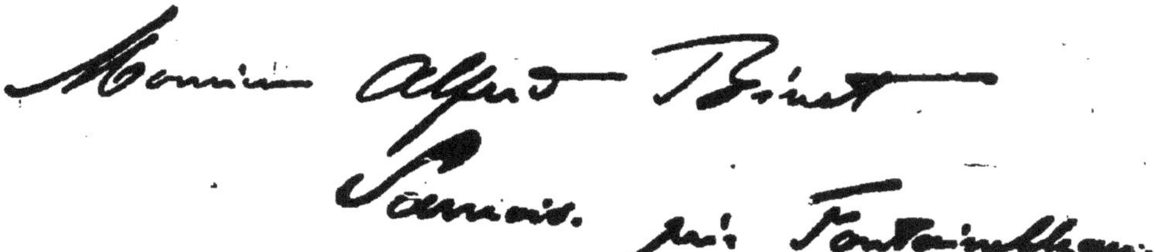

Fig. 6. — *Adresse écrite par M. François de Curel, le célèbre dramaturge français. Bien des observateurs ont cru reconnaître une
main de femme.*

pas de caractères tranchés, soit de ce qu'elles ont des caractères contradictoires.

Je citerai deux exemples :

L'un (fig. 6) est l'écriture d'un homme de 48 ans, auteur
dramatique éminent, intelligence à tendances philoso-
phiques. Son écriture a beaucoup égaré les examinateurs ;

8 personnes, dont M. Crépieux-Jamin, ont reconnu un homme; 10 autres personnes, dont M. Éloy, l'ont attribuée à une femme.

M. Crépieux-Jamin :

Homme sûr, 50 à 60 ans. — Homme à cause de la netteté, de la simplicité, de la simplification. L'inclinaison assez grande ne m'arrête pas, quoiqu'on la considère comme indice de l'écriture féminine. Je crois l'importance de la netteté et de la simplicité tout à fait prédominante; quelques dépressions disent l'âge de 50 à 60 ans.

L'autre exemple de sexe mal accusé (fig. 7) est donné par une jeune fille de 18 ans, intelligence solide, caractère sé-

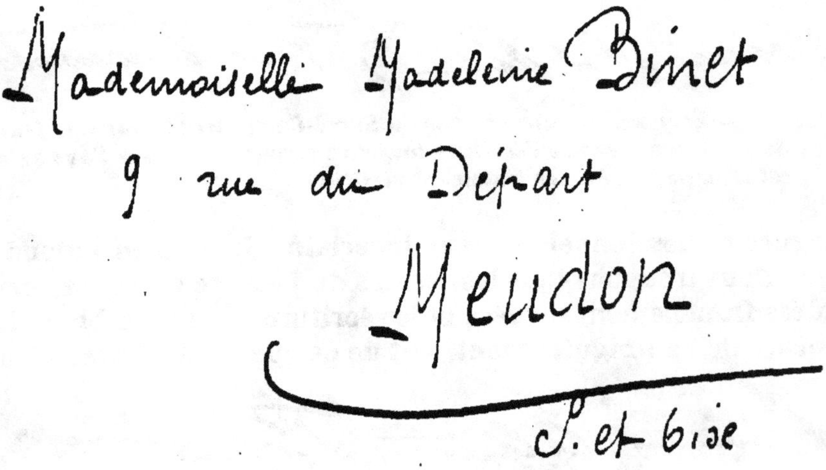

Fig. 7. — *Autre écriture à sexe douteux. Celle-ci est tracée par une jeune fille de 18 ans.*

rieux. 12 personnes ont examiné son écriture; 6 ont opté pour homme, et 6 pour femme; l'enveloppe était adressée à une jeune fille, ce qui a exercé peut-être une suggestion, sans laquelle on aurait plus souvent attribué l'écriture à un homme.

M. Crépieux-Jamin :

Homme, sûr, 30 ans. Netteté, simplicité, sobriété, fermeté du tracé d'un homme. Ce n'est pas un homme âgé, le tracé est très frais, sans aucune dépression, 30 ans, peut-être moins.

Écritures à sexe inverti. — Ce sont des écritures qui
portent si manifestement le caractère du sexe opposé que
presque tous les examinateurs s'y sont trompés. Je fais des
réserves sur la réelle interversion du sexe dans ces écritures.
Il est toujours possible que des experts plus habiles arrivent
à démêler le sexe caché; mais je préviens ceux qui sont, par
les lignes précédentes, avertis de l'erreur commise, qu'ils
n'auront aucun mérite à découvrir après coup les signes
sexuels vrais dans les écritures que je vais mettre sous leurs
yeux.

Voici d'abord (fig. 8) une écriture de femme, que 18 exa-

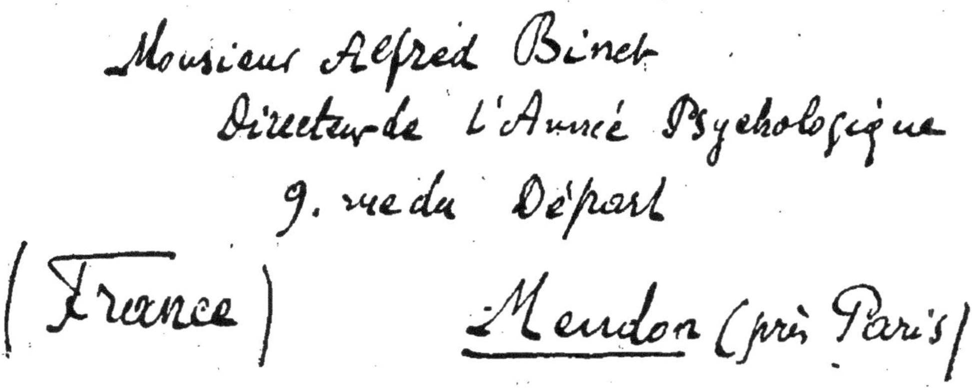

Fig. 8. — *Adresse tracée par main de femme; femme instruite,
cultivant les sciences avec succès. Type d'écriture à sexe inverti.*

minateurs contre 1 ont attribuée à un homme; c'est l'écriture
d'une demoiselle qui s'occupe de science, avec succès, et a
acquis déjà une certaine notoriété. J'ignore son âge exact; il
doit être voisin de 30 ans.

M. Crépieux-Jamin écrit :

La simplicité, sobriété, netteté du tracé disent un homme. Quelques
dépressions disent l'âge, qui n'est plus jeune.

M. Éloy :

Homme : Originalité des lettres; soin des indications (parenthèses,
soulignements énergiques).

La figure 9 est de la main d'un ancien cocher de
maison bourgeoise; c'est aujourd'hui un vieillard de 70 ans.

Homme gros, fort, robuste, sans culture, psychologie de domestique. 15 personnes ont pris son écriture pour celle d'une femme ; 1 personne seule a reconnu un homme. M. Crépieux-

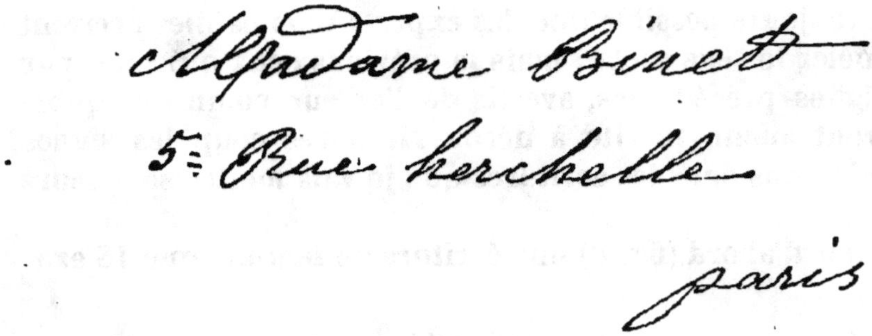

Fig. 9. — *Vieux cocher de grande maison ; son écriture a des caractères féminins.*

Jamin n'a pas eu le temps de motiver son jugement, il a commis l'erreur commune ; ajoutons que cet auteur fait d'expresses réserves au sujet des écritures de vieillards.

Sexe falsifié. — J'ai dit plus haut qu'une personne m'a proposé spontanément de falsifier son écriture. Cette per-

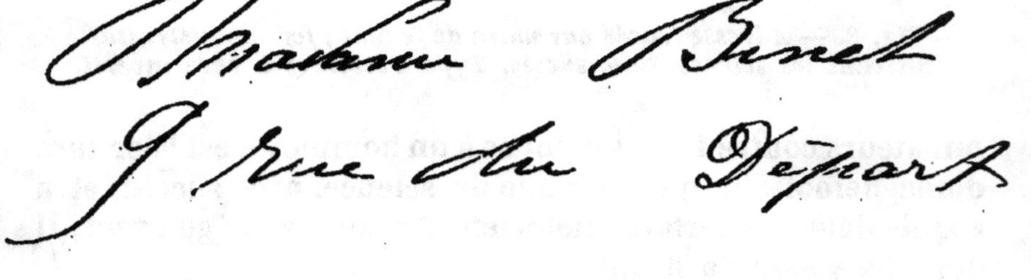

Fig. 10. — *Écriture naturelle d'une femme, la même qui a falsifié son écriture* (voir fig. 11).

sonne est une femme de charge, âgée de 40 ans, et ayant une instruction rudimentaire ; elle a beaucoup de fantaisie dans le caractère, de l'amour-propre surtout. Elle a tracé sur des enveloppes 8 écritures différentes ; elle ne se proposait pas expressément de changer le sexe de son écriture, mais de faire des écritures différant les unes des autres. Le résultat a été assez curieux. Son écriture naturelle, recueillie sur une enveloppe datant de deux ans, a donné lieu à 11 diagnostics de femme. Une seule personne s'y est trompée. Crépieux-Jamin écrit : « Femme, sûre, 40 ans. Véhémence et incohérence de la volonté féminine. D'ailleurs, allures et formes féminines. Écriture appuyée et inégale de la femme de 40 ans. »

Je donne parmi ses écritures falsifiées un seul spécimen (fig. 11), qui est tout à fait réussi comme falsification ; 10 personnes attribuent cette écriture à un homme, et 2 personnes

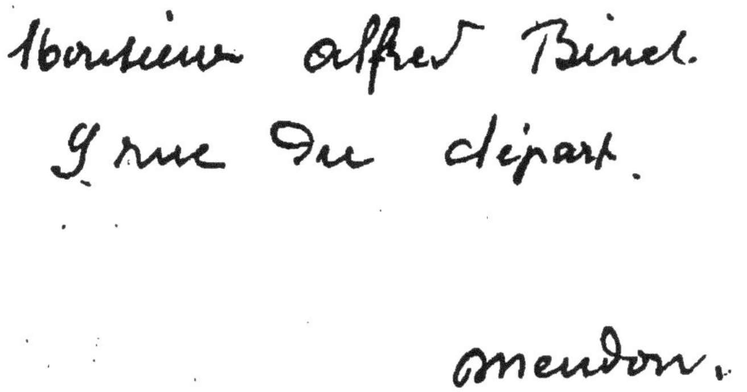

Fig. 11. — *Ecriture falsifiée. Tracée par une femme, elle a été presque toujours attribuée à un homme.*

seulement reconnaissent la main d'une femme. M. Crépieux-Jamin commet l'erreur commune, il écrit : « Homme, sûr. Netteté, sobriété, simplicité d'un homme. Dépressions de l'homme d'un certain âge. » Il attribue à l'homme 50 ans.

Ces exemples prouvent d'une manière assez démonstrative qu'une personne habile peut, dans une épreuve courte, transformer suffisamment son écriture pour qu'un expert commette une erreur de sexe ; de plus, et c'est peut-être un fait important, ces caractères graphiques dénaturés volontairement font imaginer au graphologue un caractère intellectuel et moral assez différent de celui qui lui révèle l'écriture naturelle de la même personne.

CHAPITRE IV

Conclusion

La conclusion la plus certaine de toutes nos études précédentes est l'existence de caractères sexuels dans l'écriture. Cette existence me paraît aujourd'hui démontrée de la manière la plus satisfaisante.

Il y aurait bien des questions subsidiaires à poser, questions dont la solution reste encore tout à fait problématique. Ainsi, tout d'abord, on peut se demander dans quelle mesure les caractères dits sexuels de l'écriture sont en relation avec des causes psycho-physiologiques profondes, comme les fonctions de reproduction ou les caractères sexuels psychologiques — ou bien si ces caractères sexuels de l'écriture ne dépendent pas de causes plus fortuites, plus superficielles, comme des différences de mode, d'éducation. Il est incontestable que quelques-uns des types d'écritures qu'on attribue généralement à la femme sont un effet de pur snobisme se développant par esprit d'imitation. Si bien peu d'hommes ont adopté l'écriture très caractéristique dite « du Sacré-Cœur », c'est parce qu'on l'enseigne surtout dans les couvents de femmes. Cette question des causes doit être ici, comme partout ailleurs, très compliquée.

Un autre point soulève, ou pourrait soulever à l'occasion, dans des circonstances judiciaires, un grand intérêt pratique : à savoir dans quelle mesure un expert habile peut, étant placé devant un document écrit, affirmer le sexe du scripteur. Nous avons vu le pourcentage d'erreur de nos deux graphologues ; il est un peu moindre que celui des ignorants ; dans les cas les plus favorables, il n'a été que de 10 p. 100.

Au point de vue de notre recherche, peu nous importe la difficulté pratique de détermination du sexe; il nous suffit d'avoir établi que cette détermination est possible, parce que nous démontrons du même coup l'existence d'un signe sexuel dans l'écriture; les degrés de l'habileté individuelle ne nous intéressent pas directement. La question de savoir si l'expertise du sexe par l'écriture est admissible en justice dépend en somme de la solution donnée à cette autre question : dans une expertise judiciaire, une erreur d'un dixième est-elle tolérable ?

Je pose ce point d'interrogation sans y répondre moi-même.

En tout cas, il me semble que MM. les juges ne devraient consentir à écouter un expert, même assermenté, qu'après avoir contrôlé son talent par des épreuves analogues à celles que je viens d'inaugurer. Il y a là, ce me semble, une question préjudicielle de procédure judiciaire qui ne manque pas de quelque importance. Les experts ne devraient être nommés qu'après un concours composé d'épreuves pratiques qui démontreraient scientifiquement leur habileté.

Brièvement, et pour conclure :

L'écriture contient certainement des caractères permettant de déterminer le sexe du scripteur, avec un pourcentage d'erreur qui, dans les circonstances les plus favorables à l'expertise, a été d'un dixième.

DEUXIÈME PARTIE

L'AGE DE L'ÉCRITURE

CHAPITRE V

L'âge physiologique et l'acte de naissance

D'ordinaire, les graphologues ne se piquent pas de déterminer l'âge des écritures; et même l'abbé Michon, l'ancêtre, le grand maître de la graphologie, les met expressément en garde contre cette imprudence. Cependant, M. Crépieux-Jamin ayant admis, dans son *Traité pratique de graphologie*, que l'écriture a un âge et un sexe, j'ai cru qu'il serait utile de le convier à chercher avec moi la démonstration expérimentale de son opinion.

Nous avons conduit notre expérience sur l'âge d'après le plan qui nous avait servi pour l'étude du sexe. Les méthodes sont les mêmes, et les corps d'écriture sont aussi les mêmes.

Nous utilisons une seconde fois notre collection de 180 enveloppes, qui, je le rappelle, ont été tracées d'une écriture naturelle, et ont presque toutes passé par la poste. Nous connaissons ceux qui les ont écrites; nous connaissons la date de naissance de la plupart; le timbre de la poste, imprimé sur l'enveloppe, nous donne la date de l'envoi, et par conséquent l'âge du correspondant au moment où il a écrit.

Les âges de nos correspondants sont très variés; le plus jeune est une fillette de 15 ans; le plus âgé est un vieillard de 93 ans. Entre ces deux extrêmes, il y a tous les intermé-

diaires. Il résulte de ceci que les graphologues n'ont pas eu
à s'exercer sur l'informe calligraphie d'enfants très jeunes,
apprenant à écrire, ni sur la calligraphie maladroite d'enfants de 10 à 12 ans qui n'écrivent bien qu'en s'appliquant.

On a fait une objection à mon étude [1]. Un physiologiste distingué, qui s'est passionné, il y a vingt ans, pour la
graphologie, me rappelle que l'âge réel des personnes n'est
pas déterminable par l'écriture, parce qu'il résulte, non de
leur acte de naissance, mais de l'âge de leurs artères, et qu'il
est par conséquent en grande partie inconnu. C'est très juste.
Il existe également un âge psychologique, qui est fait des
leçons apprises, des épreuves traversées, des illusions per-
dues. Comment doser tout cela? Evidemment, je ne m'en
charge pas !

On doit donc admettre que l'âge psycho-physiologique
et l'âge résultant de la date de la naissance peuvent ne pas
coïncider.

Il me suffit du reste de feuilleter ma collection d'enveloppes pour y trouver beaucoup de preuves de ce défaut de
coïncidence. Voici par exemple l'écriture d'un commerçant,
que ses soixante ans sonnés n'empêchent pas de faire sur sa
bicyclette de petites promenades de 80 kilomètres sans
fatigue. Supposons que le graphologue, chargé de deviner
l'âge de ce vieillard vigoureux, lui donne 55 ans, l'écart entre
l'âge présumé et l'âge officiel est de 5 ans; mais aurons-nous
le droit de dire que le graphologue a commis une erreur de
5 ans en moins? Ce n'est pas bien certain, puisque le scripteur est un homme qui, d'après ce que je connais de lui, me
semble plus jeune que son âge.

1. Je pourrais remplir plusieurs pages avec les objections qui m'ont été adressées; j'ai cru prudent de prendre beaucoup de conseils, avant de m'engager dans
cette voie hérissée de difficultés; mais ces conseils, que l'expérience dictait à des
personnes graves, étaient tellement contradictoires que je me trouvai ballotté en
sens contraire comme le meunier qui va vendre son âne à la foire. L'un prétendait
qu'on ne pourrait pas, pour contrôler la graphologie, se poser une moins bonne
question que celle du sexe, parce que beaucoup d'hommes sont des féminins de
caractère, qui ont une écriture de femme, et que beaucoup de femmes ont des
allures garçonnières et une écriture d'homme; un autre me mettait en garde contre
les sujets qui ont de l'*inversion sexuelle ;* un troisième m'encourageait au contraire
par cette observation que si vraiment les graphologues ne peuvent même pas deviner le sexe, avec toutes les conséquences physiques et morales que cette donnée
comporte, c'est que la graphologie est un leurre. Un académicien, graphologue amateur, m'assure que ce qu'on lit le mieux dans l'écriture, c'est le degré d'intelligence ;
un physiologiste me déclare au contraire que le développement de l'intelligence n'in-
flue pas sur l'écriture, etc., etc.

Je ne vois pas quel artifice nous ferait sortir de cette impasse, si on voulait absolument évaluer la justesse des diagnostics des graphologues pour chaque cas individuel. Il n'existe peut-être aucune personne dont l'âge physiologique échapperait à la discussion. Mais nous n'avons pas à nous inquiéter de ces difficultés, puisque nous opérons seulement sur des moyennes. C'est l'âge de 100 personnes au moins que nous demandons aux graphologues de déterminer; nous n'attachons pas d'importance aux cas particuliers, mais seulement à la moyenne centennale. Or, cette méthode corrige en quelque sorte automatiquement les erreurs provenant des écarts entre les âges physiologiques et les âges de l'état civil. Si certains de ceux qui ont écrit les adresses sont plus jeunes que leur âge, d'autres sont plus vieux, et avec un nombre suffisant de documents, ces écarts de signe contraire se compensent. Admettons par exemple que sur dix vieillards de 60 ans, il y en ait 5 dont l'âge physiologique soit de 55 ans, et 5 dont l'âge physiologique soit de 65 ans, tout se passe, au point de vue du calcul des moyennes, comme si ces dix vieillards avaient physiologiquement 60 ans.

Et puis, à y regarder de près, on s'aperçoit que l'expression : *âge physiologique*, est une métaphore; si on la convertit en faits précis, que signifie-t-elle? tout simplement que certaines personnes paraissent plus jeunes ou plus vieilles que la moyenne des personnes du même âge; c'est par comparaison avec l'état des forces d'une moyenne que nous jugeons les cas individuels de vigueur et de caducité. Or, nos documents sont assez nombreux pour constituer une moyenne; et leur source est assez variée pour que cette moyenne représente bien celle à laquelle le graphologue est habitué. Je fais cette remarque en prévision de certaines objections qui pourraient m'être adressées, par exemple que les cas de vieillesse anticipée ne contrebalancent pas nécessairement, comme je l'ai supposé plus haut, les cas de jeunesse conservée. Du moment qu'on opère sur 100 personnes, il est évident que l'état de conservation des forces, chez un nombre aussi considérable de sujets, est égal à l'état moyen avec lequel l'expérience de la vie nous a familiarisés.

CHAPITRE VI

L'élimination du hasard

Comment éliminer la part du hasard dans la détermination de l'âge ? Car elle existe, et elle peut être importante. Supposons un expert qui, sans même regarder les enveloppes, prononcerait à l'aventure, des âges, compris entre 15 et 60 ans ; évidemment, de temps en temps, il tomberait juste, et plus souvent encore il tomberait faux. Comment distinguer ces déterminations aveugles de celles qui nous sont fournies par un expert éclairé et consciencieux ?

Pour éliminer le hasard, la méthode est bien simple ; il faut chercher ce que le hasard, opérant tout seul, peut donner ; il faut établir quel est en moyenne l'écart existant entre la vérité et les âges qui seraient dictés par le hasard. Si un graphologue, dans ses apprécations, ne dépasse pas l'approximation moyenne fournie par cette méthode, il est clair que nous ne pourrons pas tenir compte de ses jugements.

J'ai d'abord cherché à calculer théoriquement la valeur des écarts de hasard : j'ai été un peu embarrassé, car je ne suis pas certain que le calcul dés probabilités puisse s'appliquer sans correction à des faits de cet ordre très particulier. Deviner des séries d'âges est une opération d'un autre ordre que de tirer à l'aveuglette des numéros contenus dans un sac; et c'est seulement ce genre tout matériel d'opération que le calcul des probabilités peut régenter. Du moment qu'un élément psychique intervient dans l'opération, elle devient infiniment plus compliquée et plus capricieuse. Les chiffres d'âge qu'on peut citer n'ont pas tous, comme les billes renfermées dans un sac, des chances identiques pour sortir. Certaines habitudes mentales favorisent les uns au détriment des autres.

Ainsi, une personne qui devine un âge est portée, comme tous ceux qui citent des chiffres, à fixer de préférence son attention sur des nombres ronds ; l'expérience a démontré depuis longtemps qu'on dira plus souvent 20 que 18 ou que 22 ; un juge condamnera plus souvent à 10 ans de prison qu'à 9 ans ; cela n'a rien à faire avec la justice, cela tient au mécanisme de l'attention.

En outre, le graphologue ayant à étudier des séries d'écritures, fera volontiers des comparaisons d'âge entre des écritures qui se suivent immédiatement ; on percevra des contrastes ou des analogies qui pourront faire modifier les appréciations. Après une écriture qui exhale la fraîcheur de la jeunesse, une écriture d'adulte semblera vieillie. Parfois, pour lutter contre la monotonie d'une série de chiffres, on éprouvera le besoin de varier un peu ceux qu'on donne, on en voudra de plus catégoriques, de plus extrêmes, ou au contraire de plus prudents, de plus moyens.

Pour tenir compte, autant que possible, de toutes les particularités de cette mécanique mentale, je me suis avisé de l'expédient suivant[1] : j'ai calculé les écarts que je trouvais entre l'âge réel d'une personne et l'âge qu'un expert avait attribué à la personne dont l'enveloppe portait le numéro précédent ou suivant ; comme cet expert n'avait point cherché à deviner l'âge de la personne n° 6 ou n° 7, par exemple, mais

---

[1]. Le terme *expédient* que j'emploie ici me paraît ramener le procédé à sa véritable valeur ; ce n'est pas une application régulière du calcul des probabilités ; c'est quelque chose d'empirique, c'est une sorte d'opération hybride. Pour ceux qui aiment à se rendre compte de la valeur de chaque méthode, je veux indiquer de suite le point faible de celle-ci. Son principe est d'appliquer les solutions d'un expert à des documents autres que ceux qu'il avait en vue quand il donnait chaque solution, et nous avons admis en quelque sorte *de plano* que les erreurs de ces solutions constitueraient l'erreur de hasard. Ceci continue à me paraître juste, mais à une condition pourtant, c'est qu'il existe entre les diverses solutions de l'expert de très grandes différences. Si les solutions étaient au contraire très homogènes, le procédé cesserait d'être applicable. Je prends de suite un exemple. Supposons que les âges de tous les scripteurs soient uniformément de 40 ans ; supposons que l'expert ait attribué à tous ces scripteurs des âges variant de 35 à 45 ans, c'est-à-dire qu'il y ait homogénéité dans les âges réels et dans les âges attribués. Il est clair, dans un cas de ce genre, qu'on ne pourrait faire la part du hasard en appliquant la solution A au document B, et ainsi de suite ; car les solutions, étant très peu variées, différeraient insuffisamment entre elles pour que la substitution de la solution B à la solution A exprimât le jeu du hasard.

celui de la personne nᵒ 5, l'écart entre l'âge réel de la personne nᵒ 5, et l'âge attribué à la personne nᵒ 6 était de simple hasard ; et de plus, comme il s'agissait d'âges réellement choisis pour une personne et non tirés au sort, l'influence des habitudes mentales sur le choix des âges devait continuer à se faire sentir. Nous pouvons établir de la sorte ce que donne le hasard dans un tirage au sort mental. J'ai fait les calculs en me servant des séries de M. Crépieux-Jamin ; je me suis borné à calculer la moyenne de 300 écarts de ce genre, et je suis arrivé à un écart moyen de 15 ans 7 dixièmes ; les variations sont énormes, bien entendu, elles varient de 0 à 43 ans ; mais c'est l'écart moyen qui doit nous servir principalement.

Définissons avec précision le sens de cette moyenne générale ; elle signifie qu'en devinant au hasard l'âge des écritures, on commettrait une erreur moyenne de 15 ans. Nous avons ainsi en notre possession un procédé pour apprécier la valeur des diagnostics. Toutes les fois qu'une personne n'atteindra pas une approximation moyenne inférieure à 15 ans 7 dixièmes, on pourra la considérer pratiquement comme n'ayant pas perçu l'âge des écritures.

Je suis persuadé que mes lecteurs seront très étonnés du chiffre que je viens de citer. On n'aurait pas cru le hasard aussi habile homme. Donner une approximation de 15 ans 7, cela semble serrer la vérité d'assez près. J'ai eu récemment la preuve bien curieuse de cette illusion ; je cite le fait, qui est instructif à plusieurs égards. Une personne qui se pique de graphologie, ayant déterminé les âges de mes 180 écritures, éprouvait le besoin fort légitime de savoir si elle s'était trompée ou non. Prudemment, sans ajouter aucun commentaire, je me bornai à lui transmettre le chiffre de son écart moyen, qui est à peu près égal à l'écart de hasard ; elle le trouva petit, et s'en montra satisfaite. Se tromper de quinze ans ne paraît pas une faute lourde. Avec un peu de bonne volonté, on peut même y voir une preuve de finesse de jugement. C'est le calcul des probabilités qui seul dissipe brutalement l'illusion.

L'influence du hasard peut être présentée sous une forme plus détaillée qu'un chiffre de moyenne. Ce chiffre, trop sommaire, ne tient pas compte de beaucoup de petites nuances. Les erreurs commises peuvent, tout en conduisant à la même moyenne, varier beaucoup de nature ; ainsi, avec des erreurs fortes et très rares on composerait la même moyenne qu'avec des erreurs faibles mais très fréquentes. Pour connaître la fréquence, ou plus exactement le pourcentage des différentes valeurs que l'erreur a présenté dans une expérience donnée sur 100 enveloppes, il faut rechercher le nombre des erreurs de 1 an, de 2 ans, de 3 ans, etc. Le tableau suivant, calculé sur nos solutions de hasard, donne le pourcentage des gros et des petits écarts.

Nombre d'écarts de	0 à 5 ans	. . . .	18 p. 100
—	6 à 10 —	. . . .	20 —
—	11 à 20 —	. . . .	35 —
—	21 à 70 —	. . . .	27 —

J'espère bien que malgré la sécheresse de cette petite étude sur le hasard, où j'ai dû souvent parler chiffres, on en aura compris la nécessité absolue. Il est indispensable de se familiariser avec les combinaisons multiples, et parfois surprenantes, que le hasard réalise, pour donner aux solutions des experts leur véritable signification.

En résumé, le fait le plus important à retenir, c'est que dans notre recherche, l'écart de hasard est de 15 ans et demi.

CHAPITRE VII

A quel signe reconnaît-on l'âge dans l'écriture ?

Je passe la parole à M. Crépieux-Jamin, qui a bien voulu résumer pour nous les signes graphologiques dont il s'est servi pour faire son analyse.

... En ce qui concerne l'âge j'ai le sentiment d'être bien moins avancé que pour le sexe. J'ai cependant pu concevoir cinq périodes, mais la graphologie m'a semblé indiquer plutôt le degré de développement ou d'usure de l'organisme, que l'âge réel. Certains lycéens de 15 à 18 ans sont plus développés, plus âgés psychologiquement que beaucoup d'hommes de 30 ans dont les études ont été arrêtées au sortir de l'école primaire. D'autre part, des individus doués d'une belle physiologie ont à 60 ans une activité que pourraient envier des hommes sensiblement plus jeunes mais usés par des maladies ou des excès.

Quand je connaîtrai le résultat de l'expérience, je pourrai probablement perfectionner ma façon de procéder, rectifier mon tir ! Au début j'ai marché avec une extrême hésitation ; à la fin j'allais quatre fois plus vite et avec plus d'assurance, toutefois je me sentais toujours aussi incapable de préciser autre chose que des périodes de développement ou des degrés d'usure.

Il m'a semblé que le jeune âge se manifestait par un tracé grossi, lent, maladroit, sans grâce, avec des mots dont les lettres sont égales ou vont en augmentant de hauteur.

Les adolescents ont un tracé plus expansif, avec des inégalités nombreuses et des formes prétentieuses, entre autres la hampe des *d* enroulée. Les traits sont fermes, nets et ont perdu la lourdeur que je signalais chez l'enfant.

Les adultes jeunes ont une écriture plus nette encore et libérée des formes calligraphiques. L'originalité du caractère se montre pleinement, la diversité des écritures est plus grande que dans l'adolescence, chacun se classe.

Les adultes âgés n'ont déjà plus cette légèreté, cette fraîcheur du tracé de 25 ans. Ils nous offrent à considérer des traits appuyés, des angles, des marques d'hésitation et des dépressions. Plus tard des petits traits léger surajoutés montrent la fatigue des scripteurs qui ne font plus leurs levées de plume avec le même entrain, en sorte que la plume frôle encore le papier quand le mot est achevé. Il en résulte de petits appendices, des cheveux ou des fils si on préfère.

Ce qui était de l'hésitation chez l'homme de 50 ans devient ici une inhibition constante. Chaque mot provoque deux ou trois arrêts plus ou moins brusques. L'élan a disparu. D'autre part l'inégalité considérable de la hauteur des lettres montre ce que la main a perdu de sûreté.

La vieillesse se manifeste sous des formes très variées aussi, elle est décelée surtout par des tremblements caractéristiques, ou par des dépressions. Et sous le titre de dépressions, j'entends tous les signes graphologiques qui témoignent d'une diminution de l'activité; écriture descendante, lignes convexes ou concaves; traits courbes modifiés, concaves au lieu de convexes ou bien transformés en lignes droites associées, ce qui est le premier stade de l'écriture tremblée; écriture lâchée; tracé flou: ratures et reprises, etc'.

Tel est, cher monsieur, le résumé de mes observations. Je ne me dissimule pas leur insuffisance, mais il faut un début à tout.

Madame de Salberg, graphologue parisien, m'envoie la note suivante :

Chaque époque se caractérise par un genre d'écriture adéquat à la façon d'être d'une société. C'est grâce à ces tracés distincts, qui sont une mode, qu'il est possible de reconnaître *approximativement* l'âge d'un scripteur, à moins qu'il ne s'agisse d'un enfant ou d'un vieillard ; l'inhabileté du tracé enfantin se reconnaît dans sa marche incertaine, tandis que la décrépitude fait trembler la main qui tient la plume.

D'après ce qui précède, il est facile de comprendre qu'il ne peut y avoir de règles fixes, car, même le plus ou moins de fermeté du dessin n'est pas toujours l'apanage de la jeunesse, puisqu'il y a des jeunesses débiles et des vieillesses robustes. C'est ici, surtout, qu'une grande habitude de voir des écritures, un œil exercé à les comparer entre elles, est indispensable pour tirer des conclusions logiques.

Il est juste d'observer que la mode appliquée à l'écriture n'exerce réellement son influence que sur les classes élevées et surtout sur les graphismes féminins, car ce sont les femmes qui subissent les fluctuations de la mode. Les écritures communales y échappent, de même que celles des savants, des artistes, qui restent les mêmes, à peu près identiques dans tous les temps.

Dans des conditions aussi variables, comment, en effet, établir des règles? Le jugement doit se baser sur les observations spéciales à chaque graphisme et, en tout cas, on ne peut déterminer un âge que de 10 ans en 10 ans, période nécessaire pour une évolution appréciable de l'individu.

CHAPITRE VIII

Coup d'œil général sur les solutions

LES RÉSULTATS DES GRAPHOLOGUES

M. Crépieux-Jamin a attribué des âges aux écritures de 121 enveloppes [1] . Comme je l'indiquais tout à l'heure, il a cité le plus souvent des chiffres ronds, des chiffres de dizaines, par exemple trente ans, quarante ans ; quelquefois, une pensée plus indécise lui a suggéré l'expression : « de quarante à cinquante » ou « de vingt à trente ». Obligé, pour nos calculs, de manier des chiffres précis, nous avons remplacé par exemple « de quarante à cinquante » par le chiffre 45, et nous nous excusons de cette mesure arbitraire.

Le choix de l'âge est le plus souvent motivé avec grand soin ; et je pense qu'il sera intéressant d'en donner un exemple.

Voici un cas ou le graphologue a vu assez juste pour l'âge. Il écrit :

Femme, 60 ans... Quelques tremblements et des formes frustes. Certes, il y a là des signes de prétention, qui pourraient se trouver dans une écriture jeune, mais pas avec les concommitances qui sont ici. Par exemple, je vois chez elle de l'exaltation et la possession de soi ; chez une exaltée, c'est une acquisition qui suppose une longue expérience de la vie.

La dame en question a réellement 55 ans.

L'ensemble des chiffres d'âge qui ont été donnés par M. Crépieux-Jamin présente une particularité curieuse, que j'ai déjà signalée : c'est une tendance à rester dans les chiffres moyens, les âges d'adultes, en évitant l'extrême vieillesse

---

1. J'ai dû éliminer le reste, à cause de quelques incertitudes sur l'âge réel.

et l'extrême jeunesse. Ainsi, il a choisi 96 fois entre 20 et 50 ans, alors que 75 sujets seulement occupaient cette zone.

En revanche, il n'a classé que 22 enveloppes au-dessus de 50 ans, alors qu'il y en avait 40. Cette concentration autour de la moyenne centrale ne me paraît pas facile à interpréter.

Le premier mouvement serait d'accuser M. Crépieux-Jamin d'un excès de prudence, peut-être inconsciente ; il est clair qu'on court moins de risques en restant dans la moyenne qu'en désignant des âges extrêmes. Si je voulais deviner des âges au hasard en me trompant le moins possible, je répéterais constamment : 40 ans. Mais je ne suis pas certain que M. Crépieux-Jamin ait obéi, même inconsciemment, à cet esprit de prudence, qui serait en somme très légitime. Je ne le crois pas, car je constate que d'autres personnes, qui sont de véritables casse-cou, ou des exaltés, ou des gens à qui les erreurs ne font absolument aucun chagrin, ont présenté la même concentration des réponses vers la moyenne.

Je suis disposé plutôt à voir dans cette tendance un fait psychologique général, d'ordre surtout intellectuel, et indépendant dans une certaine mesure du caractère des gens. Je connais beaucoup d'expériences de psychologie qui mettent en relief un fait analogue. Ainsi, une personne priée de chercher des échantillons de couleur d'après un modèle, foncera de préférence ce qui est clair, et éclaircira ce qui est foncé, à moins bien entendu que quelque influence spéciale n'agisse sur son choix. De même, si on reproduit, par la mémoire, des longueurs de ligne, on allonge les plus courtes, on raccourcit les plus longues. Rien de tout cela n'est bien clair encore, du reste, et je ne veux pas insister davantage [1].

Examinons surtout les écarts commis par M. Crépieux-Jamin, en les étudiant à la lumière de nos recherches sur le hasard.

L'écart moyen de M. Crépieux-Jamin a été exactement de 10 ans 2 dixièmes, il est notablement inférieur à l'écart de hasard, qui est de 15 et 16 ans ; donc, bien réellement, l'expert a perçu l'âge de l'écriture. Les résultats expérimen-

---

1. M. Crépieux-Jamin pense que le fait est facile à interpréter ; « cela prouve, dit-il, que l'écriture des adultes se différencie mal, et que le graphologue, au lieu de citer des âges, aurait dû faire un classement par périodes : enfance, jeunesse, adulte, vieillesse ».

taux confirment l'opinion qu'il avait défendue jusqu'ici, lorsqu'il affirmait que l'écriture a un âge. C'est lui qui a raison, ce me semble, contre Michon. J'ajoute que tout en posant
le principe, Crépieux-Jamin avait la prudence de pas s'engager, en fait et dans l'application, à des déterminations d'âge
d'après les écritures.

Il y a une autre manière de rapprocher ses résultats
de ceux du hasard, c'est de se servir du second mode de
présentation, plus détaillé, que nous avons indiqué plus
haut.

Nombre d'écarts	d'après Crépieux-Jamin	d'après le hasard
au dessous de 6 ans	34,6 p. 100	18 p. 100
de 6 à 10 —	26 —	20 —
11 à 15 —	10 —	26 —
16 à 23 —	8 —	26 —
21 —	12 —	28 —

On voit que pour les écarts très faibles — et je comprends
dans ces écarts-là ceux égaux à 0, ce qui est la détermination
exacte par excellence, — M. Crépieux-Jamin a un pourcentage bien supérieur à celui du hasard, tandis que pour les
écarts de 20 ans et plus, c'est le hasard qui fournit les pourcentages les plus élevés. Ce tableau montre donc, comme le
montrait déjà le chiffre général de la moyenne, mais d'une
autre manière, que M. Crépieux-Jamin a bien réellement lu
l'âge des écritures.

Dans l'ensemble, il les rajeunit. Je trouve qu'il n'en a vieilli
que 49, tandis qu'il en a rajeuni 65, soit 16 de plus. La différence n'est pas très grande, c'est vrai ; il est bon d'ajouter
que le hasard n'aurait pas amené à lui seul ce résultat, car
je constate, en analysant les solutions de hasard, qu'il y a eu
94 rajeunissements contre 116 vieillissements.

Mme X est un graphologue professionnel dont la pratique
est immense; « depuis que je m'occupe de graphologie,
m'écrit-elle, j'ai bien certainement vu passer sous mes yeux
plus de cent mille écritures, — ce chiffre n'est pas exagéré —
écritures venant de tous les pays et émanant de scripteurs
appartenant à toutes les conditions. » Mme X a bien voulu
déterminer l'âge d'après 152 adresses, elle en a profité pour
ajouter, relativement à la profession des scripteurs, des

remarques dont un grand nombre sont remarquablement justes.

En ce qui concerne l'âge, elle ne s'est pas contentée de chiffres ronds, elle a souvent précisé davantage; elle cite par exemple des âges de 28 ans, de 33 ans ; elle semble affectionner ce dernier nombre, j'ignore pour quelle raison. La série d'âges présente les phénomènes de concentration que j'ai signalés chez le précédent expert. La moyenne totale de ses écarts est de 14, 77, par conséquent voisine de celle du hasard.

LES IGNORANTS DE LA GRAPHOLOGIE SE SONT-ILS TROMPÉS?

Le nombre des inexpérimentés de la graphologie qui ont étudié nos documents au point de vue de l'âge est de 14. Chacun a examiné 76 enveloppes, sauf 3 qui en ont examiné 120 [1]. Nous allons d'abord, sans entrer dans les détails, chercher quelques-unes des caractéristiques de leurs réponses. Nous observons les faits suivants :

1º Tous ont une tendance à concentrer leurs réponses autour de la moyenne. C'est la tendance déjà observée chez les professionnels. Elle existe chez tous, à des degrés divers. Certains ont poussé la concentration jusqu'à ne pas dépasser, dans leurs appréciations les plus élevées, l'âge de 50 ans. La moyenne autour de laquelle le groupement se fait est toujours celle de 30 à 40.

2º Quelques-uns des ignorants de la graphologie ont une tendance à vieillir les écritures, d'autres au contraire ont une tendance à les rajeunir. Il n'y a rien de général. Exemple : M. B. vieillit 40 écritures, et il en rajeunit 30. Mlle Cam., une jeune fille, vieillit 26 écritures et en rajeunit 38. Si l'on réunit dans une moyenne les solutions données par tous les expérimentateurs, on obtient des chiffres qui sont dépourvus de toute signification. Je compte en effet que le nombre de vieillissements a été de 361, et celui des rajeunissements a été de 371. Il y a balance. Peut-être l'âge des experts n'a-t-il pas été sans influencer leurs expertises. Il semble que les plus

---

1. J'ai réduit le nombre à 76, parce que je n'ai pas voulu montrer à des instituteurs des écritures d'instituteurs, de crainte que quelques spécimens ne leur fussent connus.

jeunes rajeunissent les écritures, tandis que les plus âgés les vieillissent. Ainsi, voici trois jeunes filles de moins de 20 ans ; toutes trois ont fortement rajeuni les écritures. Une jeune fille de 24 ans offre la même tendance. Au contraire, une dame de 58 ans et un homme de 52 ans ont fortement augmenté l'âge réel. Mais il y a des exceptions, et ce que nous disons là n'est pas du tout une règle générale.

Arrivons maintenant au point le plus important, la moyenne d'erreur commise. On sera étonné de sa faiblesse. Ces ignorants ont été bien habiles. Voici la série d'erreurs en regard de chaque nom :

	Écart moyen
M⁻ᵉ M... (58 ans, sans profession)	14,5
Mⁱˡᵉ C... (18 ans, cuisinière)	14,2
Mⁱˡᵉ M... (17 ans, sans profession) . . . . : . .	13,90
Mⁱˡᵉ A... (16 ans, sans profession)	13,45
Mⁱˡᵉ M.-T... (22 ans, institutrice)	12,7
M. X... (instituteur)	12,7
Mⁱˡᵉ P... (24 ans, institutrice)	12
Mⁱˡᵉ F.-T... (46 ans, directrice d'école)	11.8
Mⁱˡᵉ B... (51 ans, directrice d'école)	11,5
M⁻ᵉ B... (36 ans directrice d'école)	10.8
M. B. A... (52 ans, inspecteur primaire)	10,6

En parcourant cette liste, ont s'aperçoit que certains ont fait des erreurs si fortes que pratiquement elles se distinguent à peine du pur hasard ; telles sont les erreurs de ceux qui sont tout en haut de la liste ; elles voisinent 15 ans ; elles sont cependant constamment inférieures à ce nombre, sans aucune exception, de sorte que bien réellement ces experts sans-initiation de graphologie ont tout de même perçu quelque chose.

Parmi ces ignorants on en trouvera un bon nombre dont la finesse de perception est égale à celle des graphologues, et pourrait même être enviée par des graphologues connus. Voilà un fait bien inattendu.

J'étais ourieux de connaître l'opinion des graphologues sur ces résultats. L'un d'eux m'écrit : « Votre expérience sur les erreurs des ignorants met en relief que les ignorants sont, à un degré très appréciable, des graphologues intuitifs, qui font de la graphologie comme M. Jourdain faisait de la prose. Plus vous prendrez des ignorants inintelligents, plus vous vous rapprocherez des solutions de hasard. Cette expérience avec les ignorants est favorable à la graphologie, tandis que vous paraissez en faire un argument contraire. » Après réflexion, il me semble que mon correspondant a raison, et que moi je n'ai pas tort. Les solutions fournies par certains ignorants en graphologie sont favorables à la graphologie d'*intuition*, c'est vrai ; mais elles ne le sont pas autant, ce me semble, à la graphologie *raisonnée*, — du moins en ce qui concerne cette question très spéciale de la détermination des âges [1].

1. On me fait remarquer au sujet de ce passage qu'il n'existe pas encore de graphologie raisonnée au sujet de l'âge. Dont acte.

CHAPITRE IX

L'âge manifeste et l'âge latent

Pour terminer cette étude, je ne vais plus m'occuper des experts ni des ignorants, mais examiner les écritures, et rechercher quel est l'ensemble de jugements que chacune d'elles a provoqué. En dépouillant les réponses, nous trouvons trois catégories d'écritures à établir :

1º Celles dont l'âge est apparent pour la majorité des personnes.

2º Celle dont l'âge reste douteux.

3º Celles enfin qui paraissent, à la majorité des personnes, avoir un âge qui est très différent de l'âge réel.

Pour faire court, je ne citerai que des écritures de la première et de la troisième catégorie.

Écritures qui trahissent leur âge. — J'ai publié dans la première partie une écriture d'adulte (fig. 1) dont l'âge a été exactement perçu par presque tout le monde ; et aussi (fig. 4) une écriture de jeune fille, dont tout le monde a deviné les vingt ans.

Voici une écriture de jeune fille (fig. 12) dont le caractère juvénile est bien apparent. Elle a 24 ans. On lui a donné 37 ans — 30 — 30 — 30 — 35 — 35 — 25 — 25 — 25 — 30 — 25 — 45 — 23. On l'a un peu vieillie, mais les écarts ne sont pas grands. La moyenne serait de 30 ans.

L'écriture d'une Allemande de 39 ans (fig. 13) porte aussi un âge très apparent.

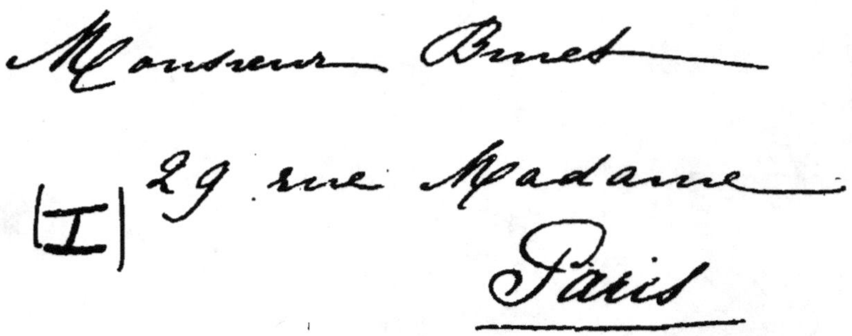

(manuscrit) Monsieur Binet

[I] 29 rue Madame

Paris

Fig. 12. — *La jeunesse de cette écriture, due à une jeune fille de 24 ans, a été reconnue par tout le monde.*

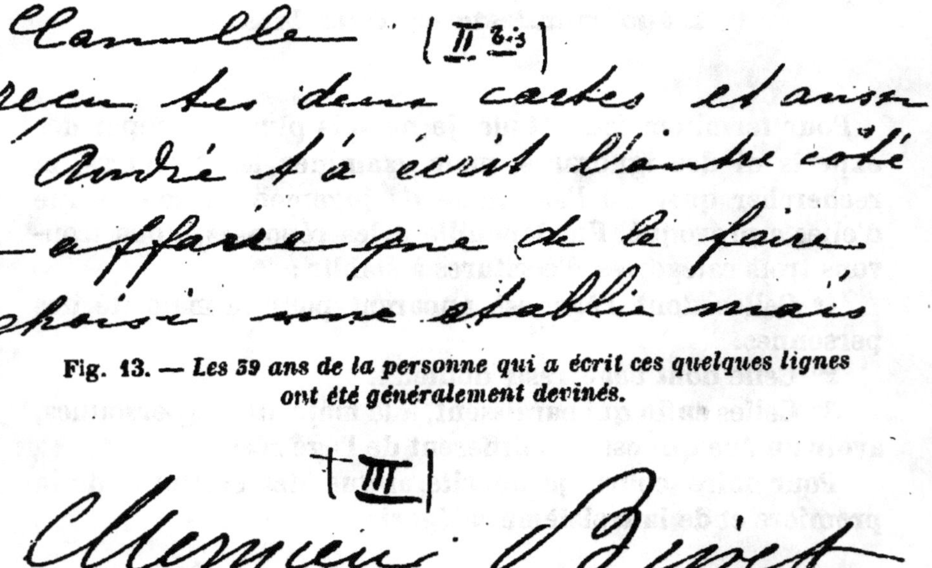

(manuscrit) Camille [II 2.3]
reçu tes deux cartes et aussi
André t'a écrit l'autre côté
affaire que de le faire
choisir une établie mais

Fig. 13. — *Les 39 ans de la personne qui a écrit ces quelques lignes ont été généralement devinés.*

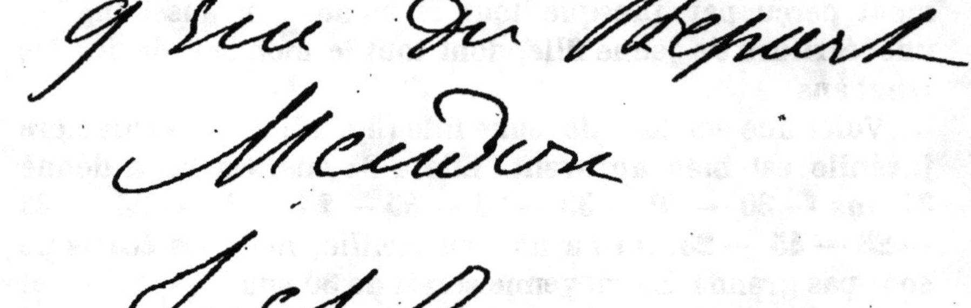

(manuscrit) † III

Monsieur Binet
9 rue du Départ
Meudon
S. & O.

Fig. 14. — *Ecriture des cinquante ans. A été bien perçue.*

Voici les âges qu'on lui a attribués : 40 — 25 — 45 — 35 — 40 — 40 — 45 — 35 — 35 — 36 — 36 — 33 — 40. La moyenne de ces âges est de 37 ans.

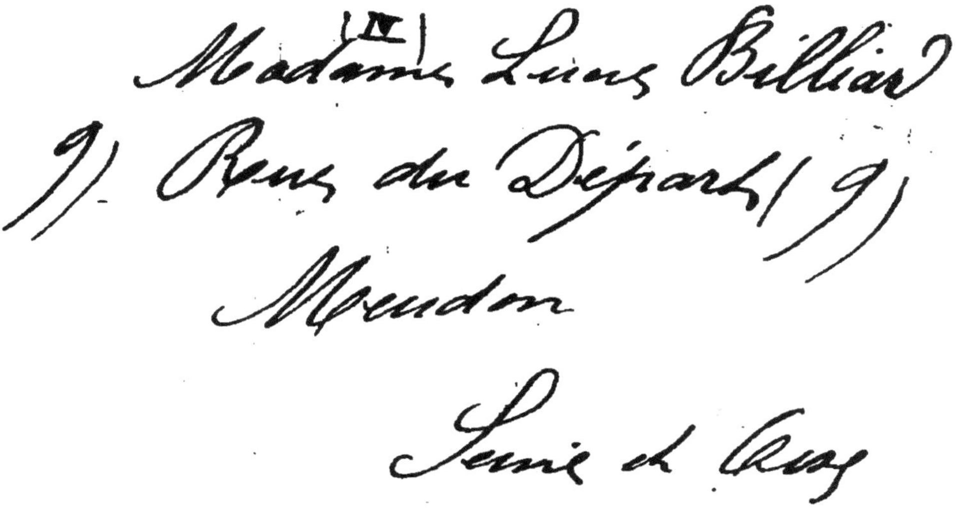

Fig. 15. — *Jeune fille de 20 ans, à qui on a donné 37, en moyenne.*

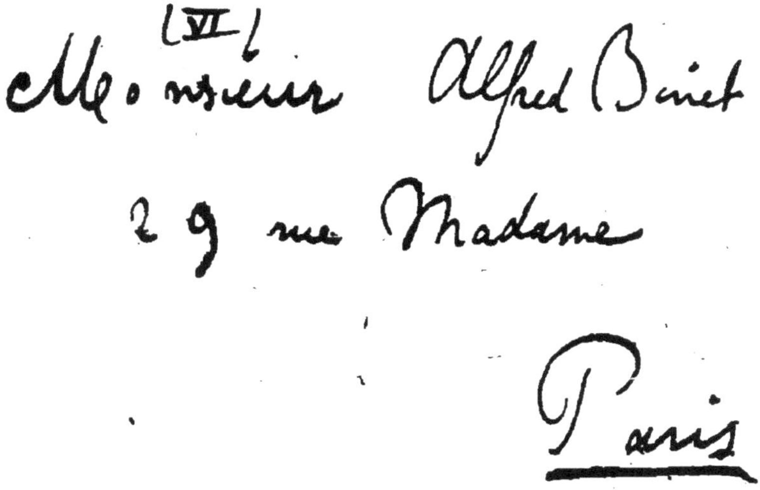

Fig. 16. — *Jeune savant de 24 ans, à qui on en a donné 44.*

Un homme adulte, physiologiste bien connu, âgé 50 ans, a aussi donné l'impression exacte de son âge (fig. 14). 47 — 45

— 55 — 45 — 50 — 45 — 50 — 50 — 35 — 30 — 38 — 45 —
50. Moyenne : 42 ans.

Écritures qui déguisent leur âge. — Trois écritures qu'on a
beaucoup vieillies. L'une (fig. 15) est d'une jeune fille de la

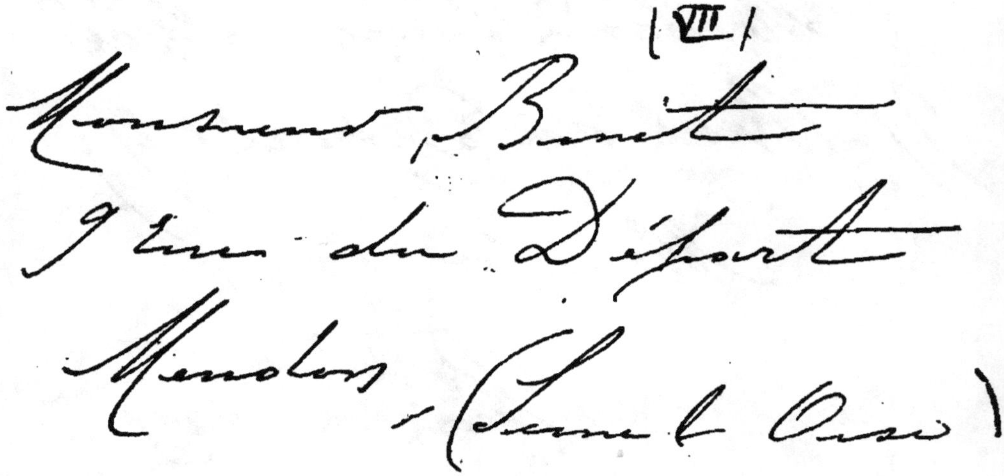

Fig. 17. — *Jeune fille de 16 ans, à qui on en a donné 43.*

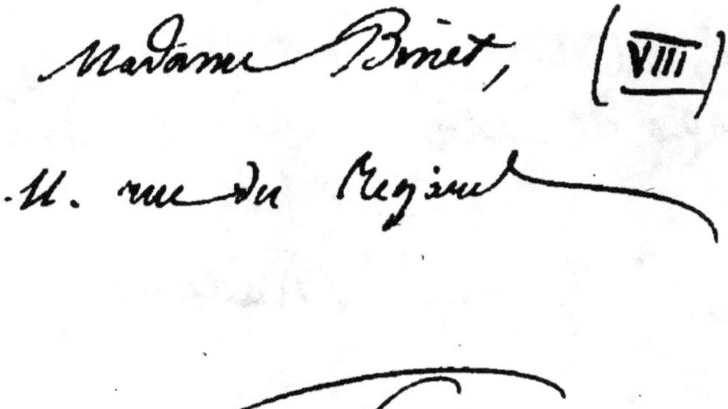

Fig. 18. — *Vieillard de 70 ans, qui en reçoit seulement 40.*

campagne, fille de mercière, âgée de 20 ans : 51 — 40 — 30
— 55 — 25 — 30 — 38 — 45 — 60 — 45 — 40. Moyenne : 37.

L'autre est d'un jeune savant de 24 ans (fig. 16). On ne l'a
pas flatté. On lui a donné : 60 — 45 — 50 — 50 — 40 — 35
— 45 — 30 — 50 — 45 — 50 — 45 — 30. Moyenne : 44 ans.

Enfin une jeune fille de 16 ans (fig. 17) a été accablée sous les âges suivants : 45 — 48 — 50 — 35 — 35 — 40 — 40 — 30 — 55 — 50. Moyenne : 42, 8

En revanche, un vieillard de 70 ans (fig. 18) reçoit le compliment de l'agréable série : 35 — 45 — 40 — 60 — 35 — 30

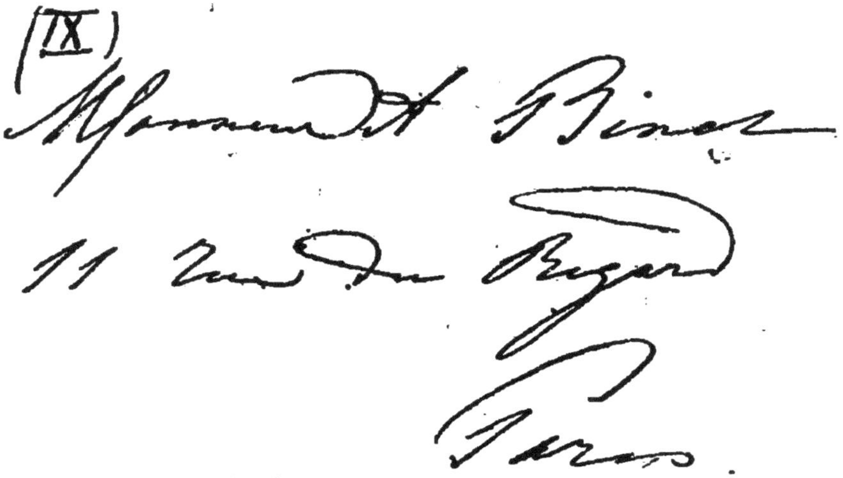

Fig. 19. — *Vieille dame de 73 ans, qui en reçoit seulement 40.*

— 50 — 40 — 30 — 35 — 35 — 35 — 60. Moyenne : 40 ans, donc plus jeune que la jeune fille de 16 ans.

Une dame âgée de 73 ans (fig. 19) a partagé cette aubaine : 48 — 55 — 35 — 45 — 40 — 38 — 35 — 30 — 35 — 40 — 25 — 55 — 60. Encore une moyenne de 40 ans.

Concluons.

L'écriture a un âge, car les experts et aussi les ignorants en graphologie arrivent à faire des déterminations d'âge, d'après l'écriture, qui sont supérieures à ce que donne le pur hasard.

Sur des enveloppes de 10 à 20 mots, un expert habile peut déterminer l'âge avec une moyenne d'écart, en plus ou en moins, égale à 10 ans.

Des personnes ignorantes en graphologie, mais intelligentes et appliquées, des instituteurs, ont fait aussi bien que des experts.

Le hasard tout seul, opérant dans les mêmes conditions, donnerait des approximations de 15 ans en moyenne.

Toutes ces données ne s'appliquent qu'à des moyennes. L'attribution d'un âge à une écriture considérée en particulier est exposée à des erreurs si fortes que dans l'état actuel des choses, elle ne doit pas être prise en considération.

TROISIÈME PARTIE

L'INTELLIGENCE DANS L'ÉCRITURE

CHAPITRE X

Peut-on mesurer l'intelligence ?

Dans nos petits essais antérieurs à celui-ci, nous nous sommes exercés sur des questions bien moins importantes. Nous
avons voulu savoir si on peut déchiffrer la sexe et l'âge dans
l'écriture. Cela n'a pour ainsi dire aucun intérêt pratique. Il faut
l'occasion très rare d'une expertise judiciaire pour qu'on ait
besoin de rechercher si l'auteur d'un écrit est jeune ou vieux,
homme ou femme. Et ces déterminations presque oiseuses ne sont point dans les habitudes des graphologues; quelques-uns se récusent comme imcompétents, ou allèguent leur
défaut d'exercice dans ces questions pour excuser leurs erreurs; tous protestent, et avec raison, contre la prétention
que nous n'avons jamais eue, mais qu'on nous a prêtée, de
juger par leur solution sur l'âge et le sexe la valeur de la
graphologie, comme *test* de l'intelligence et du caractère.

La question que nous allons étudier a une portée bien plus
haute; elle relève directement de la compétence des graphologues; ils seraient atteints dans leurs espérances les plus
chères, leurs convictions les mieux réfléchies si on leur dé-
montrait qu'ils ne savent pas lire l'intelligence dans l'écriture.
Puis, s'il est une fois prouvé que la graphologie fournit un
instrument de mesure de l'intelligence, cet art va rendre des

services inappréciables, non seulemement à la psychologie, mais à la pédagogie, à la psychiatrie, à la justice, et même au commerce et à l'industrie, en un mot dans toutes les circonstances sociales où on a besoin de connaître les hommes.

Je vais rester fidèle à la méthode qui m'a servi jusqu'ici : elle consiste à réunir des documents dont je connais les auteurs, et à les soumettre, ces documents, à des graphologues connus.

Je remercie sincèrement tous ceux qui m'on prêté sans hésiter leur très gracieux concours. Leur collaboration s'est poursuivie pendant plus d'un an. J'ai échangé avec la plupart d'entre eux une moyenne de 25 lettres. L'intérêt et même la passion qu'ils ont mis à ces travaux ne me dispense pas de rendre hommage à leur dévouement. Voici leurs noms : MM. Crépieux-Jamin, Eloy, Humbert, Vié, Paulhan, Mmes Forichon, Ungern-Steinberg et de Salberg.

Parlons d'abord des causes d'erreur à éviter.

Elles sont nombreuses.

Je signalerai pour mémoire celles qui sont inhérentes à toute expertise graphologique; et en première ligne la suggestion du tête-à-tête, qui est si fréquente, si redoutable et à laquelle on prête si peu d'attention. Il faut savoir, je l'ai dit, je le répète à satiété, qu'on n'est jamais sûr de ne pas diriger l'expert, par une foule de petits signes inconscients pour nous, et non pour lui, quand on commet l'imprudence de rester à ses côtés, pendant qu'il examine une écriture. C'est amusant comme un jeu de société, ce n'est pas plus sérieux.

Je me rappelle à ce propos une jolie anecdote que me contait M. Poincaré, le mathématicien; il se vantait d'exécuter un tour de force bien supérieur à ceux de certains graphologues de salon : car il devinait le caractère d'après l'écriture, sans même la regarder. Le tour se fait habituellement avec la complicité innocente de plusieurs assistants. On commence par quelques affirmations prudemment vagues; on écoute l'accueil qui leur est fait, les réflexions, les exclamations et même les silences ; suivant les cas, on précise davantage, ou bien on revient, on se corrige, et avec un peu d'habileté, on réussit à la satisfaction générale.

Je me suis imposé la règle, parfois bien gênante, de ne pas voir mes correspondants graphologues, au cours des recherches ; je n'ai eu de relations avec eux que par lettres, afin de couper court à toutes les suggestions inconscientes par les paroles de conversation, le geste et l'attitude.

De même, pour juger la valeur de chaque solution, je me suis enquis de savoir ce que le hasard, à lui seul, pourrait donner ; et de plus, j'ai soumis les mêmes documents à des ignorants de la graphologie, afin de rechercher s'ils me fourniraient des résultats meilleurs ou moins bons que les graphologues, et ce que serait leur graphologie intuitive par comparaison avec la graphologie raisonnée et systématisée.

Ces règles indispensables s'appliquent à toute espèce de contrôle graphologique ; mais elles ne renferment aucune indication spéciale pour une étude sur l'intelligence. Cette dernière étude présente, à mon avis, des causes d'erreur particulières, que je réduis à trois principales, sans préjudice de celles qu'on pourra découvrir encore. Ce sont :

1º l'incertitude sur le degré d'intelligence des gens.

2º les suggestions que les experts peuvent recevoir du contenu des lettres.

3º la reconnaissance de quelques écritures [1].

PEUT-ON MESURER L'INTELLIGENCE DES GENS ?

Voilà la première difficulté.

C'est nous qui devons rassembler les écrits de gens d'intelligence inégale, pour soumettre ces écrits à la sagacité des graphologues. Or, comment serons-nous certains, d'une certitude scientifique, que telle personne est plus intelligente que telle autre, et que la différence qui les sépare est grande ou petite ?

En pratique, on est souvent forcé de se faire une opinion sur cette affaire délicate ; je dirai même qu'il est tout à fait intéressant, quand on reste quelque temps avec un inconnu, de rechercher, à travers son mutisme ou son bavardage, son embarras ou son aplomb, sa lenteur ou sa vivacité, les petits

---

1. M. Crépieux-Jamin me fait remarquer avec raison que ma liste d'erreurs n'est pas complète : « Vous n'avez parlé que d'une classe d'erreurs. Il en est de bien importantes et subtiles qui naissent de l'essence même de la graphologie. Par exemple, un document ne représente qu'un des moments de l'intelligence, et le graphologue qui juge une écriture tracée dans un moment de dépression, de fatigue, de malaise, pourra diminuer une personnalité, sans cesser d'être un observateur exact. »

signes qui nous feront dire au bout de quelque temps :
« Tiens, voilà un homme intelligent ! » ou bien : « Pas de
doute, j'échange mes idées avec un sot ! » Malheureusement,
ces jugements un peu sommaires, suffisants peut-être pour
l'usage quotidien, ne peuvent pas nous contenter quand nous
faisons un travail scientifique sur la classification des intelligences; au lieu d'une conjecture rapide, il faut un examen
plus approfondi. Or, j'ai observé bien souvent qu'à cet examen approfondi on obtient des résultats moins tranchés;
même chez les meilleurs imbéciles on finit par découvrir une
petite qualité intellectuelle, tandis que les plus intelligents
nous montrent des lacunes. Et puis, ce qui est plus grave que
les incertitudes de nos jugements, c'est qu'ici nous avons la
prétention de faire subir à la graphologie un contrôle. Nous
allons présenter aux graphologues des écritures de gens que
nous croyons intelligents, et si les graphologues ne leur
reconnaissent aucune intelligence, nous allons nous croire
en droit de conclure que les experts se sont trompés.

La première condition pour que notre contrôle soit
sérieux, c'est que nous puissions *garantir* les intelligences
de nos écritures.

Peut-être fera-t-on des objections au principe que je viens
de poser. Les graphologues me diront : « Pourquoi est-ce que
vous me contrôlez? pourquoi n'ai-je pas le droit réciproque
de contrôler Monsieur le psychologue ? J'attribue à M. A...
une intelligence inférieure à celle de M. B... ; vous affirmez
le contraire; rien ne prouve que c'est moi qui me trompe ! »
Je répondrai bravement ceci à ces objections encore théo-
riques :

Nous sommes convenus de faire un contrôle ; or, l'idée
même du contrôle implique une comparaison au moyen d'un
étalon qu'on accepte comme bon et valable. Évidemment les
graphologues seront toujours recevables à m'accuser d'avoir
commis des erreurs sur l'intelligence des gens dont je leur
présente les écritures, et toutes les procédures leur sont per-
mises pour me faire mon procès. Seulement mon erreur, si
j'en commets, ne peut pas être établie par le seul fait d'une
contradiction entre mon affirmation sur l'intelligence de telle
personne et l'affirmation contraire d'un graphologue qui
s'arme de l'écriture de cette personne. L'argument grapholo-

gique ne peut servir d'argument contre moi, car ce serait
tourner dans un cercle vicieux.

Toutes ces considérations m'obligent par conséquent à
établir mes jugements sur l'intelligence des scripteurs au-
dessus de tout soupçon. Il faut que mes jugements soient
garantis; il faut que je les rende clairs pour tous, et en quelque sorte vérifiables par tous. Voilà notre idée directrice.

Comment atteindre le but? M. Crépieux-Jamin me rap-
pelait dernièrement qu'il avait fait des diagnostics sur l'intelligence en collaboration avec le Dr Helot, qui lui avait
fourni 100 écritures. « M. Helot avait bien choisi les écritures, il avait mis des grossiers, des insignifiants, beaucoup
de médiocres, c'était le monde en raccourci [1].» Pour faire
comprendre ce passage, je rappelle que M. Crépieux-Jamin a
divisé les intelligences en 6 groupes : le génie, le talent, les
moyens, les médiocres, les insignifiants, les grossiers.
J'avoue que bien des raisons me retiennent d'imiter l'exemple
du Dr Helot, qui a si franchement adopté la classification de M. Crépieux-Jamin. Il ne m'est pas démontré théoriquement que les médiocres soient au-dessus ou au-dessous
des insignifiants, et que les grossiers occupent le bas de
l'échelle : c'est une classification personnelle à l'auteur.

En outre, je suis obligé de faire beaucoup d'éliminations
parmi les fournisseurs d'écritures ; ainsi je dois écarter tous
ceux qui ne savent pas écrire couramment, par exemple les
illettrés complets et partiels, et surtout les domestiques; leur
inhabileté graphique se trahit non seulement dans la forme
des traits et les défectuosités de l'orthographe, mais encore
dans le dispositif général des lignes et des mots, comme le
libellé d'une enveloppe; par conséquent leur écriture donnerait
trop facilement l'éveil. Il est vrai qu'on peut comparer entre
elles des écritures de domestiques de même éducation, de
même sexe, et d'intelligence très inégale. C'est bien ce que
j'ai fait. Même élimination pour les écritures de commerçants, d'industriels, d'employés, et de beaucoup d'individus
qui, soumis par profession à des exigences de lisibilité, font
plus ou moins de la calligraphie. Les instituteurs penchent
aussi de ce côté-là. Comme les graphologues ont l'habitude

---

1. Crépieux-Jamin. *L'Ecriture et le Caractère*, p. 309. (Paris, F. Alcan.)

Binet. — *Ecriture*. 4

de voir dans l'écriture calligraphique un mauvais document, qui cache plutôt qu'il ne manifeste une personnalité, c'est encore une élimination qui s'impose. Ces conditions réduisent le cercle de mon choix. Je dirai encore que je me méfie un peu du classement de certaines intelligences au-dessous de la moyenne, parce qu'il me semble que ce classement se fait souvent sur des caractères négatifs et ceux-ci ne doivent être acceptés qu'avec des précautions infinies. Toujours en quête de choses précises et démontrables, je me suis arrêté au parti suivant. Il y en a plusieurs parmi nous qui ont prouvé leur intelligence; ce sont les gens connus, qui ont produit une œuvre de talent ou de génie : grands savants ou grands littérateurs, ou grands artistes. La seule réserve à faire sur le choix de ces supérieurs est que quelques-uns pourraient n'être que des génies partiels, à la manière d'Inaudi par exemple, le calculateur prodige. Mais nous aurons l'œil sur cette cause d'erreur, qui m'a été expressément signalée par M. Paulhan : « On peut avoir un talent spécial, on peut avoir du génie, et être sur bien des points un médiocre. »

En réalité, je n'ai eu aucune peine à choisir cette première série, celle des supérieurs, à intelligence démontrée. Les anti-vivisectionnistes eux-mêmes reconnaîtront que Claude Bernard est une intelligence remarquable ; et les dévots ne mettront pas Renan parmi les médiocres. On peut bien avoir quelques hésitations de détail ; celui-ci a-t-il du talent, se demandera-t-on, et celui-là du génie ? L'hésitation augmenterait encore si on essaye de côter par un chiffre précis toutes ces intelligences. Mais il y a tout de même quelque chose qui échappe au doute et à la discussion : c'est que ma série d'intelligents est supérieure à la moyenne ; elle est supérieure non seulement dans l'ensemble, mais pour chacun des noms qui la composent. Du reste, la voici, qu'on en juge : MM. Bergson, Henner, Dalou, Fernand Buisson, Jules Simon, Victorien Sardou, Paul Bert, Flournoy, Ribot, Marey, Laboulaye, Croiset, Mosso, Renan, Metchnikoff, Claude Bernard, Alexandre Dumas fils, Dumas (le chimiste), François de Curel, Poincaré (le mathématicien), Brown-Sequard, Charcot, Brunetière, Lemaître, Ch. Rouget, Durkheim et Mᵐᵉ Ackermann. Je ne vois pas d'autres noms connus à citer.

Quant aux gens d'intelligence moyenne, on comprendra

quelle discrétion je dois mettre à les dérober à l'attention ; plusieurs sont actuellement vivants, plusieurs me liront ; je veux qu'ils ignorent toujours le désobligeant usage que j'ai fait de leur écriture.

Cette seconde série m'a donné un mal énorme à composer ; car j'ai éprouvé une infinité de scrupules à propos de chaque nom. Je me demandais sans cesse si la personne que j'introduisais dans cette série était complètement dénuée d'originalité. J'ai rejeté les jeunes gens, leur intelligence est encore virtuelle et leur avenir incertain ; j'ai préféré des adultes épanouis, je les ai voulus riches, ou du moins assez fortunés, et assez heureux pour qu'ils n'aient pas le droit de reprocher à la société, qu'elle ne leur a pas permis de donner leur mesure. Dans ma liste, il n'y a pas un « raté »[1].

Il résulte de tout ceci que la différence d'intelligence qui existe entre les personnages à comparer, je l'ai voulue incontestable, je l'ai choisie énorme, et je demande à ce qu'on l'apprécie sommairement, sans entrer dans la considération des nuances qualitatives ; c'est la différence entre le niveau moyen et le talent, parfois le génie. Si la graphologie se tire avec avantage de l'épreuve à laquelle on la soumet, elle aura démontré ainsi qu'elle est capable de percevoir les grands contrastes ; il restera à chercher plus tard si elle perçoit des nuances fines.

Maintenant, le problème ainsi posé était-il facile ou difficile ? Bien que ces épithètes aient un sens aussi relatif que celles de grand et de petit, je crois juste de signaler quelques-unes des difficultés de l'examen, qui m'avaient échappé, et sur lesquelles M. Crépieux-Jamin a attiré mon attention. En écartant les gens dont l'inhabileté se trahit dans la forme des traits, dans le dispositif général des lignes et des mots, j'ai fait tort aux graphologues, car ce sont bien là des faits graphologiques ; j'ai en somme éliminé comme trop faciles les

---

1. M. Crépieux-Jamin me fait remarquer spirituellement : « C'est, hélas ! le contraire qui arrive. Les riches ne donnent que rarement leur mesure. La nécessité est la mère de l'effort, et c'est l'activité qui soutient l'activité. Plus on a à faire, plus on fait. Le riche n'a rien à faire que des œuvres oiseuses et il en est très occupé. » M. Crépieux-Jamin a raison et je crois que je n'ai pas tort. Il y a de pauvres gens qui ont fait des efforts magnifiques, et il y a aussi des riches qui ont produit de belles œuvres. Dans ma liste de moyens, je n'en trouve qu'un seul qu'une grande fortune a dispensé de travail ; mais je l'ai connu enfant, écolier, puis avocat ; je garantis que celui-là, même pauvre, n'aurait jamais eu d'originalité ni de talent.

7/10 d'écritures des gens qui tiennent la plume dans un pays comme la France ; de plus, j'ai sevré presque complètement mes experts des écritures des médiocres et des insignifiants. Je me suis presque toujours confiné dans la haute supériorité et la moyenne. Or c'est cette catégorie là qui, graphologiquement, à ce qu'on m'assure, est la plus malaisée à différencier.

Donnons aussi quelques détails sur la manière dont les documents ont été présentés. Il y a eu deux ordres principaux d'expériences ; dans l'une, l'expert a comparé des couples d'écritures, entre lesquelles on lui annonçait l'existence d'une différence intellectuelle très grande ; dans l'autre, on lui soumettait des collections de 20 à 30 documents, avec l'invitation de les répartir, selon le degré d'intelligence, en deux groupes, les moyens et les supérieurs ; on ne lui indiquait pas les nombres dont ces deux groupes se composaient. Donc, deux ordres d'expériences, celui des couples et celui des collections.

LES COUPLES

Ils sont au nombre de 37. Chacun se compose d'échantillons d'écritures provenant de deux personnages différents. Voici un aperçu de ces personnages :

1. M. Bergson, professeur au Collège de France, et un appariteur d'administration, intelligence moyenne.

2. Le patron d'une maison de commerce, un gros lourdaud sans malice, et son premier commis, esprit très volontaire, très instruit, qui mène son patron par le bout du nez.

3. M. Henner, le grand peintre, et un petit magistrat de province, homme fort ordinaire, esprit étroit, sans curiosité, sans ambition et sans originalité.

5. M. Buisson, professeur à la Sorbonne, et un professeur de l'enseignement primaire, esprit terre-à-terre, type de la mesquinerie.

7. Jules Simon, l'homme d'État, et M. C... professeur de l'enseignement primaire, un esprit méticuleux, qui se perd dans les détails, et n'a pas le jugement bien sûr.

9. Un patron de maison de commerce, naïf au delà de toute expression, le même que le n° 2, et M. Victorien Sardou, l'éminent auteur dramatique.

10. Paul Bert, le grand physiologiste, et M. X..., chef de bureau, esprit vulgaire, grossier, bon enfant, astucieux, absolument rien d'intellectuel.

11. M. Take Jonesco, homme d'État roumain, esprit supérieur, et

M. L..., esprit épais, emphatique, qui pérore dans une administration de province ; rien d'intellectuel.

13. M. Flournoy, le remarquable philosophe genèvois, et M. E..., petit esprit de province, sans idées, sans originalité, exerçant sans distinction une toute petite position libérale.

14. M. Th. Ribot, l'éminent psychologue et M. C..., un modeste artiste peintre, sans grand talent, d'esprit médiocre.

15. M. Marey, le fin physiologiste, et M. M..., un petit commerçant, intelligence pratique, bon jugement, sans rien d'élevé ni d'original; rien d'un intellectuel.

16. M. Croiset, le doyen de la Faculté des lettres et M. V..., bourgeois sans profession, esprit ordinaire, quelques lectures, un jugement avisé, mais mesquin d'idées.

17. Le Dr Charcot et M. C.... professeur de l'enseignement secondaire, du bon sens, du jugement, quelque méthode, un peu de lourdeur, point d'originalité.

18. M. Mosso, le physiologiste italien et M. G..., pharmacien d'esprit terre-à-terre, rien d'intellectuel, ne voit rien au delà de ses bocaux.

20. Ernest Renan, et un avoué de province, bonne intelligence moyenne.

21. M. Élie Metchnikoff, l'éminent naturaliste, et un patron de maison de commerce; celui-ci, intelligence rudimentaire, a autant d'esprit d'initiative qu'un phonographe.

22. Claude Bernard, et un jeune publiciste, vulgarisateur scientifique, qui a des idées personnelles; il est supérieur à la moyenne.

23. Dumas, le grand chimiste, et un professeur libre, bonne intelligence moyenne, fin, débrouillard, curieux, ingénieux, mais pas d'originalité, pas de largeur d'idées, aucun talent.

24. M. François de Curel, l'auteur dramatique, et M.P..., homme d'affaires, très actif, un peu brouillon, superficiel, sans élévation d'idées, pas de lectures, point du tout intellectuel.

25. Alexandre Dumas fils et M. R... secrétaire d'un théâtre minuscule, intelligence très ordinaire de petit comptable.

27. M. Poincaré, de l'Institut, le grand mathématicien, et un professeur libre, intelligence moyenne, le même qu'au n° 23.

32. Mᵐᵉ Ackermann, le grand poète philosophique, et une femme du monde, qui a de la grâce, du cœur, et une intelligence gentille.

34. Charles Rouget le physiologiste bien connu, et M. B..., médecin, peu de moyens.

36. Dalou, le grand sculpteur, et un économe, esprit avisé mais court.

37. M. André de Lorde, l'auteur dramatique bien connu, et un petit magistrat de village, esprit mesquin et éteint, le même qu'au n° 3.

LES COLLECTIONS

Il y avait deux collections de documents, la collection A et la collection B. Je rappelle que pour cette partie de l'expérience, on n'avait pas à faire de comparaison entre les écritures. Je demande à l'expert un jugement isolé sur chacune. Ce sont deux collections de lettres ; mais elles diffèrent beaucoup par leur composition.

La *collection A* contient 37 autographes dont 33 émanent d'intelligences supérieures, et 4 de personnes beaucoup moins intelligentes.

Parmi les supérieures, je citerai les noms suivants :

Des scientifiques : Charcot, Marey, Claude Bernard, Lacaze Duthiers, Paul Bert, Brown-Sequard, Dumas, Milne-Edwards, Köllicker, Mosso, Bertrand, de Quatrefages, Ranvier, Dastre.

Des philosophes : Ribot, Laboulaye, Buisson, Taine, Boutroux, Flournoy, Faguet, Renan, Brunetière.

Des littérateurs : Sardou, Dumas fils, Daudet, Zola, Curel, Goncourt, Droz, Meilhac, Hervieu.

Parmi tous ces documents, j'avais mêlé ceux de quatre personnes que je connais bien, et qui sont certainement d'intelligence moyenne. On comprend combien il est délicat pour moi de donner des renseignements précis sur ces quatre personnes qui sont actuellement vivantes et probablement liront ceci. Je suis obligé de me réduire à quelques remarques très vagues. Ces quatre personnes sont : un commerçant, un avocat, un médecin, un fonctionnaire d'un rang élevé. Je les connais tous de longue date, depuis 6 ans pour l'un d'eux, depuis 20 à 30 ans pour les autres : je les connais personnellement, je connais leur famille, je les appelle mes amis. Je suis persuadé, après de longues réflexions, qu'aucun d'eux ne dépasse le niveau moyen ; aucun d'eux n'a un talent quelconque, n'a rien fait de personnel ou d'original, aucun d'eux ne laissera trace de son passage sur la planète. Ils représentent, à eux quatre, l'honnête et grise moyenne dont on ne dit rien. Ce ne sont ni des originaux ni des excentriques. Par rapport aux intelligences supérieures dont j'ai cité les noms il n'y a qu'un instant, la différence intellectuelle est immense et indéniable.

La *collection B* est celle des médiocres. Les médiocres y forment l'immense majorité ; il y en a 29 ; j'en connais un bon nombre, personnellement. L'écriture des autres m'a été fournie par un de mes collègues. Il y a là-dedans un peu de tout : des instituteurs et institutrices médiocres, de petits employés modestes et peu intelligents, des employés du chemin de fer, des délégués cantonaux, des petits boutiquiers, un professeur de gymnastique, etc. J'ai éliminé tout ce qui était calligraphique dans les écritures. Quatre personnes de grand talent ou de génie ont été mises au milieu de ces médiocrités : Taine, Renan, Claude Bernard, Alphonse Daudet. Il sera curieux de voir qui les aura découverts, dans cette sorte de jeu de cache-cache.

Encore un mot. Plusieurs experts ont été appelés à coter les intelligences par un chiffre, d'après un système qui a été ingénieusement imaginé par M. Crépieux-Jamin. L'intelligence moyenne se coterait de 30 à 40, le talent de 41 à 50, le génie de 51 à 60, et enfin les intelligences inférieures à la moyenne seraient au-dessous de 30, et cotées par des nombres d'autant plus bas qu'elles appartiennent à un niveau plus inférieur.

CHAPITRE XI

Causes d'erreurs : le contenu des écrits, le style, les idées, la forme de l'écriture.

Michon, le fondateur de la graphologie, demandait à opérer sur des lettres intimes. Ses successeurs ont la même exigence ; la lettre intime, nous répètent-ils, renferme l'écriture la plus naturelle, celle où la personnalité s'accuse le mieux. Evidemment ils ont raison. Mais qu'ils prennent garde ! Il y a des lettres intimes qui sont bien confidentielles, d'autres qui, rien que par le tour de phrase et le vocabulaire, révèlent complètement la mentalité du correspondant. Je suis bien obligé d'avertir les graphologues que lorsqu'ils en demandent trop, ils éveillent les soupçons des profanes. J'ai entendu des sceptiques déclarer que certains exercices de graphologie ressemblent au petit jeu des somnambules, qui lisent votre avenir dans les lignes de votre main, et pendant l'examen, ont bien soin de vous faire jaser. Dans l'intérêt même de la graphologie, de son bon renom, il y a là un écueil à éviter[1].

J'ai lu dans quelques traités de graphologie qu'on recommande aux experts novices de ne pas lire les écrits à étudier; c'est parfait; il y a mieux; un graphologue distingué m'a affirmé qu'il existe une sorte d'impossibilité psychologique à ce qu'on lise le contenu d'une lettre pendant qu'on analyse l'écriture, « parce que ce sont dans les deux cas des parties différentes du cerveau qui travaillent ». Je lui laisse la res-

---

1. « Lettre intime, nous dit M. Crépieux-Jamin, ne signifie pas confession : il y en a de banales, mais en les écrivant le scripteur nous débarrasse des signes occasionnels de mauvaise tenue, de précipitation, de passions diverses ; il nous livre son attitude normale, reposée. » A la bonne heure. De tout ceci, il faut retenir cette prescription : lettre intime, et banale.

ponsabilité de cette assertion hardie. Et puis, tout cela est bel et bon en théorie. Mais en fait, que se passe-t-il? Bien qu'il soit de principe qu'on ne doit pas lire les documents, est-ce que les graphologues, habituellement, ne les lisent pas?

J'ai posé la question, par écrit, à tous mes experts. Je leur ai demandé: « Le contenu des lettres vous impressionne-t-il malgré vous, et guide-t-il malgré vous votre diagnostic? Ou bien êtes-vous convaincu que vous en faites abstraction? »

J'ai reçu en retour des réponses si variées, qu'on ne peut en dégager d'autre conclusion que leur variété même. En voici quelques-unes:

M. Vié m'écrit: « La lecture du texte tend à m'impressionner; je lutte, il est vrai, contre cette impression, mais n'ai point la certitude qu'il n'en subsiste pas quelque vestige dans le diagnostic final. De là, tantôt un adjuvant, tantôt une cause d'erreur; aussi aimé-je mieux être placé dans des conditions plus impartiales. »

M. Humbert émet un avis différent, un peu sec et tranchant : « J'ai l'habitude de ne pas lire les documents que j'analyse. »

M. Crépieux a la réponse plus abondante et plus nuancée. Dans une première lettre, datée de janvier 1901 — on voit combien de temps cette recherche a duré! — il m'écrit: « Il est évident que dans quelques cas l'orthographe, le style, sans compter le papier, fournissent des indices de nature à favoriser le graphologue. Mais c'est assez précaire, je vous assure, et même trompeur. Aussi ne considérai-je ces éléments d'appréciation qu'au dernier plan, à titre de contrôle, même dans les cas rares où j'y suis bien attentif. La preuve, c'est que dans mes études sur les écritures latines étrangères, où le style et l'orthographe m'échappent, je ne me sens pas du tout gêné dans mes appréciations. Elles sont aussi détaillées et aussi courantes. » Ce dernier exemple est ingénieux, mais je ne puis l'accepter comme preuve, ne l'ayant pas contrôlé. Trois ans après, M. Crépieux-Jamin m'écrit, répondant à une question précise : « Je ne lis presque jamais le contenu des lettres qui me sont soumises. J'ai fait l'expérience qu'en se laissant guider par le contenu des documents analysés, on perd plus qu'on ne gagne. Les renseignements fournis par le papier (format, couleur, odeur), l'encre, les en-têtes, le texte, ne sont cependant pas toujours à dédaigner. »

M. Eloy est celui qui révoque le plus fortement en doute l'influence de l'écrit; l'expression *malgré moi* paraît le choquer. Il déclare : « Le contenu des lettres ne m'impressionne pas *malgré moi;* s'il en était autrement, je ne devrais pas faire de graphologie. Il me guide, quand j'ai un certain nombre de documents d'un scripteur, pour discerner celui ou ceux qui sont de l'écriture la plus habituelle et la plus normale. »

La place me manque pour citer tout le monde. Je ne puis cependant me dispenser, en terminant, de donner la parole à M. Paulhan, qui a finement traité cette sorte de cas de conscience : « Je crois que je me laisse influencer en certains cas et jusqu'à un certain point par le contenu des lettres. Je tâche de réagir contre cette influence, non point pour l'écarter absolument, mais pour l'empêcher de m'égarer. Les renseignements fournis par le contenu de la lettre et ceux que donne l'examen de l'écriture se combinent. Je ne crois pas que les premiers soient prépondérants. Mais ils peuvent renforcer les seconds, aider à les interpréter. »

Voilà un beau choix d'opinions disparates. Il est inutile de chercher une conciliation entre M. Humbert qui ne lit pas, M. Eloy, qui lit, mais refuse de croire à une influence quelconque, et MM. Crépieux-Jamin, Vié et Paulhan qui croient réelle cette influence, mais précaire, et tantôt s'en servent, tantôt s'en méfient. Il y a dans ces réponses non seulement de la graphologie, mais surtout des différences de caractère et de tempérament.

Quoi qu'il en soit, la première règle de l'expérimentation est la méfiance. Il suffit qu'une erreur soit dans les choses possibles pour qu'on s'arme contre elle. Notre devoir est de mettre nos experts en face d'un écrit où sont supprimées toutes les suggestions qui pourraient aider ou entraver leurs conjectures sur l'écriture. Comment arriverons-nous à supprimer le contenu des lettres?

On m'a conseillé d'utiliser les lettres que j'aurais dictées ou fait copier, et qui toutes contiendraient les mêmes phrases; mais outre qu'il serait difficile de demander cet acte de complaisance à tant de gens célèbres que je ne connais pas, et surtout à ceux qui sont morts, j'imagine que les copies et les dictées enlèvent à l'écriture le naturel de son allure. Sans doute, les graphologues se récuseraient, et ils en auraient le droit. J'ai bien pensé à un autre moyen ; au lieu de lettres, utiliser des adresses écrites sur des enveloppes ; et j'ai même commencé une expérience avec 32 enveloppes, qu'il fallait comparer deux à deux, mais les graphologues se sont plaints si vivement de l'insuffisance de ces documents que j'ai renoncé à poursuivre. Ils avaient raison de se plaindre ; leurs solutions n'ont pas été brillantes.

M. Crépieux-Jamin fournit 6 erreurs et 10 solutions exactes. Mᵐᵉ Urgern Steinberg : 5 erreurs et 11 solutions exactes. MM. Eloy et Depoin travaillant de concert : 6 erreurs, 8 solutions exactes, et pour le reste ils ne se prononcent pas. Mᵐᵉ de Salberg : nombre égal de réponses justes et fausses. Enfin, une expérience collective faite à la Société de graphologie (hors de ma présence, et à l'instigation de M. Depoin) par cinq personnes produisit 10 réponses justes, 5 erreurs et une réponse douteuse. En faisant masse de tout cela, on obtient les proportions suivantes :

Réponses justes. 47
Réponses fausses 30
Expressions de doute. 3

Soit un pourcentage des réponses justes égal à 61 %, alors que le hasard donnerait 50 % [1], puisque le nombre des

1. M. Crépieux-Jamin s'insurge contre mon calcul. « Toujours vos solutions de hasard! C'est une bonne idée, assurément, et vous l'avez développée avec beaucoup d'ingéniosité, ici et ailleurs, mais c'est terriblement choquant de lire : « soit 61 %, alors que le hasard donnerait 50 %. » Sous cette forme-là n'est-ce pas erroné? En effet, vous opposez une solution d'expérience définie à une solution de hasard sur un nombre infini d'épreuves. Je me suis amusé à jouer à pile ou face, devant MM. Eloy et Depoin, le sexe de cent individus. Face était un homme — Nous avons eu 37 hommes et 63 femmes — Voilà une solution de hasard entre deux termes. Elle n'est pas de 50 %. Ce 50 % est le résultat du hasard dans un nombre considérable d'épreuves, et vous ne pouvez pas l'opposer à une épreuve. Vous voyez bien que 63 % est encore une solution de hasard, et j'imagine bien que dans une série extraordinaire on obtiendrait sensiblement plus, je n'ose pas dire combien, mais cela doit se calculer aussi. Le hasard pourrait donner bien d'autres résultats. Pour calculer une supériorité sur le hasard, une seule épreuve ne tranche rien, il faut opposer une moyenne de nombreux résultats à cette autre moyenne de 60 %, sans quoi vous comparez le fini à l'infini. » Tout cela est très juste. Nos épreuves ne sont pas assez nombreuses pour qu'on puisse dire, en analysant nos pourcentages : il y a tant de ces solutions qui sont dues certainement au hasard : par exemple, sur 63 % de réponses justes, il y en a 50 % à défalquer, car elles sont produites par le hasard. Il me semble bien que j'ai eu jusqu'ici la prudence de ne pas me prononcer dans un langage aussi tranchant. Je dis d'ordinaire : 63 % est supérieur

solutions possibles est seulement de deux. Cela prouve bien
que certains signes d'intelligence se lisent dans l'écriture;
mais l'incertitude est extrême. Du reste, il serait déloyal de
juger la graphologie d'après une épreuve aussi sommaire, et
M. Crépieux-Jamin a eu raison de m'en avertir : « Il faudrait
toujours partir de ce principe que les gestes graphiques contenus dans 5 ou 6 mots ne donnent pas plus l'écriture d'une
personne que deux ou trois mouvements ne donnent l'allure. »

Donc, j'ai dû abandonner très vite, et à regret, les enveloppes de lettres, et je me suis documenté en lettres intimes.
Ce que j'ai employé, ce sont des lettres naturelles, qui ont
réellement été pensées, et qui ont passé par la poste; la plupart m'étaient adressées, quelques-unes à mon beau-père,
M. Balbiani.

Cette documentation a eu l'avantage de satisfaire les exigences des graphologues les plus exigents; mais en revanche,
je me suis exposé à des erreurs graves.

Les lettres intimes sont terriblement révélatrices. D'abord,
chacun sait, depuis Buffon, que le style c'est l'homme; et que
pour exprimer l'idée la plus banale, un homme d'esprit
trouvera un autre tour de phrase qu'un sot. J'ai longuement
travaillé à dénaturer le sens des écrits. J'ai supprimé entièrement les signatures, ou bien je les ai rendues méconnais-
sables. Quant au texte de ces lettres, je l'ai lu et relu avec
soin, et pour l'expurger de détails qui auraient donné l'éveil
sur la personnalité du scripteur, ses relations, sa profession, ses
préoccupations, sa mentalité, j'ai fait de larges ratures ou des
coupures aux ciseaux. L'insignifiance de quelques billets leur
a épargné ce travail d'émondation; ce sont des remercîments,
des rendez-vous donnés. Pour d'autres au contraire, les
ratures et coupures sont, si nombreuses et si considérables que le contenu des phrases devient un rébus indéchif-
frable. Mais les lettres les plus massacrées conservent nécessairement des séries de mots lisibles, et quelques-uns de ces
mots ont un cachet de distinction, je dirai même un parfum

---

de 13 à ce que *donnerait* le hasard; et il y a une nuance. Au fond, il faudrait, j'en
conviens, des expériences bien plus nombreuses; mais nos forces sont limitées et le
bon vouloir des graphologues aussi, je suppose : et dans l'état actuel des choses, notre
mode de comparaison, sans être parfait, est encore le meilleur.

d'intelligence. Et puis, comment savoir au juste, et autrement que par mon impression personnelle, ce que mon travail de rature a laissé de révélateur dans un billet?

Je me suis avisé d'un biais. J'ai fait copier tous mes documents par la même personne; le copiste a reçu l'ordre de reproduire le texte des originaux sans s'occuper des blancs, des interlignes, des paragraphes, etc., mais en conservant la ponctuation. Il a copié non seulement les lettres, mais les adresses. Avec ces documents copiés, j'ai composé les mêmes couples qu'avec les originaux; cet artifice m'a permis de savoir si le contenu des lettres qui me servaient de documents pouvait, à lui seul, écriture à part, guider l'expert dans son choix.

J'ai adressé ces documents copiés à un de mes plus obligeants collègues de la Société de l'enfant, M. Lacabe, inspecteur primaire, afin qu'il cherchât à deviner pour chaque couple quelle est la lettre qui émane de la personne la plus intelligente. Toutes les instructions nécessaires, je les ai données à M. Lacabe par écrit; et il s'est bien trouvé que j'avais fait un travail suffisant d'émondation puisqu'un esprit aussi fin que celui de mon collègue n'a obtenu que 56 p. 100 de solutions justes, contre 44 p. 100 de solutions fausses.

Signalons une dernière cause d'erreur, que j'avais prévue avant de commencer les expériences, et qui s'est réalisée dès mes premiers essais.

Les graphologues ont reconnu quelques-unes des écritures que je leur soumettais.

Il fallait s'y attendre. A notre époque, les hommes de talent sont devenus la proie de la publicité; et leur écriture est presque aussi connue que leur tête. Les graphologues, du reste, excités par une curiosité légitime, ne manquent pas de regarder ces spécimens d'écritures célèbres, qui leur sont fournis soit par des recueils spéciaux, soit par des albums de réclame, comme le Mariani [1].

1. M. Crépieux-Jamin me fait remarquer que ces albums donnent des reproductions défigurées par la réimpression, qui tend à uniformiser leur relief. D'accord. Mais il me semble que malgré ces défauts, le spécimen imprimé garde une individualité suffisante pour permettre de reconnaître ensuite un autre spécimen de la même écriture.

J'ai d'abord envoyé mes documents sans signaler à personne l'erreur que je redoutais. Puis j'ai attendu les réponses.

Tous les experts, sans exception, m'ont prévenu qu'ils avaient reconnu certaines écritures ; ils n'émettaient aucun doute, ils affirmaient. L'écriture portant le numéro X, m'ont-ils dit, est de M. un tel. Toutes ces affirmations étaient exactes. Ainsi, Mme Ungern-Steinberg m'écrit : « Si vous en avez le temps, dites-moi les noms des supérieurs suivant les numéros qui en représentent la fiche signalétique. Je n'en connais que Zola et Flournoy ». Bien qu'elle eût reconnu ces deux personnalités, M^mo Ungern-Steinberg n'en crut pas moins nécessaire de faire leur portrait graphologique à tous les deux ; et même le portrait de Zola, qui l'a vivement intéressée, est plus long que celui des anonymes. « Je me suis étendue sur lui, dit M^mo Ungern-Steinberg, parce que ma conception de son génie diffère un peu de celle de Crépieux-Jamin ; je ne lui reconnais ni affectuosité considérable, ni l'esprit vrai de système, qui est seul dévolu au logicien, jamais à l'intuitif. » Ainsi cette dame n'hésite pas à faire le portrait graphologique d'un auteur dont elle connaît le nom ; elle suppose par conséquent d'une manière implicite que ce portrait ne lui est pas inspiré par l'œuvre littéraire de Zola.

Lorsque j'eus obtenu toutes ces réponses, où mes experts me signalaient spontanément les écritures qu'ils avaient expressément reconnues, je sortis de ma réserve. Jusque-là, je n'avais parlé à personne de l'erreur que je redoutais, je craignais d'inspirer à quelques-uns l'idée de feuilleter des albums et des collections d'autographes. Mais du moment que le travail était terminé, ce danger était écarté, il fallait interroger chaque expert de la manière la plus pressante sur les écritures par lui reconnues. On sait que l'interrogatoire est un excellent moyen d'obtenir les aveux, que dans un récit spontané beaucoup de gens n'ont pas l'idée de faire. J'en ai eu ici une nouvelle preuve [1]. Tel qui connaissait l'écriture de Brunetière et ne songeait pas à m'en prévenir, devient bien plus explicite, quand on lui fait cette demande catégo-

---

1. Voir mon livre sur la *Suggestibilité*, où j'ai traité cette question de méthode.

rique : « Il y avait dans les documents l'écriture de Brunetière. La connaissez-vous ? »

Pour obtenir des aveux, j'ai composé une liste de cent
noms célèbres, dans lesquels j'ai répandu les noms de tous
ceux de la catégorie des supérieurs qui ont écrit de nos
documents.

J'ai envoyé cette longue série de noms à chacun de nos
experts, en les priant de répondre par écrit à quatre points :

1º Quels sont les personnages de cette liste que vous
ne connaissez pas, même de nom ?

2º Quels sont ceux dont vous avez déjà étudié l'écriture ?

3º Quels sont ceux dont vous avez déjà vu ou entrevu l'écriture, pour en faire l'objet d'un examen spécial ?

4º Quels sont ceux, enfin, dont vous avez évoqué l'écriture en étudiant les autographes que je vous ai envoyés, et
auxquels vous avez pensé, sans cependant être bien certain
que vous aviez leur écriture sous vos yeux ?

Je m'imaginais que mes cent noms étaient universelle-
ment connus, au moins des gens cultivés. Je me trompais.
A ce critérium de la célébrité, beaucoup de gens devraient
être rayés de la liste. Je ne les signale pas; inutile de leur
enlever des illusions. Du même coup, nous apprenons l'étendue des connaissances de nos experts; tel qui déclare inconnus pour lui quinze ou vingt noms, est moins instruit que tel
autre qui se vante de les connaître tous. Il est moins instruit,
ou peut-être plus sincère : ou peut-être encore, me suggère-
t-on, est-il plus instruit en profondeur, et moins en superficie.
Laissons cela. Ce qui nous intéresse, c'est de savoir de la
façon la plus précise si nos correspondants ont reconnu un
plus grand nombre d'écritures qu'ils ne nous l'avaient dit
spontanément. Eh bien, c'est à peu près constant. Ainsi,
M. Vié ajoute à sa première liste quatre noms nouveaux,
M. Eloy en ajoute deux, M. Humbert et M. Crépieux-Jamin
deux aussi. Il est bon de remarquer que plusieurs identifications ont été seulement supposées, et que la graphologie a
même aidé à ces identifications, en suggérant un portrait
moral qui faisait penser à un auteur connu. Pour beaucoup
d'écritures, les experts ont eu des impression de « déjà-vu »
que du reste ils n'ont pas cherché à préciser ou à vérifier.
Quoi qu'il en soit, j'ai supprimé les écritures reconnues.

D'autre part, des experts m'ont informé qu'ils connaissent pour les avoir étudiées les écritures de telles et telles personnes, et cependant ils ne nous disent pas qu'ils les ont reconnues. C'est très fréquent. Je n'ai pas supprimé ces écritures-là.

CHAPITRE XII

Comment l'intelligence se révèle dans l'écriture.

C'est aux experts que je passe la plume. Voici d'abord la petite notice que me communique M. Crépieux-Jamin. On la lira avec d'autant plus d'intérêt que M. Crépieux-Jamin a complètement renouvelé, pour ne pas dire créé, par ses travaux personnels, la graphologie de l'intelligence.

Je distingue dans l'intelligence six degrés, le génie, le talent et l'intelligence vive qui sont les trois degrés de supériorité; la médiocrité, l'insignifiance, l'esprit commun, trois degrés d'infériorité.

Les points faibles de cette classification, c'est que le génie est à la fois un coefficient de l'intelligence et la caractéristique du talent débordant; l'insignifiance est tantôt une forme d'esprit réellement nul, ou une forme de la médiocrité. Mais dans la pratique l'usage de ces six degrés donne des résultats très satisfaisants, facilement appréciables; c'est un moyen très maniable.

Dans l'écriture le génie se manifeste par la puissance, la clarté, la simplicité et l'activité. Le tracé n'est jamais de forme commune, mais élégant, ou net avec des inégalités assez nombreuses mais jamais discordantes.

Le talent se révèle par les mêmes signes avec moins de caractère, de puissance, de grandeur. Les signes de cultures d'esprit (consistant dans les modifications qu'on fait subir aux formes de l'écriture normale dans le sens d'une abréviation ou simplification quelconque), sont aussi nombreux que dans l'écriture des gens de génie.

L'intelligence vive se manifeste encore par de la clarté et de la simplicité. L'inégalité du tracé, indice de sensibilité intellectuelle, est encore grande, sans discordances, et donne l'impression d'un frémissement de la plume. La netteté n'est déjà plus aussi grande que dans l'écriture des gens de talent. On voit apparaître des indices de caractère qui sont rares et non prédominants dans les natures supérieures, comme la ruse, l'esprit de chicane, la versatilité, la violence, etc., sans que ces indices soient associés.

C'est chez les médiocres qu'on rencontre des associations de signes d'insuffisance ; c'est la marque même de la médiocrité d'offrir des trous et des discordances. De là un grand nombre d'indices, et une grande facilité pour distinguer les médiocres. Les principaux signes de la médiocrité sont : les formes recherchées ou touchant à la vulgarité, les marques de mesquineries, des gaucheries, des exagérations dans l'inégalité du tracé, le manque d'harmonie, la clarté faible, les signes de culture peu nombreux et non q alitatifs.

L'insignifiance se reconnaît à la simplicité enfantine du tracé, à son manque d'énergie, d'activité, et de signes de culture. Elle est égale et monotone, avec des espacements souvent exagérés.

L'esprit commun se manifeste par des formes grossières, confuses, exagérées, sans marques de culture.

En somme, les signes capitaux de l'intelligence supérieure sont la clarté, l'activité, l'inégalité du tracé et les simplifications.

La médiocrité, se reconnaît par les discordances et les insuffisances. L'infériorité plus profonde encore par l'inactivité, la grossièreté, le manque total de simplification.

Il est bien entendu que ce qui précède est un résumé à grands traits pour le philosophe et non l'exposé de tous nos moyens d'investigation.

M. Humbert a condensé dans le passage suivant sa théorie graphologique de l'intelligence :

Ce qu'on entend d'ordinaire par intelligence, c'est la faculté de penser par soi-même, c'est l'originalité du cerveau. A celle-ci correspond logiquement l'originalité de l'écriture. Ainsi, toute simplification de tracé signifie valeur intellectuelle. Les trois degrés du signe constituent trois classes : la supériorité, le talent, l'intelligence normale. En sens inverse on aura la médiocrité, la vulgarité, la bêtise (écriture compliquée). L'originalité représente l'intelligence en puissance, les autres qualités, l'intelligence en acte. Elles se subvisent en trois groupes.

Le premier comprend les qualités mélioratives : la précision, la condensation des idées, la délicatesse, le coup d'intuition, les aptitudes artistiques, littéraires, scientifiques et critiques. Les qualités mélioratives, affermies par la volonté, augmentent la valeur du scripteur. Elles conduisent à une quatrième classe, la transcendance.

Le deuxième groupe renferme les qualités essentielles : l'activité cérébrale, la clarté, la modération, la simplicité et la réflexion. L'absence de ces qualités abaisse le niveau de l'écrivain. A plus forte raison en sera-t-il ainsi des vices péjoratifs, résultant de leur interversion : l'inertie ou l'agitation, la confusion, l'exaltation, la recherche et l'irréflexion.

Nous y joindrons la faiblesse de volonté. Ces défauts aboutissent à un dernier échelon : la grossièreté.

Le troisième groupe est celui des qualités plastiques : l'intuition, le raisonnement et l'assimilation. Leur excès produit l'utopie et le sophisme, qui rabaissent aussi le classement.

Au point de vue intellectuel, les écritures peuvent donc aisément se répartir en huit classes.

L'originalité est la base de cette distinction : les autres facultés lui apportent un harmonieux concours.

Je donnerai encore la notice que M. Vié a bien voulu me communiquer :

L'épreuve en cours porte sur *l'intelligence supérieure*, — celle dont l'écriture suggère souvent le degré sans permettre de le préciser d'après des règles fixes. Quelle est la commune mesure entre la fine cursive de Lamartine, si séduisante, et l'écriture grosse, laide, mais puissante de Chateaubriand, ou le vilain graphisme de Balzac ? — entre les pattes de mouche sèches et ternes de la vieillesse de Humboldt, et la merveilleuse calligraphie de F. Arago, débordante à la fois de grâce et de condensation ?....

Dans bien des cas de cet ordre, se fonder sur les coefficients de clarté, de soin, de goût, d'ordre, de réflexion...., c'est s'exposer à s'égarer, car chez les hommes de grande valeur intellectuelle qui ont voué leur vie à un travail opiniâtre, le tracé graphique porte souvent l'empreinte de *déformations* provenant de la fatigue, du surmenage, du désir de se soustraire hâtivement à une tâche matérielle qui usurpe un temps précieux et retarde les élans de la pensée. Cette première recherche livre des dérogations révélatrices, mais elles peuvent s'étendre à toute une classe de grands travailleurs, quelle que soit la puissance de leur esprit. Le graphologue ne s'y tient pas ; il en dégage cependant une première donnée.

Il élimine ensuite toutes les écritures où des abréviations abusives suppriment la ponctuation, les accents, parfois des lettres, ou même des finales entières, sans que des *signes de culture* très marqués, ou des *idiotismes* de forme originaux et puissants permettent d'absoudre ces privautés.

L'esprit inférieur se confine dans le moule de l'enseignement reçu. S'il est perfectible, s'il progresse, s'il fait souvent acte d'originalité personnelle, il brise le moule : ces brisures sont les *signes de culture*. On peut les trouver en grand nombre et de très bon goût dans l'écriture d'un homme d'une intelligence moyenne, mais, pour révéler l'esprit supérieur, il leur faut encore un relief d'originalité peu commune — dût le goût lui-même en pâtir au besoin dans une petite mesure.

Telle est, selon moi, la méthode à suivre dans le double cas du problème que vous posez et des écritures déformées.

Deux catégories sont ici hors de cause : les génies, dont l'écriture est fruste, faute d'exercice, — les grands esprits, à la fois lumineux et soigneux, qui livrent au premier regard le secret de leur puissance (Raphaël, Arago, Lamennais, etc.).

Je termine par la notice suivante, qui m'est fournie par Mme de Salberg :

Les principaux signes graphiques de l'intelligence sont les suivants :
L'espacement normal entre les lignes et les mots;

La proportion entre les majuscules et les minuscules ;
La séparation des lettres par groupes ;
La netteté, le relief, la simplicité et la sobriété des traits ;
La simplification des lettres ;
Les liaisons anormales ;
L'harmonie des formes et des blancs ;
La rapidité du tracé ;
La clarté de l'ensemble ;
En un mot l'eurythmie de l'écriture.

Les signes d'intelligence que nous signalent les experts me frappent à la fois par leur complexité et le degré d'interprétation qu'il supposent. Dans ces écritures, dit M. Crépieux-Jamin, le génie se manifeste entre autres signes par la puissance.

Et il explique ainsi ce terme de puissance, qui ne me paraissait pas un signe graphique bien objectif :

« Tout signe devient puissant lorsqu'il se manifeste avec une intensité au-dessus de la moyenne, et sa puissance est confirmée lorsque les indices de la volonté forte existent en même temps dans l'écriture. »

M. Paulhan, dans une lettre qu'il m'écrit, a bien traité cette question, et je crois qu'il reproduit exactement la pensée de M. Crépieux-Jamin.

« Je ne crois pas aux significations constantes des signes, même des signes généraux. C'est l'ensemble de l'écriture et de ses caractères qui détermine leur sens et qui fait même qu'il en ait un, car les caractères indiqués avec un sens précis restent, je crois, assez souvent insignifiants, ou, du moins, à peu près négligeables. Ici l'analyse ne me paraît valoir que par la synthèse.

« Au reste, même les caractères graphiques indiqués donnent une idée de ce genre. Ils sont souvent assez vagues et témoignent plutôt d'une impression d'ensemble que d'une observation minutieuse et précise. Sans doute des caractères comme « mots finissant en pointe » ou « lettres disjointes » ou « écriture montante » sont susceptibles d'évaluations assez rigoureuses, mais « écriture bizarre » et « écriture gracieuse » « écriture ornée avec goût et mesure » ? A quoi reconnaît-on au juste la bizarrerie, la grâce, la mesure et le goût, sinon à une impression qu'on en a, et comment les mesurer avec précision et objectivement ? Et naturellement, la bizarrerie de l'écriture indique la bizarrerie de l'esprit ; le goût et la mesure : le sens esthétique, et ainsi de suite. On arriverait vite à conclure à la supériorité de l'esprit, parce que l'écriture est « supérieure ». Et cependant il faut certainement considérer dans l'appréciation de l'écriture des caractères aussi mal définis que ceux-là [1]. »

Malgré toutes ces réserves, j'ai demandé avec insistance que chacun développât ses moyens d'investigation et nous permît de les juger. Beaucoup de graphologues se sont contentés d'abord de me faire connaître leurs solutions sans les justifier. Ce doit être une habitude professionnelle, encouragée par le public, qui se soucie peu des justifications. Pour les engager à me donner plus de détails, j'ai prié un de mes plus obligeants collaborateurs, M. Vié, de dresser un tableau des principaux signes graphologiques, et j'ai envoyé ce tableau aux autres experts en leur recommandant de s'en servir. Je pensais arriver ainsi à une sorte d'unification. Plus précisément, je pensais savoir si leurs désaccords, qui sont assez fréquents, portaient sur la perception des signes ou sur leur interprétation. Mon effort n'a pas entièrement abouti. Quelques-uns ont durement critiqué le tableau, et M. Crépieux-Jamin a refusé de s'en servir.

Le voici, pourtant.

Nomenclature abrégée des signes graphiques de l'intelligence et de quelques signes connexes.

N° d'ordre	SIGNES	SIGNIFICATIONS
1	Écriture claire	Clarté d'esprit.
2	— confuse.	Esprit confus.
3	— sobre.	Réflexion. — Jugement.
4	Hampes empiétant d'une ligne à l'autre.	Jugement confus.
5	Écriture nette.	Précision.
6	— nette, avec relief	Précision et relief de la pensée.
7	— ordonnée.	Ordre. — Attention.
8	Ponctuation soignée.	— —
9	Mots oubliés.	Etourderie.
10	Barre du *t* courte et en pointe . . .	Sagacité. Sens critique.

1. « Je vous avoue, m'écrit M. Crépieux-Jamin, que d'accord avec M. Paulhan je considère la graphologie comme un art, justement à cause de l'imprécision de certaines données que je ne vois pas le moyen de rendre plus précises. »

3ᵉ d'ordre	SIGNES	SIGNIFICATIONS
11	Mots finissant en pointe.	Finesse.
12	Écriture petite	—
13	Mots filiformes	Subtilité.
14	— grossissants	Naïveté.
15	Écriture simplifiée	Originalité.
16	g ou q à courbe renversée	—
17	d composé d'un o et d'un jambage . .	Manque d'originalité.
18	Écriture « floue »	Manque d'originalité et de relief.
19	Écriture négligée par excès de rapidité.	Spontanéité. — Vivacité.
20	Points en avant de la lettre	— —
21	Points en arrière de la lettre ou écriture lente	Esprit lent. — Mollesse.
22	Écriture compliquée.	Diffusion.
23	— simple.	Naturel. — Simplicité.
24	— — et gracieuse	Distinction.
25	— bizarre	Bizarrerie.
26	— — mais gracieuse. . .	Originalité dans l'art.
27	— ornée, avec affectation . . .	Recherche. — Manque de naturel.
28	— — avec goût et mesure .	Grâce. — Sens esthétique.
29	— calligraphique	Recherche. (Suppression de l'originalité caractéristique).
30	Écriture de forme typographique.	Grâce. — Sens esthétique.
31	Écriture harmonique, sans calligraphie	Goût. — Pondération.
32	Marges régulières.	Goût.
33	— absentes.	Manque de goût.
34	— à droite et à gauche	Distinction.
35	Écriture serpentine	Souplesse d'esprit. —
36	Points ou accents placés très haut. .	Idéalisme.
37	— — — très bas. . .	Tendance concrète.
38	— — — très légers. .	Délicatesse d'esprit.
39	Écriture pâteuse.	Tendance matérielle.
40	Écriture serrée, sans les révélations complémentaires du penchant avare.	Condensation de la pensée.
41	Lettres disjointes.	Intuition. — Théorie.
42	Lettres liées.	Déduction. — Enchaînement des idées.
43	Lettres liées par groupes.	Assimilation.
44	Lettres liées toutes ou quelques-unes sauf la première	Coup d'intuition.
45	Grand développement des majuscules, des hampes ou des finales.	Imagination marquée.

1° d'ordre	SIGNES	SIGNIFICATIONS
46	Majuscules basses.	Imagination faible.
47	— à la place des minuscules.	Exaltation.
48	Abus des points d'exclamations. . .	Enthousiame.
49	Minuscules (s, r, a,) plus élevées que les autres.	—
50	Ecriture montante.	Ardeur.
51	— descendante	Manque d'ardeur, d'expression.
52	— ferme. . . . . '.	Fermeté. — Décision.
53	— hésitante.	Indécision.
54	— rapide.	Activité. — Facilité.
55	Points changés en accents.	— — Vivacité.
56	Ecriture verticale.	Froideur.
57	— agitée.	Agitation.

Voilà pour la théorie. Passons maintenant à la pratique.

CHAPITRE XIII

Coup d'œil général sur les solutions

Je vais parcourir les solutions données sur les 36 couples d'écritures. Ces solutions sont indiquées numériquement dans le tableau général qui est ci-après.

Les couples d'écritures à comparer sont marqués simplement par leurs numéros dans la première colonne verticale de gauche.

Vis-à-vis de ces numéros, je dispose, dans une colonne spéciale pour chaque graphologue, la série de ses solutions ; je marque B celles qui sont bonnes et F celles qui sont fausses ; un *r* entre parenthèse indique que l'une des écritures a été reconnue. Un trait signifie que, pour une raison quelconque, le couple n'a pas été examiné. Enfin un point d'interrogation est le signe d'une solution douteuse. Trois graphologues, MM. Crépieux-Jamin, Vié et Paulhan, ont coté ces écritures. Je donne leurs deux cotes, séparées par un petit trait horizontal ; la deuxième cote s'applique à l'écriture du couple qui est réellement la plus intelligente ; il en résulte que le chiffre le plus fort est le second quand l'expert ne s'est pas trompé ; il est le premier en cas contraire.

1 et 1 bis. — M. Bergson et un appariteur. — L'écriture de ce dernier a été souvent préférée, sans doute parce que celle de M. Bergson est un peu calligraphiée. La calligraphie a mauvais renom parmi les graphologues. On voit que cette présomption peut être fausse.

Je n'en dis pas davantage, car j'ai pris ce couple d'écritures pour objet d'expériences spéciales dont je parlerai longue-

	Crépieux-Jamin		Humb.	Vié		Paulhan		X¹	X²	X³
1re SÉRIE	Préf.	Cote	Préf.	Préf.	Cote	Préf.	Cote	Préf.	Préf.	Préf.
1	F	45-38	B	F		F	40-35	B	B	F
2	F	38-25	F	B	35-40	B	37-30	F	F	F
3	B	30-50	B	B		B	37-42	B	B	B
4	B	28-35	F	—	—	B	34-36	B	B	B
5	B	36-50	B	B	29-43	B	35-42	F	F	B
7	B	21-37	B	B	33-42	B	32-35	B	B	B
9	B	36-52	B	B	40-41	B (r)	33-45	B	B	B
12	B	24-34	B	F	41-32	B	31-30	B	B	F
18	B	38-49	B	B	35-45	B	32-40	B	B	B
2e SÉRIE										
1	B	35-42	B	B	36-41	B (r)	36-43	B	B	B
2	B	38-43	B	B	40-43	B	35-40	F	B	B
3	B	38-46	B	B	35-44	B (r)	34-39	B	B	F
4	B	37-48	B	B	38-43	B	30-41	B	—	B
5	—	—	B	B	34-41	—	—	F	B	—
7	B	37-42	B	B	38-48	B (r)	30-44	B	F	B
9	B	43-46	B	B	39-45	B	45-31	B	B	B
10	B	44-52	B	B	47-53	B (r)	40-45	F	—	B
13	B		B	B	37-41	F (r)	35-30	F	—	B
16	B		?	B	23-31	B	22-28	B	B	F
18	B		B	B	38-45	B (r)	33-41	F	F	B
19	B		B	B	37-54	F	43-40	—	—	.
20	B		B	B	30-43	B (r)	36-48	B	—	B
21	B		B	F	55-42	B (r)	36-52	B	F	B
22			B	B	37-43	F	40-35	B	B	B
23	B		B	B	42-47	F (r)	44-43	B	F	
24	B	36-42	F	F	48-31	B	40-41	F	F	
25	B	40-48	B	B	37-41	B	40-42	F	F	
26	B	39-43	B	B	34-42	B	39-41	B	B	
27	B	35-47	F	B	40-47	—	—	B	B	
28	B	41-45	B	—	33-45	B	35-44	B	—	
29	B	22-24	?	B	21-23	B		B	F	
30	F	36-25	F	B	36-40	F		F	F	
31	B	38-44	B	B	37-48	F	39-36	B	B	
32	B	32-46	B	F	42-33	F	38-35	F	F	
33	B	32-38	B	F	44-39	B	35-41	B	B	
34	B	36-39	B	B	39-41	F	39-31	F	F	
35	B	38-41	B	B	40-47	B	35-40	B	B	

ment. Il suffira pour le moment de remarquer que l'écriture de l'appariteur a été fortement *surestimée* par tous les graphologues sans exception : c'est la preuve qu'une personne peut avoir moins d'intelligence que son écriture.

Le cas inverse se présente aussi.

3 et 3 bis. — Je vais m'étendre un peu longuement sur ce couple et citer *in extenso* les examens qui en ont été faits. Le 3 (fig. 20) est l'écriture d'un petit magistrat de province, intelligence ordinaire, esprit sans originalité, sans curiosité,

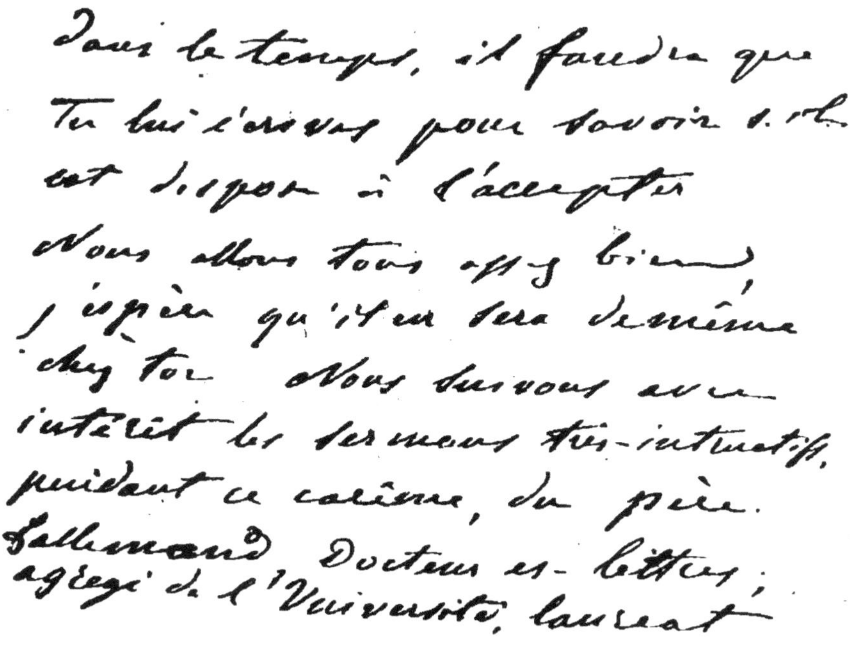
Dans le temps, il faudra que
tu lui écrivas pour savoir s'il
est disposé à l'accepter
Nous allons tous assez bien,
j'espère qu'il en sera de même
chez toi. Nous suivons avec
intérêt les sermons très-instructifs,
pendant ce carême, du père
Lallemand Docteur ès-lettres,
agrégé de l'Université, lauréat

Fig. 20. — *La banalité d'une intelligence très moyenne se lit clairement dans cette écriture.*

quelque chose de gris et de terne. Le 3 *bis* (fig. 21) est celle de Henner, le grand peintre. Leurs deux manifestations graphiques ont toujours été bien jugées ; sans aucune exception les graphologues ont accordé la préférence à Henner.

Voici par exemple la solution de M. Crépieux-Jamin :

3 (Le petit magistrat). — Intelligence moyenne, sans qualités ni relief. Plus de culture que de jugement. Intelligence 30.

3 *bis* (Henner). — Très supérieur au précédent par une activité mentale énorme, avec une belle imagination et une culture très grande. Intelligence 50.

L'ordre de préférence est exact, et la différence considéra-

ble des deux intelligences me paraît bien perçue. L'explication
est brève, car je l'ai demandée brève. A un second envoi,
M. Crépieux-Jamin donne, sur ma demande, une longue et

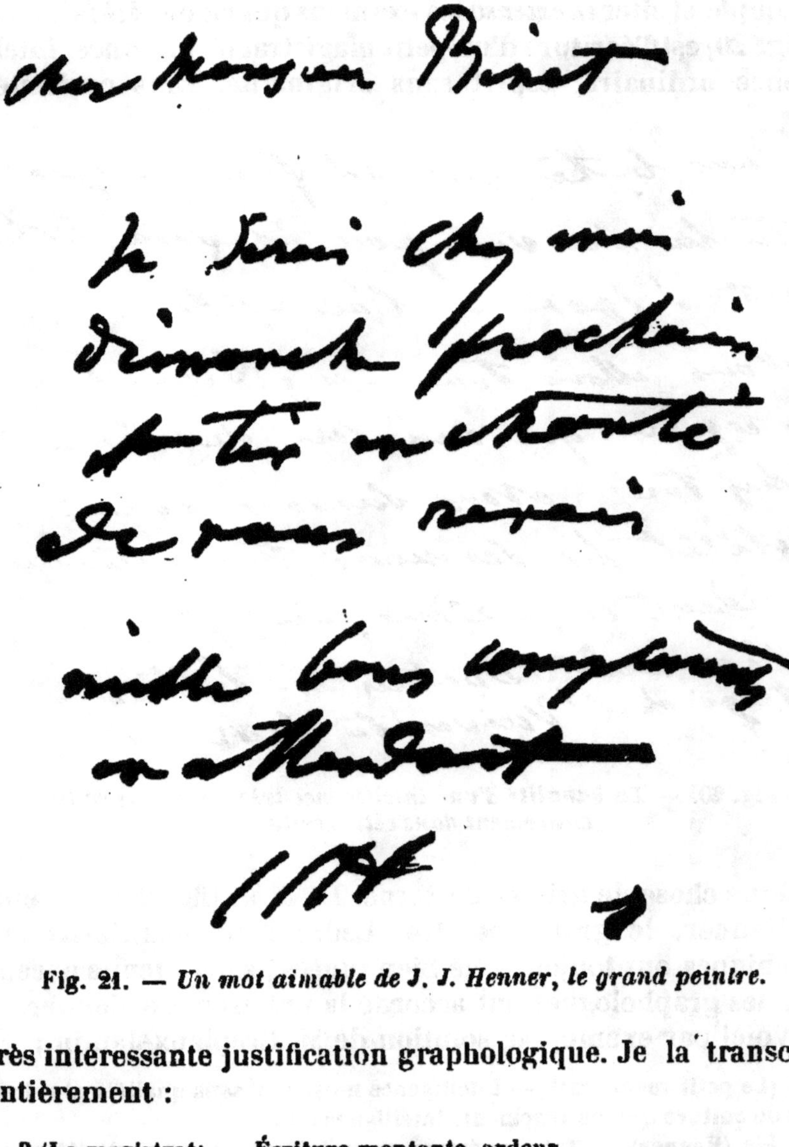

Fig. 21. — *Un mot aimable de J. J. Henner, le grand peintre.*

très intéressante justification graphologique. Je la transcris
entièrement :

3 (Le magistrat). — Écriture montante, ardeur.
Écriture assez rapide, (montant avec des liaisons et simplifications en
vue d'accélérer le mouvement graphique); activité moyenne.
Écriture inégale de dimensions, de direction, de continuité; sensibilité
intellectuelle assez vive.

Ecriture claire ; clarté d'esprit.

Ecriture abrégée et modifiée, culture d'esprit.

Voilà pour les qualités : Mais, d'autre part,

Ecriture sans caractère, sans relief, sans tenue, sans netteté ; esprit faible.

Ecriture surhaussée, ornée et élargie, (dans l'espèce *L* surhaussée, enroulé, *M* et *B* élargis), indices d'orgueil non systématisés, comme chez les médiocres, avec des allures déplacées.

Nous avons donc d'une part une activité, une sensibilité, une clarté et une culture moyennes qui valent 35, d'autre part des marques de volonté faible qui appartiennent aux médiocres et valent 25. J'ai balancé le compte par 30 qui, en somme, indique bien la virtualité du personnage. Mais c'est un chiffre faible pour exprimer sa faculté de comprendre.

3 *bis* (Henner) :

Ecriture espacée ; esprit clair.

—   rapide, activité.

—   montante, ardeur.

—   pâteuse, tempérament fougueux.

—   très inégale de direction et de dimensions ; sensibilité intellectuelle très vive.

—   mouvementée, imagination.

—   simplifiée et modifiée, culture d'esprit.

Tous ces signes sont harmonieusement unis et sont la manifestation d'une très belle intelligence, avec des vues originales et puissantes. Le *d* enroulé (sur l'enveloppe) est un petit indice de prétention sans importance dans un tel milieu de qualités.

M. Vié, dans son premier envoi, m'annonçait simplement sa préférence pour le 3 *bis*. Après son travail de revision, il justifie ou plutôt corrige sa première appréciation [1].

3 (le petit magistrat). — Clarté d'esprit (1), précision (6), réflexion (3), finesse (11), originalité (15), sagacité (10), naturel (23), assimilation (43), distinction (24, 32) — Révélations dignes d'un rang élevé dans la moyenne intellectuelle.

3 *bis*. (M. Henner). — Cette écriture, formée sans goût et sans soin, avec une plume d'oie émoussée, laisse cependant transparaître de l'originalité (15), de l'imagination (45), de la spontanéité (19); mais par maints endroits elle échappe à l'analyse. Je l'ai classée, par impression, au-dessus du n° 3 ; à seconde vue, c'est un mauvais document, qui aurait dû me commander l'abstention.

M. Humbert est resté sobre de développements les deux fois.

Le n° 3 est peu original, peu actif, peu distingué.

Le n° 3 *bis* a toutes ces facultés.

1. Les numéros indiqués dans le texte d'une analyse graphologique, renvoient au tableau de M. Vié, que nous avons publié à la fin du chapitre précédent.

M. Paulhan. Premier jugement :

3 *bis* (M. Henner). — Intelligence vive, active, sensible et assez décidée, simple et cultivée, plus forte que subtile. (Réserves sur ce dernier point, à cause de la plume (d'oie probablement) employée.)

3 (le petit magistrat). — Esprit distingué, cultivé et actif. Il paraît assez hésitant, et je trouve à ce sujet des différences sensibles entre l'enveloppe et la lettre. Sont-elles dues à des différences de date, et d'âge par conséquent, ou bien à la différence de fonction de l'adresse et du corps de la lettre? Je ne puis guère le décider. Il pourrait y avoir eu un développement réel si l'enveloppe est antérieure, un affaiblissement si elle est postérieure. Si elle est de la même époque que la lettre, on pourrait peut-être conclure que la personne n° 3 est, dans ses rapports avec les autres, hésitante, prudente, timide, ou influençable.

A la revision :

3 *bis* (Henner) :

54 écriture rapide, et . . . . . }	
50 un peu montante. . . . . . }	Activité.
15 simplifiée.	Culture d'esprit.
très irrégulière	Sensibilité intellectuelle.
39 appuyée	Force? et décision? (influence possible de la qualité de la plume).

Quelques formes peu harmoniques. L'écriture trop appuyée et même pâteuse, l'irrégularité des barres des *t*, un certain manque de netteté et d'ordre empêchent de donner une cote plus élevée que 42 (et même, c'est peut-être une cote trop élevée) mais il faut tenir compte de la plume probablement employée.

3 (Le petit magistrat) :

6 écriture assez nette et 7 ordinaire	Netteté d'esprit.
50 ascendante dans quelques lignes	Activité (pas très régulière).
15 quelques simplifications, irrégularités de hauteur	Culture, distinction, sensibilité.
53 écriture très hésitante (sur l'enveloppe)	Hésitation? timidité?

Les caractères de simplification, de liberté d'allures, les mouvements variés du n° 3 *bis* frappent d'abord et font conclure à une certaine supériorité par rapport au n° 3. Celui-ci reste dans les supérieurs (cote 37), mais il est déprécié d'emblée par certaines formes inharmoniques et recherchées et hésitantes à la fois des lettres de l'adresse, par l'aspect moins personnel et moins original de l'écriture.

Mme de Salberg :

3 *bis* (Henner). — L'ensemble et l'allure générale de l'écrit révèlent un homme cultivé, doué d'une conception prompte, d'une intelligence

brillante. La direction sinueuse des lignes montre une grande souplesse d'esprit.

Le n° 3 (Le petit magistrat) est l'écriture d'une personne âgée ayant également l'intelligence ouverte, beaucoup d'intuition, des sentiments très idéalistes marqués, mais inférieure au n° 3 *bis* par un degré de culture en moins, par conséquent plus d'intelligence native que d'intelligence acquise.

M. Eloy, spontanément, m'a envoyé la minutieuse documentation de tous ses jugements, et je lui suis très reconnaissant du grand travail qu'il a entrepris. Voici ce qui concerne Henner et le petit magistrat.

3 (Le magistrat) (2 documents). — Activité très faible (écriture lente quoique un peu montante). — Sensibilité assez vive (écriture inégale de dimensions, écriture inclinée). — Simplicité (écriture naturelle). — Modération faible (barres des *t* montantes, lignes montantes). — Distinction moyenne (formes des majuscules inharmoniques). — Imagination très faible (peu de mouvement, lenteur de l'écriture). — Réflexion bonne (ponctuation assez soignée et judicieuse). — Clarté d'esprit (écriture bien lisible). — Culture faible (très peu de simplifications).

Soit intelligence très ordinaire.

3 *bis* (Henner) (2 documents). — Activité moyenne (écriture assez rapide quoique très empâtée). — Sensibilité assez grande (inégalités de direction, écriture inclinée). — Simplicité bonne (écriture spontanée, peu de traits inutiles). — Modération très faible (écriture grossissante, barres des *t* longues et fortes, empâtements). — Distinction plus apparente que réelle (formes assez gracieuses, mais empâtements boueux ; disposition peu gracieuse de la première ligne « cher monsieur Binet »). — Imagination nulle (aucun signe d'imagination). — Réflexion très faible. — Clarté d'esprit assez bonne (espacement des lignes et des mots qui rendent lisible cette écriture, malgré ses empâtements boueux). — Culture d'esprit bonne (simplifications de formes).

Soit intelligence bonne malgré certains obscurcissements. Donc n° 3 *bis* supérieur à n° 3.

Mme Ernest Forichon :

3 *bis* (Henner). — On peut le définir ainsi : un ours qui serait quelqu'un. Un ours sensible, pensant, mais maladroit à formuler sa pensée dans des phrases, un ours qui ne sera jamais dégrossi, parce qu'il se complaît dans sa lourdeur. Dieu nous garde de ses mots d'esprit! Il a du mouvement, de la force, de la douceur, de la clarté, sans netteté, par exemple. Le point de vue sensuel domine dans l'orientation des idées. Cote 41.

3 (Le magistrat). — Une de ces intelligences moyennes qui constituent le fond de la bourgeoisie cultivée. Un ensemble assez équilibré de plusieurs dons, sensibilité, finesse, clarté. Rien de supérieur. Cote 32.

Je crois que cette série d'esquisses intéressera tous les lecteurs et surtout les graphologues. Chacun y verra un peu comment ses collègues opèrent.

Notons que j'ai choisi deux spécimens d'écriture sur lesquels l'accord s'est fait à l'unanimité, ce qui n'est pas la règle. J'entends accord sur la hiérarchie intellectuelle des deux personnes. Or, malgré ces conditions si favorables, je suis frappé des divergences : elles sont nombreuses, et portent non seulement sur les interprétations de signes, mais sur leur existence même. D'abord, certains graphologues insistent

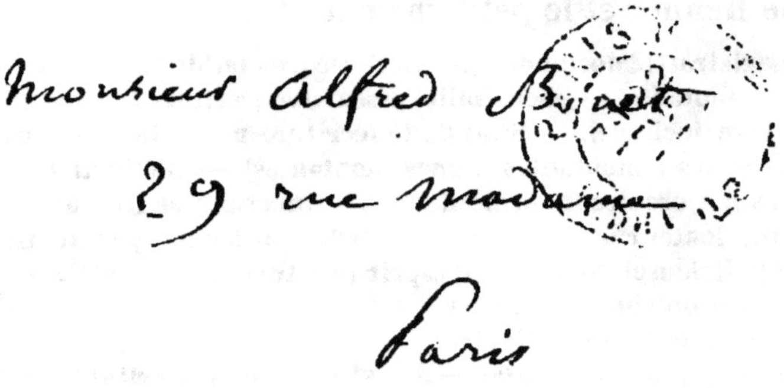

Fig. 22. — *Adresse écrite par Jules Simon. Plusieurs graphologues prétendent que l'écriture de l'adresse est révélatrice d'une belle intelligence ; le corps de la lettre serait bien moins significatif.*

sur un signe, et d'autres le passent sous silence, ce qui donne déjà une orientation différente à l'interprétation ; puis certains signes sont affirmés par les uns et niés par les autres. M. Eloy refuse l'imagination à l'écriture du 3 *bis,* et M. Vié la lui accorde largement. Il y a aussi plus d'une divergence sur l'écriture montante. En ce qui concerne l'interprétation des signes, on discerne bien des méthodes différentes : une revue analytique est dans le procédé de M. Eloy, tandis que M. Crépieux-Jamin s'élève vite à la synthèse ; parmi cette série de synthèses qu'on nous sert, je n'en vois pas deux d'identiques. Enfin, quelques-uns, comme Mme Forichon, ne se contentent pas d'une synthèse abstraite de qualités, ils vont plus loin, ils font une sorte de personnification ; c'est bien plus intéressant, ça devient littéraire vivant... et très audacieux.

J'ai vu, dans plusieurs autres portraits d'après l'écriture qu'on m'a envoyés, ce travail de personnification ; on attri-

buait par exemple une écriture à un vieux militaire en
retraite, une autre à un juge grincheux, une troisième à
moi ... quand j'avais vingt ans. Ah ! que tout cela était faux !

9 et 9 bis. Jules Simon, l'homme d'État, et un petit pro-

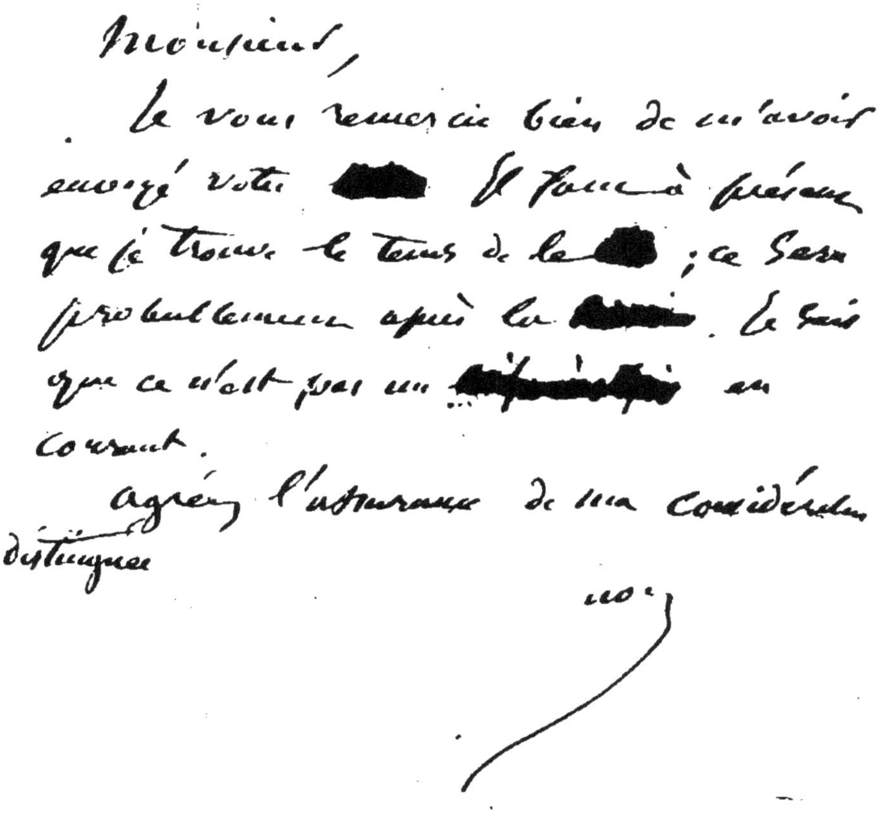

Fig. 23. — *Lettre de Jules Simon.*

fesseur de collège, esprit soigneux et étroit. C'est encore une
comparaison qui doit être facile, car personne ne s'y est trompé. Les uns ont déclaré géniale l'écriture de Jules Simon;
d'autres ont été plus sévères, ainsi M. Vié écrit :

9 bis (J. Simon). —Est d'un tracé bien vulgaire, mais où les idiotismes
de forme, très nombreux, ont beaucoup de relief [1].

1. Intéressante remarque de M. Crépieux-Jamin : « M. Vié n'a pas tout à fait
tort, mais l'enveloppe était révélatrice d'une très belle écriture. Sans l'enveloppe, il y aurait eu des erreurs, peut-être de moi-même, et il eût fallu en accuser... l'expérimen-

M. Éloy est plus élogieux :

9 *bis* (J. Simon). — Activité forte et puissante. C'est l'écriture d'un vieillard et elle a une allure rapide et ascendante ; le paraphe est celui d'un homme d'action, les renflements de beaucoup de lettres indiquent un grand vitalisme, je pourrais m'arrêter là pour l'étude de cette écriture, car par son activité, cette composante si importante de l'intelligence, elle dénote une supériorité assez grande sur le n° 9. Néanmoins j'indique sommairement mon appréciation des autres composantes : Sensibilité vive et forte ; — simplicité, — modération très bonne et sans contrainte ; distinction fine et originale ; — imagination active, mais bien réglée, et cela tout naturellement ; réflexion puissante, facilité pour approfondir un sujet quel qu'il soit ; — clarté et originalité de l'esprit ; — grande et riche culture intellectuelle.

18 et 18 bis. — Victorien Sardou et un commerçant lourdaud.

Aucune erreur. L'écriture de Sardou est préférée par tous. Préférée, mais pas toujours bien jugée. Voici par exemple la note de Mme Forichon :

18 *bis* (Sardou). — Intelligence assimilatrice, qui comprend plus clairement qu'elle ne rend nettement ; parce qu'il y a de la mollesse dans le tempérament. L'activité est suffisante néanmoins, la culture est soignée. Il y a un ensemble assez harmonieux de qualités. Cote 39.

On ne reconnaît guère Sardou dans les lignes précédentes. La cote 39, — même pas de talent ! — est d'une faiblesse indiscutable. *Culture soignée* pour ce passionné d'érudition qui a tout vu, tout su, tout pénétré, n'est pas très juste. Le *défaut de netteté du rendu* étonne. Mais ce qu'il y a de plus remarquablement faux, c'est d'accuser de *mollesse, d'activité suffisante néanmoins* cet homme-poudre, qui garde à 75 ans une activité créatrice merveilleuse. Je m'empresse d'ajouter que c'est par hasard que j'emprunte à Mme Forichon ce portrait défectueux. Cette dame en a composé beaucoup d'autres qui sont très finement exacts, et que malheureusement je ne puis pas publier, par discrétion.

tateur qui nous documentait mal. On ne peut cependant pas juger Jules Simon sur un document pareil, et c'est merveilleux, entièrement à la louange de la graphologie, qu'on puisse rectifier son jugement avec un si petit second document. » C'est très curieux ; mais remarquons combien les observations de ce genre pourraient devenir dangereuses pour le contrôle. En adoptant le point de vue de M. Crépieux-Jamin, le graphologue aurait toujours raison : s'il trouve J. Simon supérieur, c'est l'enveloppe qui lui donne raison ; et s'il le trouve médiocre, c'est le corps de la lettre. M. Crépieux-Jamin ne m'en voudra pas de lui faire remarquer que ceci, c'est la méthode et la morale des tours de prestidigitation.

M. Humbert, mieux inspiré, écrit :

18 *bis* (Sardou). —Me paraît doué d'une intelligence tout à fait supérieure. Grande originalité, grande activité cérébrale, imagination créatrice, délicatesse, aptitudes artistiques.

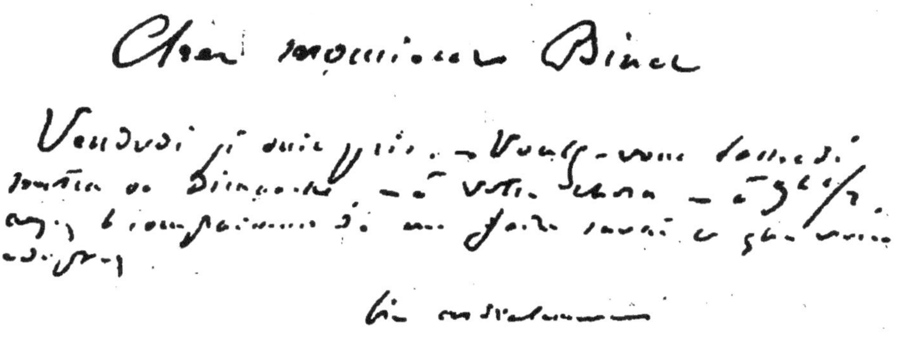

Fig. 24. — *Les pattes de mouche de Victorien Sardou rayonnent d'intelligence.*

Toutes ces épithètes s'appliquent très justement, sauf peut-être celle de *délicatesse*, qui aurait besoin d'être précisée, car elle est un peu obscure.

Je dois dire, à propos de l'écriture des 18 et 18 *bis* que j'ai tendu un piège à M. Humbert. Je lui ai demandé de m'expliquer graphologiquement pourquoi le 18 (le commerçant lourdaud) est supérieur au 18 *bis* (V. Sardou) ce qui est manifestement faux. M. Humbert a un peu résisté à ma suggestion, car il commence sa réponse par ces mots :

Il n'est pas possible de découvrir *a priori* cette supériorité. Mais celle-ci connue d'autre part, la graphologie permet de l'expliquer aisément.

J'avoue que l'accouplement de ces deux phrases me rend très perplexe. La graphologie expliquerait donc ce qu'elle ne démontre pas. Elle serait d'une souplesse inquiétante. L'auteur continue en cherchant à expliquer comme quoi l'écriture du 18 *bis* (le commerçant lourdaud) est moins bête qu'elle en a l'air ; je ne transcris pas le passage, qui serait peu compréhensible, puisque, pour des raisons de discrétion, je ne publie pas l'écriture. Je dirai seulement que le biais trouvé par M. Humbert est de supposer chez le 18 une influence morbide, un déséquilibrement, qui explique la plupart de ses défauts d'écriture. Je termine par ce portrait tout a fait flatteur... « On obtient comme résultante un esprit puissant, d'une très grande finesse, produisant des choses légères et aériennes, d'une délicatesse exquise de sentiment. » L'expert aborde ensuite le 18 *bis* (Sardou) et il débute ainsi : « Pour le 18 *bis*, je me suis laissé enthousiasmer par la grâce et l'harmonie de l'écriture, et je n'ai pas examiné à fond les autres caractères intellectuels. Il s'agit évidemment (!) d'un grand peintre, et non d'un littérateur,

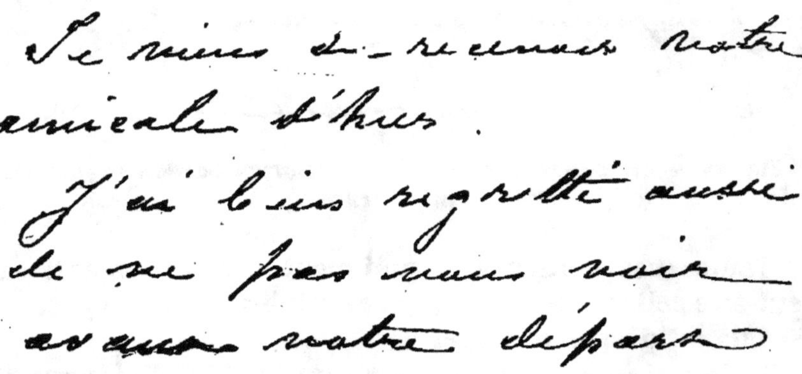

Fig. 25. — *Un avisé commerçant a tracé ces quelques lignes.*

car la considération de l'imprimeur ne joue aucun rôle dans la formation des tracés. »

Ici, malgré l'imprudence de l'*évidemment*, M. Humbert a assez bien résisté à ma suggestion, et n'a point trop diminué Sardou ; il lui reconnaît une originalité puissante, le sens esthétique ; l'activité, la clarté, la modération, la simplicité ; malheureusement, il lui reconnaît aussi une volonté très faible, de l'imprécision et de l'utopie.

7 et 7 bis. — M. Marey (fig. 26) et un commerçant d'une intelligence avisée et moyenne (fig. 25). Presque toujours la comparaison a été bien faite. Peut-être a-t-elle été aidée. L'écriture du commerçant m'avait paru très commerciale, M. Crépieux-Jamin trouve que non.

M. Eloy me paraît l'avoir bien analysée.

7 *bis* (le commerçant). — Activité faible. C'est une écriture très rapidement tracée, mais ce n'est pas une écriture rapide. Bien des

employés de commerce écrivent très vivement leurs lettres qui ne sont la plupart du temps que des formules; mais sans aucune activité intellectuelle (Écriture monotone, aux lettres trop éloignées les unes des autres dans chaque mot), — sensibilité intellectuelle très faible (Écriture égale et d'un mouvement machinal : presque toutes les lettres sont liées sans qu'il y ait puissance de déduction), — simplicité intellectuelle douteuse; insuffisance si l'on veut, mais finasserie. (Écriture simple, aux formes de convention; paraphe bien compliqué; mots filiformes), — modération. — C'est le calme intellectuel, la monotonie (lignes horizontales

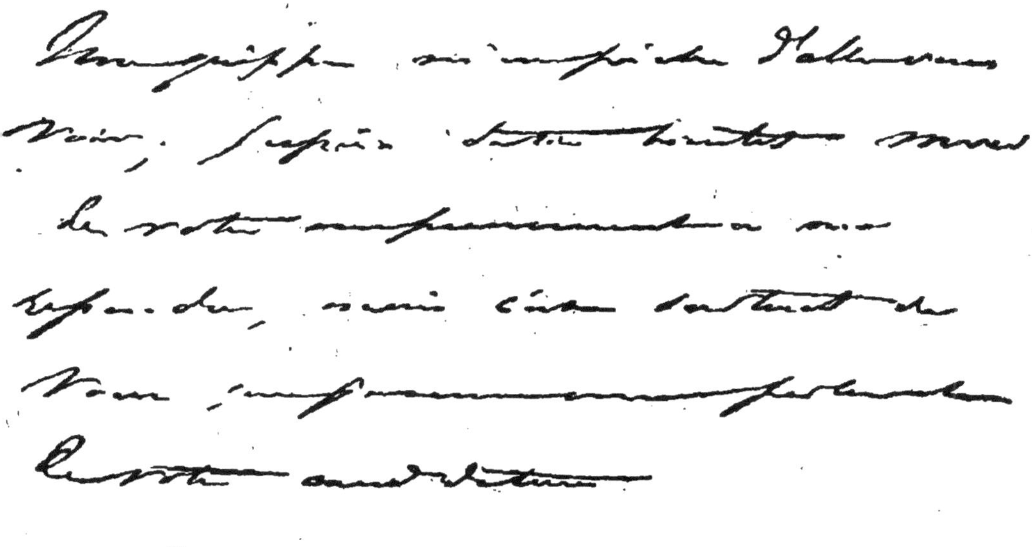

Fig. 26. — *M. Marey, un des esprits les plus fins, les plus ingénieux, les plus originaux qui se soient produits dans les sciences.*

et égales, d'un mouvement tout automatique). — Distinction bien faible, terre à terre intellectuel (formes et disposition bonnes par l'habitude, mais sans originalité aucune, c'est assez peu distingué de nommer celui à qui on écrit; cela est d'un usage devenu obligatoire pour la lettre d'affaires que l'on copie à la presse; c'est mal porté dans une lettre où il est parlé d'affaires, c'est vrai, mais qui débute par « Cher Monsieur » et faisant mémoire de famille, se termine par « bonnes amitiés »), — imagination nulle. (Écriture monotone, sans vie, presque calligraphique), — réflexion sérieuse, pratique, bonne pour certaines choses, mais impuissante en dehors des habitudes. (Bonne ponctuation, exactitude et soins des détails; mais manque de sobriété et surtout d'originalité. Encore une fois, c'est une écriture automatique). — Clarté d'esprit bonne pour son usage, très amplement suffisante (espacements communs bien observés;

il a de l'ordre dans les idées comme il en a pour les choses matérielles (culture arrêtée ou insuffisante (?). — Elle est bien suffisante pour ce qu'il fait; mais elle ne lui permet pas de se perfectionner en élevant son niveau intellectuel (nulle simplication; il s'en tient aux formes convenues).

Soit : intelligence bien ordinaire, celle d'un homme d'affaires ou d'un négociant soigneux, honnête, assez habile et travailleur. Ces braves gens-là, très insignifiants intellectuellement, peuvent être utiles aux autres et leur rendre service pour les détails matériels de la vie, quand ils ne sont pas trop égoïstes : c'est le cas.

10 et 10 bis. — Charcot et un professeur de l'Université. La supériorité de Charcot a été presque toujours reconnue.

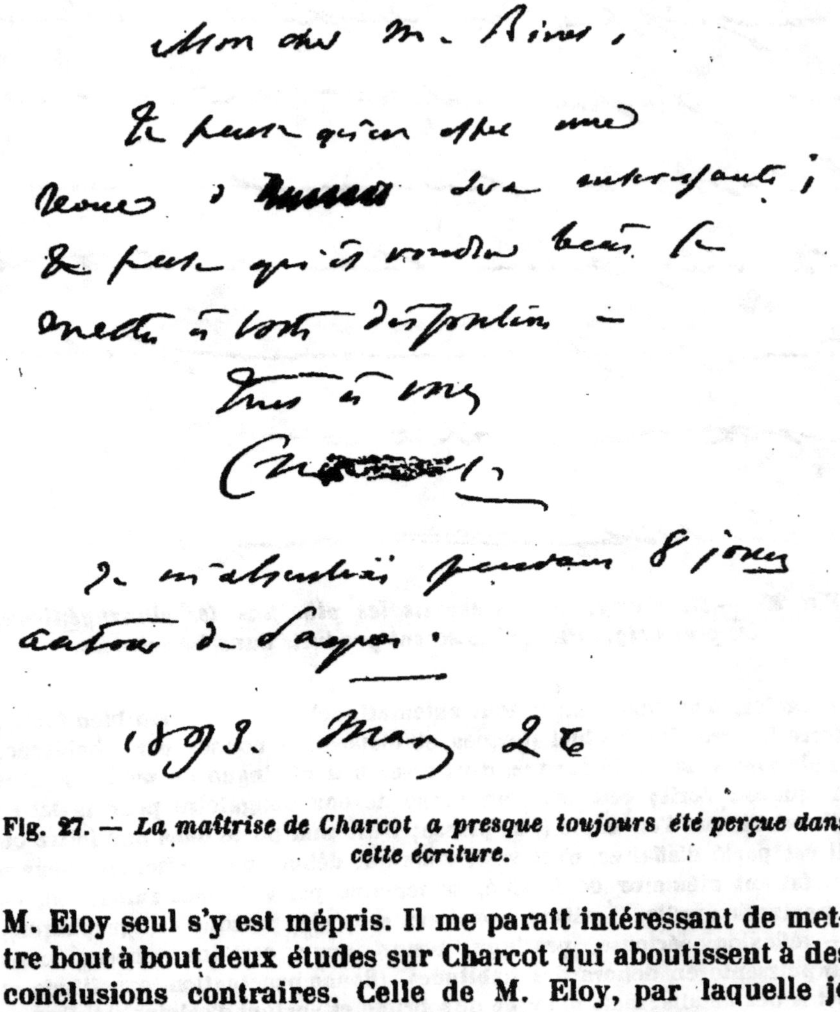

Fig. 27. — *La maîtrise de Charcot a presque toujours été perçue dans cette écriture.*

M. Eloy seul s'y est mépris. Il me paraît intéressant de mettre bout à bout deux études sur Charcot qui aboutissent à des conclusions contraires. Celle de M. Eloy, par laquelle je commence, me paraît méticuleuse et très complète :

10 *bis* (Charcot). — (Deux documents). Activité grande; mais par moments un peu fébrile, puis déclinante. Écriture rapide; mais perte de temps par des traits inutiles; quelques mots — ils sont très inclinés — sont tracés avec précipitation, — sensibilité très grande ; elle confine le nervosisme. (Écriture très inégale de dimensions, de formes, de direction et de mouvement en général) — simplicité, sans la signature on pourrait la dire absolue. (Écriture spontanée et simple, mais il y a une certaine recherche dans le grossissement de la signature, dans la forme du *C* qui descend en forme de parenthèse et dans le paraphe soulignant). Modération moyenne (Écriture sobre, mais si inégale ; quelques finales montant en courbe et d'autres descendant; barres des *t* jetées à droite et en pointes). — Distinction certaine, quoique un peu maniérée (singulière disposition de la salutation d'un des documents : *M.* pour « Monsieur », c'est du sans-gêne; un post-scriptum non précédé des lettres *P. S.*; et un post-scriptum dans une si courte lettre! — les ratures que vous avez faites me gênent bien! il y en a à presque toutes les lignes; elles rompent le mouvement et je ne puis juger de l'harmonie). — Imagination peu développée; elle n'a pas besoin d'une règle bien stricte (absence de grands mouvements, mais rupture de l'allure, même dans le billet du 26 mars 1893 d'un graphisme si précipité). — Réflexion continuelle; il se connaît sans doute et n'agit jamais qu'après examen (nombreux signes d'arrêt; ponctuation, tirets, parenthèses). — Clarté d'esprit assez bonne (espacements réguliers et bien compris; mais quoiqu'il soit lisible, il a des mots qu'on déchiffrerait difficilement s'ils étaient isolés; certaines lettres sont trop tassées), — culture bonne et suffisante, mais qui me paraît arrêtée; et quand on s'arrête dans ce chemin, on recule (simplification de formes; mais des traits inutiles; il éprouve le besoin de remuer la plume sans former de nouveaux mots).

Soit : bonne intelligence, mais quinteuse dans ses forces. Donc n° 10, supérieur au n° 10 *bis*.

Voici le travail de M. Paulhan :

10 *bis* (Charcot) :

3 écriture sobre . . . . }	Vie intellectuelle intense, cul-
15 écriture simplifiée . . . , . . . }	ture d'esprit. Supériorité.
écriture irrégulière	Sensibilité intellectuelle.
5 écriture nette	Netteté, lucidité.
24 assez élégante	Maîtrise, sens esthétique.
34 marges à droite et à gauche. . .	Goût. Sens esthétique.
Originalité dans les formes des lettres et dans les liaisons. . .	Originalité.
55 points en accent	Vivacité, culture (?)
19 négligée par excès de rapidité. .	Vivacité, maîtrise.

Le tout donne une personnalité intellectuellement supérieure et très riche. Quelques courbes ascendantes sinistrogyres à la fin des mots sont le seul signe fâcheux que je relève et qui viennent indiquer les limites de cette supériorité. A signaler encore la force, la fermeté de certains traits. Il y a sans doute aussi, dans l'ensemble, une allure magistrale assez difficile à analyser.

Rien n'est intéressant comme la comparaison de ces deux analyses. Elles ne se contredisent pas dans leurs éléments ; l'un des experts n'affirme pas ce que l'autre nie ; mais l'interprétation des signes diverge curieusement ; là où M. Paulhan voit de la sensibilité intellectuelle, M. Eloy discerne du nervosisme ; M. Paulhan signale de l'originalité, M. Eloy passe cela sous silence. L'excès de rapidité fait conclure à M. Paulhan : maîtrise ; et à M. Eloy : fébrilité. Enfin, l'écriture sobre et simplifiée, d'où M. Eloy ne tire aucune interprétation spéciale, amène M. Paulhan à affirmer : « Vie intellectuelle intense. Culture d'esprit, supériorité. » Je crois que ces désaccords sont vraiment bien utiles à connaître pour la graphologie.

M. Crépieux-Jamin s'accorde ici avec M. Paulhan :

10 *bis* (Charcot). Écriture très claire
— très rapide,
— très simplifiée et modifiée,
— très nette,
— en relief,
— sobre,
— montante,
— très inégale de dimensions, sans discordance.

Cet ensemble de qualités est des plus élevés ; l'accord qu'il y a entre elles est remarquable, et place le scripteur dans la plus haute catégorie.

13 et 13 bis. — Mosso (fig. 28) et un modeste pharmacien. Presque tous les experts ont bien fait la comparaison. Ont échoué M. Paulhan, qui a cependant reconnu l'écriture de Mosso (peut-être s'est-il méfié d'une contrefaçon) et M. Eloy, qui a été bien sévère pour le physiologiste italien ; il lui reproche un défaut de simplicité, de modération, de distinction, de clarté d'esprit, et même de culture : « Soit, conclue-t-il, intelligence très médiocre et obscurcie par l'imagination, ou plutôt par la complication. »

Pour consoler notre illustre ami, s'il en était besoin, je lui citerai le beau portrait que fait de lui Mme Forichon. Elle aussi lui reproche, il est vrai, un défaut de culture! Mais le reste est fort bien.

13 *bis* (Mosso). — Intelligence douée de mouvement, de force et de clarté. L'imagination est un peu trop prépondérante pour que le jugement soit sans défaut. On souhaiterait une culture plus profonde, pour mettre encore mieux en valeur des facultés qui sont belles. Du souffle, de la hardiesse, des vues larges et nettes.

Enfin, M. Crépieux-Jamin a fait un portrait digne du modèle :

13 *bis* (Mosso). Écriture montante, activité
— anguleuse, tenacité, netteté, fermeté.
— très claire, esprit très clair.
— grande, imagination.
— mouvementée, imagination, activité.
— très modifiée, culture d'esprit.
— qualitativement inégale de direction, vive sensibilité intellectuelle.

La combinaison de ces divers signes est rare ; elle aboutit à une très belle systématisation.

Quelques légères complications du tracé gâtent l'impression d'ensemble, mais sont presque à négliger en regard des merveilleux dons du scripteur. Cote 51.

Ici, on peut vraiment dire que M. Crépieux-Jamin sauve

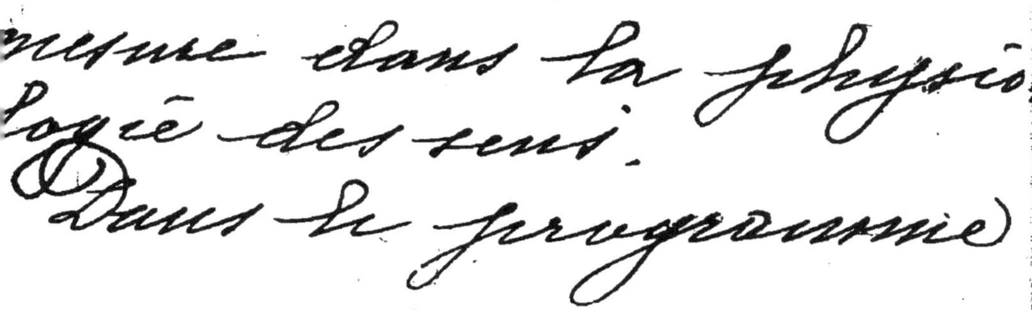

Fig. 28. — *Sur l'écriture de Mosso, les graphologues sont en désaccord. Quelques-uns cependant sont parvenus à découvrir cette rare combinaison d'aptitudes pour l'art et pour la science qui caractérise le grand physiologiste italien.*

l'honneur de la graphologie. Il y a des contradictions flagrantes entre son portrait et celui de ses collègues. Il est le seul qui ne refuse pas la culture à Mosso.

16 et 16 bis. — Deux domestiques dont l'une, le 16 bis, cuisinière (fig. 30), présente sur l'autre (fig. 29) une supériorité incontestable d'intelligence et de volonté.

Ce couple a vivement intrigué les graphologues. M. Vié a cru à une falsification : « Je n'ai pas de préférence à exprimer, dit-il, ces écritures étant, selon moi, contrefaites. Malgré les fautes grossières et les déformations accumulées à plaisir, 16 *bis* semble indiquer plus d'intelligence et de culture, mais des falsifications ne peuvent fournir un dia-

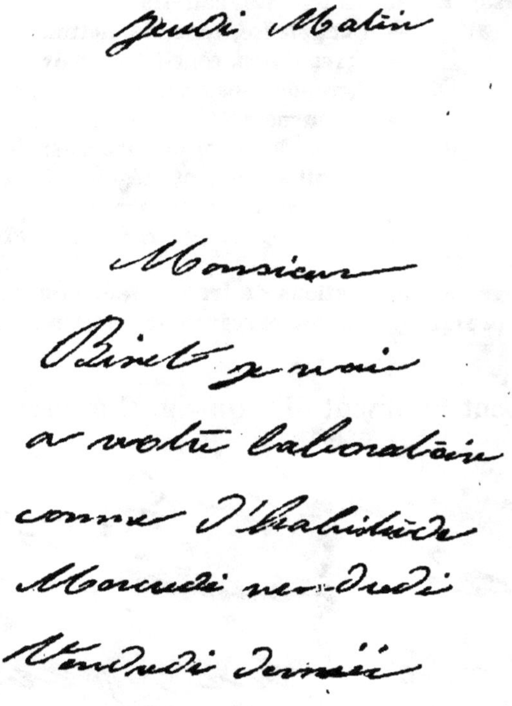

Fig. 29. — *Ecriture d'une femme de chambre, dont l'intelligence a des parties naïves et peu développées.*

gnostic valable. » M. Vié a eu bien tort de se méfier, et je puis l'assurer que les « déformations accumulées à plaisir » n'existent point. Ce sont deux écritures absolument naturelles, deux lettres qui ont passé par la poste.

Dans l'ensemble, les graphologues ont bien saisi la supériorité du 16 *bis*. Il n'y a guère que Mme X¹ qui s'y soit trompée, et refuse au 16 *bis* du bon sens. Je regrette qu'elle n'ait pas motivé son jugement.

M. Crépieux-Jamin ne s'est pas mépris sur l'ordre de

préférence; mais il y aurait beaucoup à dire sur l'appréciation de chaque écriture. Voici son analyse :

16 (Femme de chambre). — Écriture floue et lâchée, esprit faible, commun, désordonné.

Écriture trop espacée et vu l'absence des signes de supériorité, esprit insignifiant.

Écriture très inégale de dimensions, sensibilité exaltée.

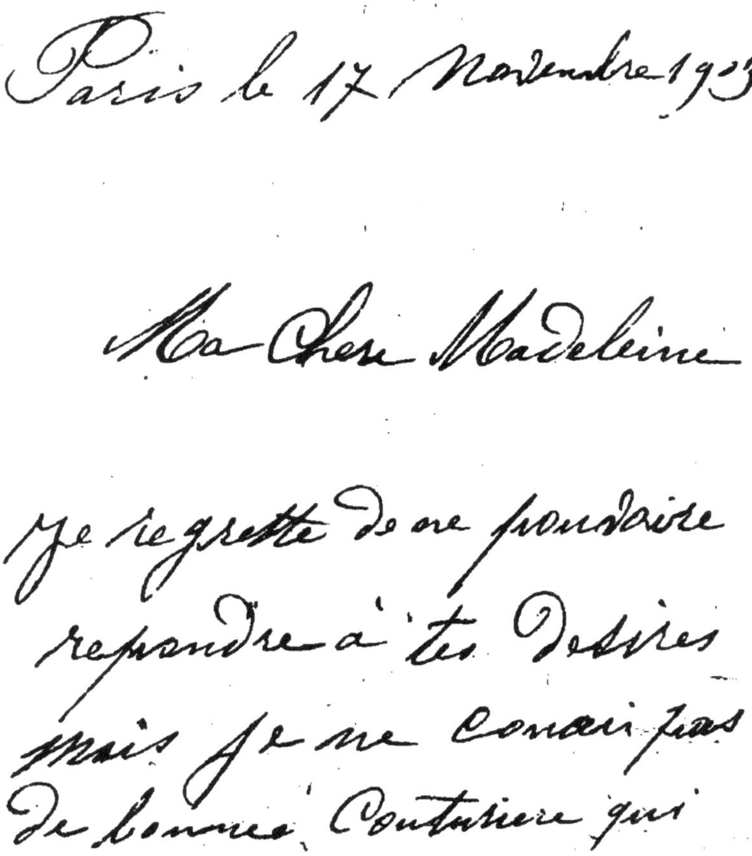
Paris le 17 Novembre 1903

Ma Chere Madeleine

Je regrette de ne pouvoire
repondre à tes desires
mais je ne conais pas
de bonnes Couturiere qui

Fig. 30. — *L'intelligence de cette vieille cuisinière sans culture, se lit dans son graphisme maladroit, surtout si on la compare à la fig. 29, où l'on voit aussi une écriture de domestique, avec culture égale, mais mentalité bien inférieure.*

Cet ensemble est très faible, l'insignifiance domine et me fait coter 15.

16 *bis* (Cuisinière) :

Écriture vulgaire, vulgarité,

Écriture montante, ardeur,
—   mouvementée, imagination vive, activité,
—   inégale dans tous les modes, sensibilité vive, esprit vif,
—   claire, esprit clair.
—   assez ferme, netteté, sûreté.

L'écriture mouvementée et très inégale donne comme résultante un peu d'agitation.

Cette intelligence, malgré sa vulgarité, est assez vive et très supérieure à la précédente au point de vue des services qu'elle peut rendre. La culture très faible oblige cependant à ne coter que 23.

Je relève des erreurs dans cette esquisse. D'abord le 16 ne mérite certainement pas la cote 15. C'est une femme d'une intelligence ordinaire, ce n'est pas un « esprit faible » ; elle n'a rien de « désordonné » ; elle est au contraire pleine d'ordre dans tout ce qu'elle fait ; elle est tranquille, un peu molle, nullement « exaltée ». Le n° 16 *bis* est mieux jugé ; la cote est aussi trop faible.

Je crois l'occasion bonne de demander aux graphologues si, jugeant l'intelligence à travers l'écriture, ils n'ont pas tendance à accorder trop d'importance à la culture d'esprit, qui certes doit agir bien plus fortement sur l'écriture des gens que sur leur degré d'intelligence, puisque l'écriture est un mouvement appris.

M. Paulhan, que je cherche à citer le plus souvent possible, a fait une étude bien curieuse de ces deux documents. Je la donne *in extenso*, et je recommande à l'attention surtout les dernières lignes.

16 *bis* (la Cuisinière) :
Ecriture assez gauche, peu sim
    plifiée, (53), formes hésitantes
    fautes d'orthographe. . . . .   manque de culture.
    50 Ecriture montante. . . . .   Ardeur, entrain, vivacité.
       —   assez mouvementée   Quelque imagination.
16 (La femme de chambre) :
Ecriture non simplifiée, sans
    relief et sans distinction, let
    tres ou jambages oubliés,
    fautes d'ortographe. — Ecri
    ture molle avec quelques
    grands traits. . . . .   Manque de culture et insignifiance.
    Ecriture plutôt descendante (51)   Manque d'activité.
La première écriture, le 16 *bis*, a plus de relief, elle est ascendante et

mouvementée, elle me paraît l'emporter par là et très sensiblement. Elle dénote plus de personnalité et d'activité. Le 16 est bien effacé, sans relief, insignifiant. Et pourtant, je ne puis m'empêcher de remarquer qu'avec un tableau des signes on pourrait faire un très joli portrait de la personne qui a tracé cette écriture. Écriture claire et espacée (1) : clarté d'esprit ; sobre (3) : réflexion, jugement ; — simple et gracieuse (24) : distinction ; — marges à droite et à gauche (34) : distinction ; — serpentine (35) souplesse d'esprit. Majuscule à la place d'une minuscule : exaltation (47). Je crois bien que tous ces signes graphiques se trouvent plus ou moins dans le 16, cela prouve seulement, je pense, combien peu leur signification est constante, et combien elle est sous la dépendance de l'ensemble des caractères, ou du caractère général parfois difficile à analyser.

Nous reviendrons plus tard, dans notre conclusion, sur la question très importante que M. Paulhan soulève ici.

19 et 19 bis. — Alexandre Dumas fils et le secrétaire

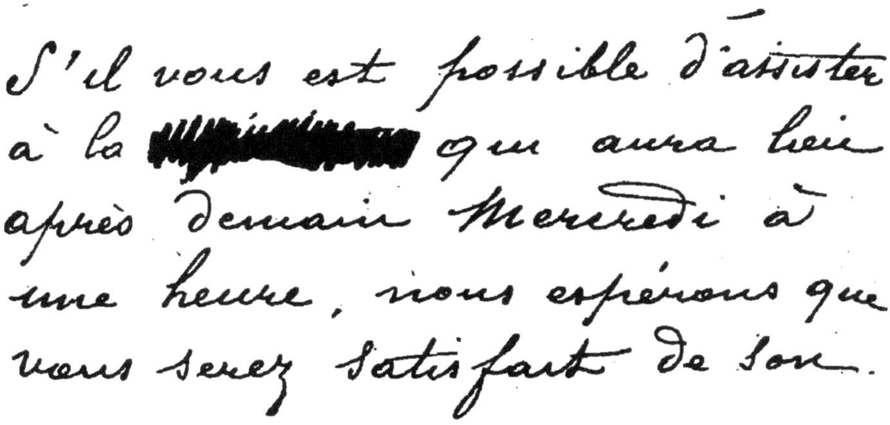

Fig. 31. — *Un petit employé qui porte le même nom qu'un littérateur connu (mettons Caro) a donné le change sur la valeur de son intelligence aux experts qui ont vu la signature de son billet.*

d'une petite entreprise commerciale de banlieue. Ce dernier porte le nom et le prénom d'un professeur célèbre de la Sorbonne, mort aujourd'hui.

Il s'est produit ici une double suggestion. D'une part, plusieurs graphologues qui ont reconnu l'écriture de Dumas fils n'ont pas manqué de lui accorder la première place. Mais d'autre part l'écriture du secrétaire, un excellent homme, a largement bénéficié de l'éclat de son homonyme.

Bien des graphologues m'ont écrit : « Je retrouve dans

cette écriture toute la finesse d'esprit de Caro ». Je crois saisir les fluctuations de la suggestion dans ces lignes, écrites par Mme Forichon :

N° 19. — Bien difficile à coter et à juger d'après la seule signature de la lettre, car la lettre est-elle de la même main? Si oui, la pensée du signataire était bien absente en l'écrivant. La signature révèle un esprit clair, imaginatif, avec beaucoup de grâce et de vivacité dans la pensée. Un peu banale, et cependant d'une élégance qui sort de l'ordinaire.

M. Crépieux-Jamin est celui qui a serré la vérité de plus près; il a écrit du petit employé : « Il y a ici plus de bon

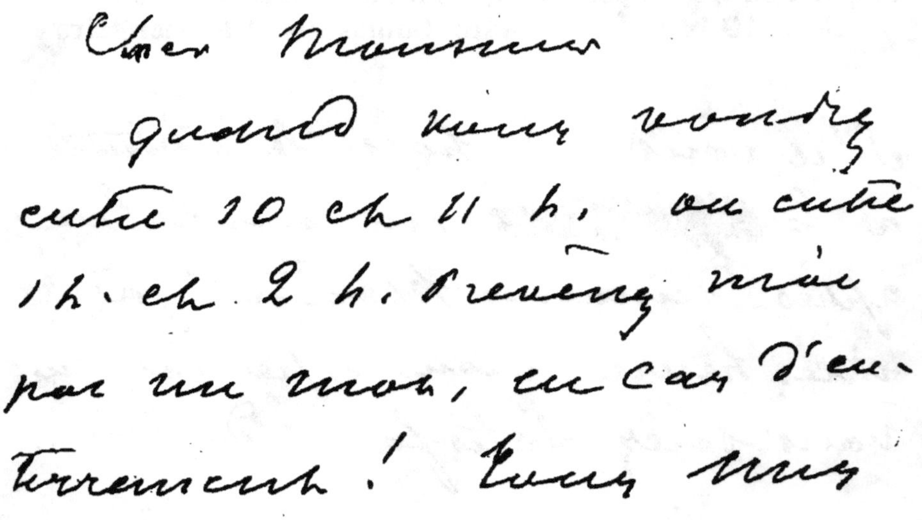
Cher Monsieur
quand vous voudrez
entre 10 et 11 h. ou entre
1 h. et 2 h. Prévenez moi
par un mot, en cas d'em-

Fig. 32. — *Commencement d'une lettre d'invitation que m'écrivait Alexandre Dumas fils.*

sens et de bon vouloir que d'esprit fin et de perspicacité. Cote 32. » C'est tout ce que le personnage méritait.

21 et 21 bis. — Claude Bernard et un publiciste scientifique qui ne manque pas de mérite. S'il se reconnaît dans l'échantillon de son écriture que je publie, il ne m'en voudra pas de lui avoir préféré Claude Bernard, dont il serait le premier à attester la supériorité.

Les graphologues se sont bien tirés de la comparaison.

Voici, par exemple, les deux diagnostics de M. Crépieux-Jamin. Ils me paraissent tout à fait bien. Il a fallu vraiment

à cet expert une grande hardiesse pour coter 52 — c'est le
génie — une écriture inconnue. Il s'exposait à se tromper
lourdement. La prudence lui eût ordonné de n'accorder
qu'un petit talent à un inconnu.

21 (Claude Bernard) :
   Ecriture très rapide, grande activité.
      —   nette, esprit net.
      —   très inégale de direction et de mouvement, grande sensi-
           bilité intellectuelle.
      —   très simple, simplicité et modestie.
      —   très claire, esprit lucide.
      —   modifiée et simplifiée, grande culture d'esprit.
      —   animée et sobre à la fois, esprit réfléchi et actif. Très belle
           systématisation. Quand même ce scripteur serait ignoré,
           chose possible, vu sa modestie, il n'en est pas moins
           doué comme un homme de génie. Cote virtuelle : 52.

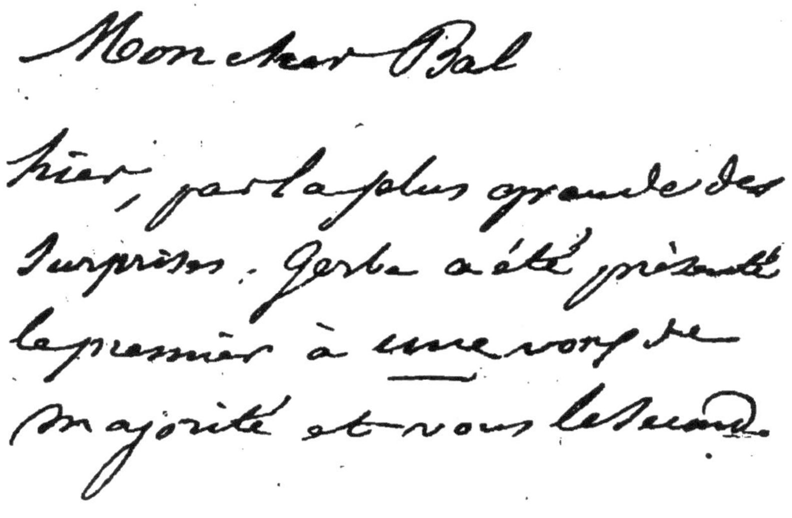

Fig. 33. — *Fragment d'un petit billet écrit par Claude Bernard, le grand
physiologiste français. Je considère comme à l'honneur de la graphologie que Crépieux-Jamin ait osé diagnostiquer du génie dans l'auteur de ce billet... et ne se soit pas trompé.*

21 *bis* (Un publiciste distingué) :
   Ecriture très claire, grande clarté d'esprit.
      —   floue, indécision (fatigue ?)
      —   sobre, réflexion.
      —   inégale de mouvement et de direction, sensibilité intel-
           lectuelle vive.
      —   assez rapide, activité.

Malgré de très belles qualités, je cote seulement 41 parce que la netteté du tracé n'est pas assez grande et les inégalités ne sont pas assez qualitatives.

L'erreur, dans cette comparaison, n'a été commise que par deux personnes, M. Vié et Mme X*. M. Vié se contente de dire qu'il préfère le 21 *bis*, sans rien ajouter ; et c'est assez étrange ; car dans d'autres épreuves, dont nous parlerons plus loin, il a reconnu sur un autre spécimen l'écriture de Claude Bernard, et l'a hautement admirée ; il l'a trouvée

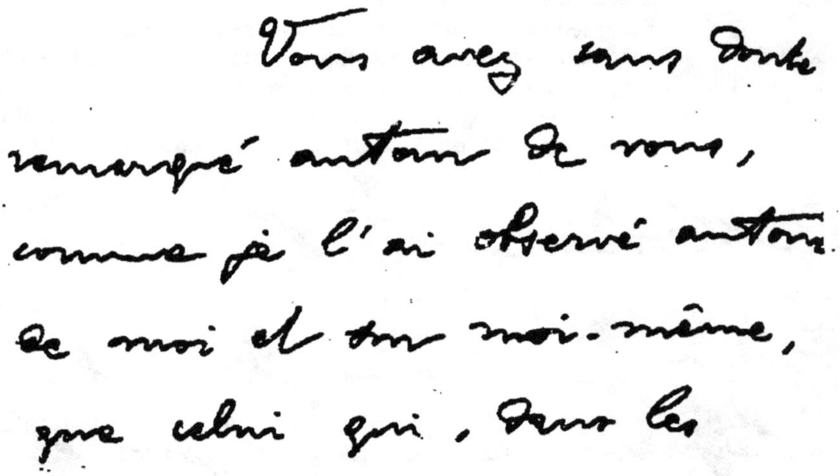

Fig. 34. — *Ecriture d'un publiciste distingué qu'on devait comparer à Claude Bernard.*

éblouissante d'intelligence. J'ai toujours pensé que lorsqu'on a reconnu l'auteur de l'écriture, on juge mieux ses pattes de mouches [1].

C'est l'occasion de remarquer qu'un expert peut être exact dans l'ordre de ses préférences, et mal juger l'une des écritures. Ainsi, M. Vié préfère Claude Bernard au publiciste, mais de bien peu, et son opinion sur Claude Bernard est trop sévère. Il ne trouve qu'un degré moyen d'activité, de simplicité, de distinction, une imagination sans excès ; et il termine ainsi :

_____

1. M. Crépieux-Jamin pare la botte : « C'est évident que la graphologie a des ailes quand elle est orientée; cela ne retire rien de son intérêt.» Au point de vue du contrôle, si ; l'intérêt s'amoindrit bien, quand le graphologue est orienté, puisqu'on ne peut plus faire la part exacte de cet art.

Clarté d'esprit moindre que les autres qualités. (Quoique l'écriture soit lisible et les espacements bien ménagés, le manque d'unité de mouvement de cette écriture et son manque de relief, dans certains passages, donnent à penser que son esprit est préoccupé de plusieurs choses à la fois.) Culture ordinaire. (C'est un Monsieur instruit, certainement, mais rien de trop.)

Soit intelligence moyenne, sans originalité.

23 et 23 bis. — F. de Curel et un fonctionnaire, qui ne manque ni d'entrain, ni d'intelligence, ni d'imagination, mais qui n'a nullement la valeur philosophique et littéraire

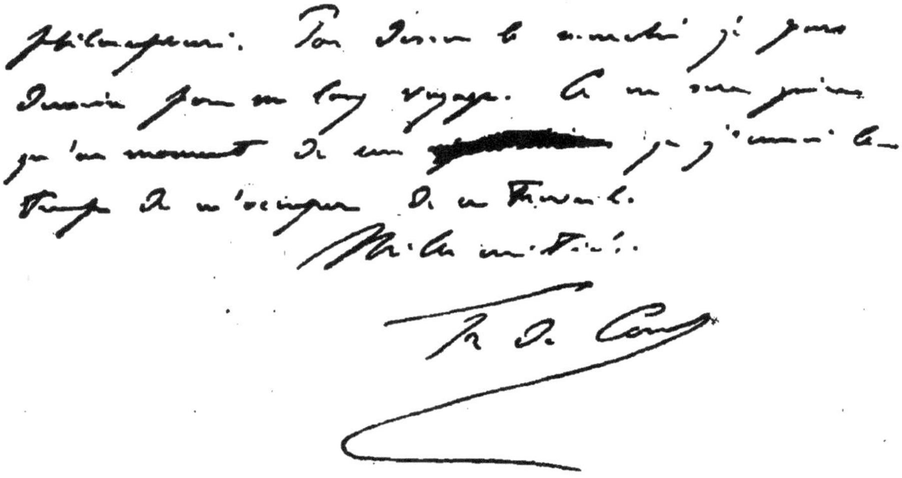

Fig. 35. — *Fin de billet de François de Curel, le grand dramaturge.*

de Curel. En général, bien jugé comme comparaison ; mais quelques-uns de ceux qui ont donné une solution juste se sont bien trompés sur une des écritures. Ainsi, X² écrit :

23 bis (F. de Curel). — Intelligence fine mais mesquine, et d'une précision insuffisante. De la nonchalance, pas d'application ni d'ambition. Cote 35.

Voilà un portrait qui me paraît bien peu exact! J'aime mieux celui de Crépieux-Jamin :

23 *bis* (F. de Curel).
Écriture petite, esprit fin et pénétrant.
    —   espacée, esprit clair
    —   très inégale de dimensions et de direction (majuscules exagérées) sensibilité intellectuelle vive, imagination.

Écriture hachée, sensibilité intellectuelle vive.
—   rapide, grande activité.
—   simplifiée et modifiée, culture d'esprit.

Tous ces signes se soutiennent les uns les autres pour aboutir à une résultante intense d'imagination et de pénétration. Sous ces deux rapports l'écriture pourrait être cotée très haut. Je ramène le chiffre à 47, parce qu'il y manque de la grâce et du relief.

30 et 30 bis. — Mme Ackermann et une femme du monde. A l'exception de M. Vié, tous les experts se sont trompés sur Mme Ackermann, et de la façon la plus grave.

Exemples :

M. Eloy : « Intelligence médiocre — trop d'imagination — confusion. »

M. Humbert : « A un cerveau déséquilibré, qui échappe à tout classement. Je préfère le précédent. »

Mme de Salberg : « Paraît être le graphisme d'une personne âgée, chez laquelle l'imagination est désordonnée et la vanité formidable. »

M. Paulhan et M. Crépieux-Jamin se sont trompés aussi. Nous y reviendrons dans un prochain chapitre.

31 et 31 bis. — C'est encore M. Bergson et l'appariteur. Ce retour des mêmes personnalités est intéressant; car le nombre d'erreurs commises à la seconde reprise est moins fort que la première fois. Ainsi MM. Crépieux-Jamin, Paulhan et Vié avaient, la première fois, préféré l'appariteur, alors que MM. Humbert, Eloy et Mme de Salberg avaient bien jugé. Pour les couples 31 et 31 *bis,* ceux qui avaient bien jugé conservent leur position; parmi les mauvais juges il y en a deux sur trois qui se corrigent. Je me demande à quelle cause peut tenir ce changement d'opinion. Les deux écritures ont-elles subi une sorte de modification en sens inverse, M. Bergson y mettant plus d'intelligence, et l'appariteur moins? C'est possible. Mais avec un peu de malice, je me permets de signaler une autre circonstance, beaucoup plus simple, qui a peut-être joué un rôle décisif; notre appariteur, quand il fut jugé si favorablement par les experts, écrivait sur un papier à en-tête d'Université; la seconde fois, il écrit sur papier libre. Ah! l'en-tête! nous savons bien, nous autres gens officiels, combien cela agit sur les lecteurs 1!

1. M. Crépieux-Jamin m'écrit, au sujet de cette suggestion : « Il en résulterait

35 et 35 bis. — Ecriture de petit magistrat (le même que dans la fig. 20) et de M. A.de Lorde, l'auteur dramatique bien connu. C'est un de ces couples qui a été bien jugé par tous. Le portrait de M. Vié est particulièrement flatteur pour M. A. de Lorde, dont je reproduis l'écriture (je ne reproduis pas celle du petit magistrat, j'en ai mis plus haut un échantillon).

35 *bis* (A. de Lorde). — Séduisante expression graphique de l'intelligence. Tout ce que le goût, la mesure et la distinction peuvent ajouter aux

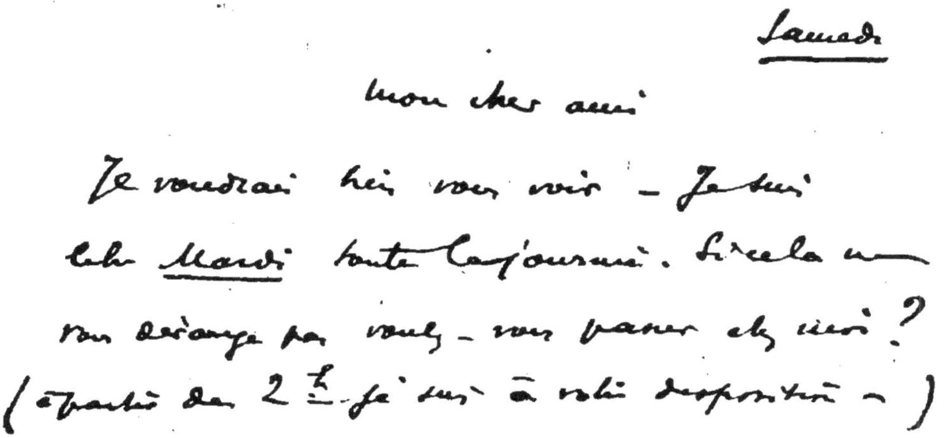
Samedi

Mon cher ami

Je voudrais bien vous voir – Je suis libre Mardi toute la journée. Si cela ne vous dérange pas voulez-vous passer chez moi ? (à partir de 2 h. je suis à votre disposition –)

Fig. 36. — *Cinq lignes d'André de Lorde, l'Edgar Poe français.*

qualités les plus essentielles d'un esprit richement doué conspire à placer ce document à un rang élevé dans l'ordre intellectuel.

Voici encore un exemple qui prouve qu'on peut bien se tirer de la comparaison et se tromper sur une des écritures. M. Eloy écrit :

35 (le magistrat). — Intelligence supérieure. Remarquable par son activité forte et soutenue (41).

35 *bis*. (de Lorde) — Intelligence très supérieure, surtout par sa perspicacité et sa force de réflexion (45).

Je souscrirais au 2me jugement, mais je m'insurge contre le premier. Mon petit magistrat n'était pas un supérieur.

ce que je vous ai déjà dit, que les indices accessoires sont plus précaires qu'ils ne semblent, et que la graphologie se suffit à elle-même. » Phrase qui n'est peut-être pas absolument juste. Il vaudrait mieux écrire : «... et que la graphologie ferait bien, dorénavant, de se suffire à elle-même ». Pour nous, nous sommes maintenant à peu près convaincu que tous les graphologues sont sensibles à ces petits indices accessoires, qui ne sont pas de la graphologie.

SENS GÉNÉRAL DES VERDICTS DES GRAPHOLOGUES

Nous venons de cueillir de petits détails curieux ; maintenant, faisons la synthèse, calculons des moyennes et des pourcentages, afin de savoir ce qui l'emporte dans la balance, la part de vérité ou la part d'erreur.

Il y avait 36 couples d'écritures à examiner, 36 jugements de préférence à rendre. Sept experts ont été conviés à ce travail ; l'un d'eux, Mme Forichon, n'a pas eu le temps d'examiner plus de 24 couples. Les autres ont étudié la série entière.

Or, si on recherche, pour chaque couple d'écriture, dans quel sens s'est prononcé la majorité des graphologues, on constate que la majorité a eu raison 32 fois sur 36 ; elle est devenue même l'unanimité pour 10 écritures ; dans 3 cas, la majorité s'est égarée, et s'est prononcée pour l'écriture la moins intelligente. Ce sont les n°s 2 (1re série) 24 et 30 (2e série). Pour le n° 1 (1re série) les voix se sont partagées.

En considérant la majorité comme l'expression d'un expert particulièrement habile, on lui attribuerait donc 3 erreurs sur 36 jugements, tout le reste étant exact. Cela lui ferait un beau pourcentage de jugements exacts égal à 90.

Sans doute, ces faits sont tout à l'avantage de la graphologie, car il faut bien qu'il y ait de la vérité dans les signes graphiques de l'intelligence pour que la majorité des experts soit d'accord dans les 9 dixièmes de ses jugements, et que ces 9 dixièmes de jugements soient exacts.

Ma conclusion provisoire est la suivante :

Puisque pour certaines écritures il y a eu unanimité de suffrages dans le juste sens et pour d'autres, simple majorité, pour d'autres encore minorité, c'est que les graphismes révèlent inégalement l'intelligence du scripteur. Du moment que les erreurs s'accumulent de préférence sur certaines écritures, c'est bien la preuve que ces écritures-là sont plus difficiles que les autres à bien interpréter [1].

---

1. M. Crépieux-Jamin, auquel je suis toujours si heureux de passer la parole, m'écrit : « C'est bien plus simple de conclure à une habileté différente » Je ne le crois pas. Du moment que les erreurs s'accumulent de préférence sur certaines écritures, c'est bien la preuve que ces écritures-là sont plus difficiles que les autres à bien interpréter.

Il en est de l'intelligence comme de l'âge et du sexe; ici, le signe de l'intelligence est parlant, là, il se dissimule ou s'invertit.

On pourrait objecter, il est vrai, que le signe est moins apparent lorsque l'intelligence est moindre; mais une étude attentive de mes documents me prouve que cette interprétion serait erronée. Ainsi l'écriture de supérieur sur laquelle la presque totalité des graphologues s'est fourvoyée est celle de Mme Ackermann, poète de grande valeur et femme d'une très belle intelligence; et l'écriture de moyen qu'on a surestimée est celle d'un appariteur dont la moyenneté intellectuelle ne fait doute pour personne de ceux qui le connaissent.

On pourrait dire, introduisant ici une distinction nécessaire, que les signes graphiques d'intelligence ont une réalité incontestable, mais ne concordent pas nécessairement et constamment avec une grande intelligence, quoique cela arrive le plus souvent.

J'ai fait des remarques analogues à propos des physionomies. La physionomie intelligente existe avec assez de netteté pour mettre d'accord les observateurs; mais elle n'est pas possédée constamment et sans exception par des gens intelligents.

CHAPITRE XIV

Mesure de l'habileté de quelques graphologues

Bien que je n'aie nullement le désir de faire une ridicule distribution de prix à mes collaborateurs, je suis bien obligé de constater que l'habileté n'est pas égale chez tous ; certains, les meilleurs, ne se sont pour ainsi dire jamais trompés ; d'autres, les moins bons, ont fourni des solutions à peine supérieures au hasard. Nous prendrons seulement les premiers comme des représentants légitimes de la graphologie.

Je cite parmi ces privilégiés, et en toute première ligne, M. Crépieux-Jamin, chez lequel l'habileté pratique va de pair avec la valeur du théoricien. M. Crépieux-Jamin a examiné 37 couples de documents ; il s'est recusé sur un seul couple, qui lui a paru trop court. Restent 36, sur lesquels il a fait seulement trois erreurs, soit 91,6 0/0 de solutions justes. Il y aurait peut-être à réduire ce nombre. En réalité, une des erreurs de M. Crépieux-Jamin porte sur les couples 1 et 1 *bis* ; or j'ai fait repasser d'autres échantillons des mêmes écritures dans un couple différent, le 31 et le 31 *bis*, pour lequel cet auteur a donné une solution exacte. Je me demande si cette solution exacte ne devrait pas annuler la solution fausse, ou la réduire de moitié, ce qui modifierait grandement dans le bon sens le pourcentage de diagnostics exacts de M. Crépieux-Jamin. Mais, au fond, toutes ces discussions de détail n'ont point une importance théorique, et je n'insiste pas. M. Crépieux-Jamin, consulté sur son cas personnel, croit que la première erreur subsiste entière.

Après le maître de la graphologie, et à une distance res-

pectueuse vient M. Humbert, qui se récuse sur deux documents,
et prend des conclusions fermes sur 35. Il ne commet que
5 erreurs, soit 85,7 0/0 de réponses justes. Il y a beaucoup
d'analogie entre ses solutions et celles de M. Crépieux-Jamin ;
il commet deux des erreurs de ce dernier, sur Madame
Ackermann et sur le commis de librairie ; il a la chance
d'échapper à la faute si commune qu'a provoquée l'écriture
de M. Bergson. En revanche, il s'est trompé dans un cas extrêmement difficile, que M. Crépieux-Jamin avait bien résolu :
la comparaison de l'écriture de mon collaborateur Victor
Henri avec celle d'un instituteur bavard et confus (24 et
24 *bis*) plus deux autres erreurs sur lesquelles je n'insiste pas.

M. Vié, sur ce même nombre de 35, produit par deux éliminations (tous ces trois experts se récusent sur des écritures
différentes) commit une erreur de plus que M. Humbert, soit
6 erreurs, soit un pourcentage de 82,8 solutions justes. Une
de ses erreurs, il l'a réparée spontanément à un nouvel examen ; et il aurait peut-être le droit d'exiger qu'on ne portât
à son actif que 5 erreurs.

Les autres graphologues arrivent à des pourcentages de
80 0/0, 68 0/0, 66 0/0, et 61 0/0. Tous ont donné, par conséquent, des solutions supérieures au hasard, et même un peu
supérieures à celles que de simples considérations de gram-
maire et de psychologie sur le style des écrits auraient pu
leur dicter.

Le pourcentage de jugements justes de M. Paulhan est de
68 0/0. Il a reconu tant d'écritures, que celles que je puis conserver pour calculer ses solutions ne sont plus que de 25 ; sur
ce nombre il a commis 8 erreurs.

Il est incontestable que les solutions de MM. Crépieux-
Jamin, Humbert, Vié, démontrent que l'intelligence des personnes se lit dans l'écriture, alors qu'on a écarté la plupart des
circonstances pouvant faciliter cette lecture, différence de
milieu, différence dans l'habitude d'écrire, ou calligraphie de
l'un des termes à comparer.

En outre, l'exactitude des solutions fournies constitue, ce
me semble, une présomption en faveur du choix que j'ai
fait de mes documents : et je suis bien aise d'attirer l'attention sur ce point, pour répondre à des graphologues, qui tout
en m'envoyant leurs solutions, se gardaient déjà à carreau, en

me disant : Nous discuterons ensuite la valeur de vos propres diagnostics [1] !

Apprécions maintenant les cotes données par les experts.

J'ai prévenu les lecteurs que je suis beaucoup moins sûr des cotes que de l'ordre des préférences, c'est après quelques hésitations que je m'engage dans cette étude ; car pour apprécier les cotes des autres, il faut que je commence par établir les miennes. Cela m'a donné beaucoup de mal ; et pour me mettre en garde contre ma versatilité, j'ai fait la distribution des cotes à deux reprises différentes, et après six mois d'intervalle, afin d'oublier mes premiers chiffres.

J'ai essayé de me défendre contre les sentiments de sympathie et d'antipathie qui m'étaient personnels. J'ai fixé la cote et je l'ai régularisée, par une comparaison incessante de chaque personne avec plusieurs autres, et cette comparaison m'a amené à faire maintes rectifications. Je ne me suis pas laissé influencer par les opinions des graphologues et j'ai distribué mes cotes sans connaître les leurs.

La moyenne que j'ai obtenue pour les intelligences moyennes, a été de 31,8 ; pour les intelligences supérieures, elle atteint 43,2. Je l'aurais crue plus haute ; elle est abaissée par la présence de quelques femmes, dont l'intelligence, quoique très réelle, ne m'a pas paru valoir plus de 38. Ici, je pourrais très bien me faire contrôler par le lecteur ; il me suffirait de publier les noms célèbres, avec les cotes que je leur attribue ; chacun serait mis en mesure de me critiquer. Mais il y a des raisons de convenances qui m'empêchent de m'ériger en juge de l'intelligence des vivants. Je donnerai seulement les cotes de quelques morts : Marey, 48 ; Charcot, 49 ; Claude Bernard, 52 ; Dumas (le chimiste) 48 ; Dumas fils (l'auteur dramatique) 50 ; Paul Bert, 50 ; Renan, 52.

Six mois avant, j'avais obtenu comme moyennes : supérieurs 43,6 ; moyens 33,3. La différence des deux moyennes

1. De M. Crépieux-Jamin une remarque très juste : « C'est évident que nous faisons une démonstration de votre bon choix, mais quand même c'était une documentation faible pour un concours scientifique, cela rendait l'épreuve dure, et je ne doute pas que les moins brillants n'eussent été meilleurs si la documentation avait été abondante. L'expérience montre seulement qu'elle était suffisante dans l'ensemble. » Ces réflexions, auxquelles je m'associe pleinement, montrent combien il est difficile de prendre une conclusion dans l'absolu. Notre résultat n'est vrai que pour telles et telles écritures, d'une difficulté toute spéciale, et avec telle abondance particulière des documents, soumises à des graphologues de telle et telle habileté, etc.

est de 10, 3 tandis que précédemment elle était de 12, c'est à peu près équivalent.

Les chiffres de M. Crépieux-Jamin diffèrent un peu des précédents. Les intelligences supérieures ont une moyenne de 42,4 et les intelligences moyennes, de 35,8 ; soit une différence de 6,5, nettement plus petite que la mienne. M. Crépieux-Jamin n'a point vu tant de différence entre les termes à comparer.

Les écarts entre ses cotes et les miennes se répartissent ainsi : de 0 à 5 degrés, il y a en a eu 35 ; de 6 à 10, il y a en eu 18 ; et au-dessus de 10, il y en a eu 3.

Comment les apprécier ? Il faudrait leur appliquer une épithète, et cette qualification est certainement très arbitraire.

Je signalerai quelques-unes de ses cotes d'auteurs connus. Poincaré (le mathématicien), 46 ; Buisson, 43 ; Rouget (le physiologiste), 46 ; Dalou (le sculpteur), 39 ; Marey, 42 ; Charcot, 52 ; Henner, 50 ; Jules Simon, 52, Sardou, 49 ; Paul Bert, 42. Il me paraît que cet ensemble est fort satisfaisant et donne tort aux doutes de M. Crépieux-Jamin qui m'écrivait : « Je ne suis pas très favorisé par les écritures d'hommes supérieurs. » Je trouve au contraire qu'il les juge assez bien.

En outre, ce sont surtout ses cotes supérieures qui se rapprochent des miennes. Elles n'en diffèrent que d'un point et demi, tandis que pour les moyennes la différence va jusqu'à 4 points.

En tant que mes cotes représentent la vérité, celles de M. Paulhan sont moins bonnes que celles de M. Crépieux-Jamin, puisqu'elles se rapprochent moins des miennes. La moyenne pour les intelligences les plus petites est de 35,3 ; et pour les intelligences les plus grandes, elle est de 38,7 : la différence se réduit donc à 3,4. Or, je crois pouvoir affirmer que d'après sa moyenne M. Paulhan a sous-estimé la différence réelle. Voici quelques unes de ses cotes d'hommes célèbres. Dalou, 31 ; Rouget, 35 ; Sardou, 44 ; Poincaré, 42 ; Dumas fils, 40 ; Dumas (le chimiste), 35 ; Claude Bernard, 52 ; Renan, 41 ; Mosso, 30 ; Charcot, 45 ; Marey, 44 ; Paul Bert, 43 ; Jules Simon, 45 ; Henner, 42. Dans l'ensemble, M. Paulhan a coté plus bas les supérieurs, et plus haut les moyens.

Quoique inférieur en exactitude à M. Crépieux-Jamin,

M. Paulhan reste cependant bien supérieur à tel ou tel autre graphologne; j'en citerai un, sans le nommer, dont les cotes moyennes calculées sur le petit nombre qu'il m'en a donné. sont pour les moyens de 36 et pour les supérieurs de 35,5 : évidemment il n'a perçu aucune différence.

M. Vié a pour les intelligences ordinaires une moyenne de 37,55 et pour les supérieures une moyenne de 42,2; la différence est donc de 5, légèrement inférieure à celle de M. Crépieux-Jamin. Sans valoir les résultats de ce dernier, ceux de M. Vié sont donc très satisfaisants.

Pour terminer, parlons de l'épreuve faite avec les collections A et B que j'ai décrites plus haut.

Les experts n'ont pas concouru tous à cette deuxième expérience. La collection A a été examinée par Mme Ungern-Steinberg. Les collections A et B l'ont été par MM. Crépieux-Jamin, Vié et Eloy. Les experts étaient avertis qu'ils devaient faire un diagnostic d'intelligence. On leur disait: « Répartissez toutes ces écritures en deux groupes : d'un côté, les plus intelligents, de l'autre les moins intelligents. Motivez chaque fois vos préférences. »

Cette expérience soulève une question théorique d'un certain intérêt, celle du calcul du hasard, pour l'appréciation des résultats. Or, la série A contient 33 documents, dont 29 émanent d'esprits supérieurs et 4 d'esprits médiocres ; et de même, la collection B contient 32 médiocres et 2 intelligences supérieures (je dis 2, car je supprime Daudet). Je m'étais dit, d'abord : est-ce que les graphologues vont reconnaître les 4 médiocres de la série A et les 2 supérieurs de la série B? C'était là, précisément, la difficulté que je voulais leur faire résoudre, la barrière à sauter. J'étais prêt à conclure que si ces 6 écritures spéciales n'étaient pas distinguées, malgré l'influence contrastante du milieu où je les avais placées, la graphologie était un leurre.

Si ce critérium sommaire devait être conservé, il ne fournirait pas des résultats très brillants ; car aucun graphologue n'a reconnu la totalité de ces 6 cas extrêmes ; les plus habiles n'en ont reconnu que 3 ! Mais après réflexion, je me suis convaincu que j'employais une méthode défectueuse de calcul. Si un expert, dépouillant la collection A, ne reconnaît

pas les 4 médiocres, si par exemple il classe les 4 médiocres
dans le groupe des supérieurs, devra-t-on en conclure qu'il
s'est totalement trompé ? Je ne le crois pas ; car, en somme,
si la main du hasard avait seule opéré, elle aurait mis un
nombre égal de supérieurs et de moyens dans chacune des
classes adoptées. Réunissons les deux collections ; aussi bien
elles ne représentent que deux temps d'une même expérience ; nous avons là 33 écritures de supérieurs, mélangées à
30 écritures de moyens. La répartition du hasard doit être la
suivante :

>16 supérieurs et 15 moyens dans la classe supérieure
>16 supérieurs et 15 moyens dans la classe moyenne.

Soit 31 erreurs sur 62 documents, soit un pourcentage de
50 °/o.

C'est ce nouveau mode de calcul que nous allons adopter.

M. Crépieux-Jamin n'a point fait une répartition des écri-
tures en deux ou quatre classes, mais il a coté chacune d'elles.
Nous avons dit pourquoi nous ne pouvons pas contrôler
rigoureusement ces cotes; prenons-les simplement comme
des indications de classes. Dans la collection A, M. Crépieux-
Jamin a commis 10 erreurs; il a donné 8 fois une cote inférieure à 40 à des esprits supérieurs, voici ses cotes : Edouard
Laboulaye 39, Flournoy 39, Lacaze-Duthiers 31, Milne-
Edward 39, Mosso 39, Pailleron 36, Dastre 39, Meilhac 38.
Je ne sais pas comment qualifier la faute commise. Le moindre
de ces noms a au moins un grand talent, et je crois que
sans désobliger personne, on pourrait fixer leur moyenne
intellectuelle à 48; ce chiffre est un peu fort pour quelques-
uns, peut-être, et un peu trop faible pour d'autres. Le
chiffre moyen de M. Crépieux-Jamin, étant de 38, constitue
une faute indéniable; la plus grave est celle dont a souffert
Lacaze-Duthiers, il a reçu 31 ! Je fais appel à tous ceux qui
ont connu notre grand zoologiste ; il y en a eu beaucoup, même
et surtout parmi ses anciens élèves, qui ont souffert de sa
bile; aucun ne lui refusera cependant une intelligence supérieure. En revanche, M. Crépieux-Jamin accorde 43 à un
petit appariteur sans talent, qui à mon sens ne vaut pas plus
de 32, et 42 à un gros commerçant lourdaud, à qui j'accor-
derai 34; ce sont deux erreurs considérables. Soit, au total :
10 erreurs

Pour la collection B, il a encore commis 4 erreurs. Il a relégué dans la catégorie moyenne deux esprits supérieurs, Daudet, à qui il donne 35, et Renan à qui il accorde 38. L'erreur sur Daudet me paraît cependant excusable, car le document étudié se réduisait à cinq mots, et je dis en note pourquoi je le supprime [1]. Deux erreurs en sens inverse ont consisté à élever dans les supérieurs un snob d'intelligence tout à fait rudimentaire (on lui accorde 41) et un petit fonctionnaire prétentieux, qui reçoit 40. Le total est donc de 13 erreurs sur 62 documents, soit 79°/₀ de réponse justes.

Mais ce calcul est exposé à quelques critiques. Il paraît singulier que cet expert se trompe si peu pour la collection B, et tellement plus pour la collection A. A y regarder de près on en découvre la raison. Le classement absolu des documents, d'après les cotes rapportées à une échelle idéale, a donné lieu, c'est vrai, à 24°/₀ d'erreurs; mais tenons compte seulement du classement des documents comparés les uns aux autres, faisons-en une sériation d'après leurs cotes; nous verrons alors que pour la collection A, qui paraissait si mal partagée, les solutions prennent un aspect meilleur; presque tous les supérieurs sont au-dessus de la cote 36, et presque tous les inférieurs sont au-dessous; il n'y a que 5 exceptions à cette règle. Il suffirait donc que M. Crépieux-Jamin modifiât un peu la valeur conventionnelle de sa classification, prit 36 comme ligne de partage, pour réduire ses erreurs de 12 à 5. La même méthode s'appliquant aux solutions de la collection B, laisserait subsister les 3 erreurs; un total de 8 erreurs, au lieu de 14, élèverait le pourcentage de diagnostics justes de cet auteur à 87. C'est moins bon que pour les couples; mais c'est bien meilleur que si on ne fait pas la correction indiquée.

M. Vié commet le même nombre de fautes, soit 16 pour les deux collections, ce qui lui fait 76 °/₀ de réponses justes. Je ne parviens pas à amender ses solutions en faisant la cor-

---

1. M. Crépieux-Jamin, en étudiant de nouveau mes autographes, a émis un doute sur l'authenticité de l'écriture de A. Daudet, que je lui avais soumise. Bien que j'eusse de bonnes raisons de croire que je n'avais pas commis d'erreur d'attribution — car cette écriture provenait de corrections faites par A. Daudet à un de mes manuscrits — je soumis le cas à Madame Alphonse Daudet, la veuve de l'illustre romancier. A ma grande satisfaction, elle a reconnu l'écriture de son mari, mais l'a jugée déformée par la maladie ; pour cette dernière raison, je ne ferai pas état de ce document.

rection des cotes qui m'a réussi pour M. Crépieux-Jamin ;
39 est la limite la plus favorable pour séparer les deux groupes de l'intelligence courante et du talent ; si j'adopte cette
limite, le nombre de ses erreurs subit une diminution insignifiante, 15 au lieu de 16.

M. Eloy a commis un total de 18 erreurs sur 62 documents.
La correction par la cote, mettant la limite de l'intelligence
à 35, réduit ses erreurs à 12, nombre qui n'est pas grand, et
dont il y a lieu de le féliciter.

L'impression d'ensemble est que dans les essais de ce
genre, où on s'est attaché à dégager la valeur intellectuelle
d'une écriture, sans la comparer à aucune autre, les erreurs
ont été plus fréquentes que dans les jugements de comparaison. A part M. Eloy, les deux autres grapholognes ont
moins bien réussi ici que là.

On pourrait en tirer une conclusion théorique, à savoir
que la nécessité d'établir un parallèle entre deux écritures
facilite le travail psychologique du classement.

Au fond, pourrait-on ajouter, juger, c'est comparer ; lorsqu'on cote une écriture, on est bien obligé d'avoir un terme
de comparaison ; seulement, dans l'expérience des couples,
le terme de comparaison est voisin et précis ; dans l'autre
épreuve, il n'est plus présent, on compare toujours, mais à
quelque chose de vague. De là les erreurs. Comparer est
plus sûr que de juger.

Mais à la réflexion, je ne suis pas certain de cette conclusion. Il est possible que les meilleurs résultats de l'épreuve
des documents couplés tiennent à des raisons toute différentes, par exemple à ceci : on demandait moins à l'expert.
Supposons qu'il eût à comparer un grand homme à un médiocre, et qu'il cotât le grand homme 36 et le médiocre 32.
Pour l'épreuve des couples, cette solution est juste ; pour l'é-
preuve de collections, elle est erronnée.

Et puis, une autre raison doit faciliter le jugement des
écritures couplées : on est prévenu qu'il y a entre les deux
une différence notable ; si on est à peu près sûr que l'une
d'elles est peu intelligente, cela aide à supposer que l'autre
doit l'être.

CHAPITRE XV

Portraits réussis et portraits manqués

PORTRAITS GRAPHOLOGIQUES RÉUSSIS

Notre dernier chapitre était bourré de chiffres. La conclusion même est un chiffre. Elle tient dans un pourcentage. Si on me demandait maintenant ce que je pense de l'exactitude de la graphologie, je répondrais, en ajoutant, il est vrai, quelques commentaires explicatifs, par les pourcentages de Crépieux-Jamin : 91,6 % de solutions justes quand il s'agit de comparer, et 87, quand il s'agit de coter.

A un certain point de vue, l'emploi des chiffres est excellent : d'abord parce qu'ils sont vrais, et ensuite parce qu'ils sont des moyennes, des synthèses, et l'impression un peu terne qu'ils nous donnent est plus fidèle que celle qu'on reçoit si on parcourt les uns après les autres les jugements des graphologues.

Ce dernier travail est bien intéressant à faire. A lire ces documents sans avoir l'esprit prévenu, on change, malgré soi, sans cesse d'opinion sur la valeur de la graphologie. Tantôt, on tombe sur une série de portraits pleins de finesse et d'exactitude ; le graphologue vous sert une opinion qui est presque la vôtre, ou qui même semble meilleure que la vôtre, plus suggestive, plus profonde. On est charmé, on veut crier : bravo ! on est presque convaincu que la graphologie est une science ; mais attendons, tournons la page, pénétrons dans d'autres documents ; alors, quelle désillusion ! un niais avéré est jugé grand homme, tandis qu'un esprit de la valeur de Taine ou de Renan se voit refuser même du talent. Cette nouvelle impression, si fâcheuse, efface la précédente, elle emporte tout, on hausse les épaules, on ricane. Ah ! la graphologie ! quelle plaisanterie ! Attendons encore : voici de nouveaux portraits, lisons-les, ils sont excellents. Et ainsi de suite. C'est toujours la même chose. Une succession presque régulière, et absolument déconcertante, de vérités et d'erreurs. C'est le calcul du pourcentage qui nous fait sortir de cette indécision pénible, et met tout à sa place. Oui, on a raison de croire qu'il y a une âme de vérité dans la graphologie, comme diagnostic de l'intelligence ; oui, il y a une part de vérité qui est plus grande que la part d'erreur. Néanmoins cette dernière reste véritablement grande.

Je tiens à citer des exemples qui montreront bien ce contraste de vérités et d'erreurs que fait naître un contrôle un peu approfondi de la matière graphologique. Je commencerai par les vérités. Comme celles qui s'appliquent à des écritures de gens célèbres sont les seules que le lecteur puisse juger, c'est à celles-là que je me réduirai.

Voici donc de très beaux portraits, très réussis, que j'emprunterai par exemple à Mme Ungern-Steinberg, à M. Crépieux-Jamin, et aux autres experts.

ALEXANDRE DUMAS FILS

M. Crépieux-Jamin écrit : « Très belle intelligence, riche, d'une activité et d'une clarté superbes, 50. »

De Mme Ungern-Steinberg : « Intellect supérieur, qui ne recourt pas à l'imagination, mais à une observation pour ainsi dire impersonnelle, émanée d'un esprit chagrin, caustique, et mordant, quasi-impitoyable. »

M. BRUNETIÈRE

De Mme Ungern-Steinberg :

« Esprit supérieur ... Malgré la distinction de son esprit, très réelle, malgré ses aptitudes esthétiques, il me paraît moins propre à la production qu'à la critique. Sa hauteur, son manque absolu de sensibilité émotive, sa froideur, sa bienveillance toute négative...

« ... Je lui reconnais du moins une probité intellectuelle

incontestable, le goût vif des choses de l'esprit, et un sentiment esthétique exclusif et borné, il est vrai, mais élevé et
immuable. »

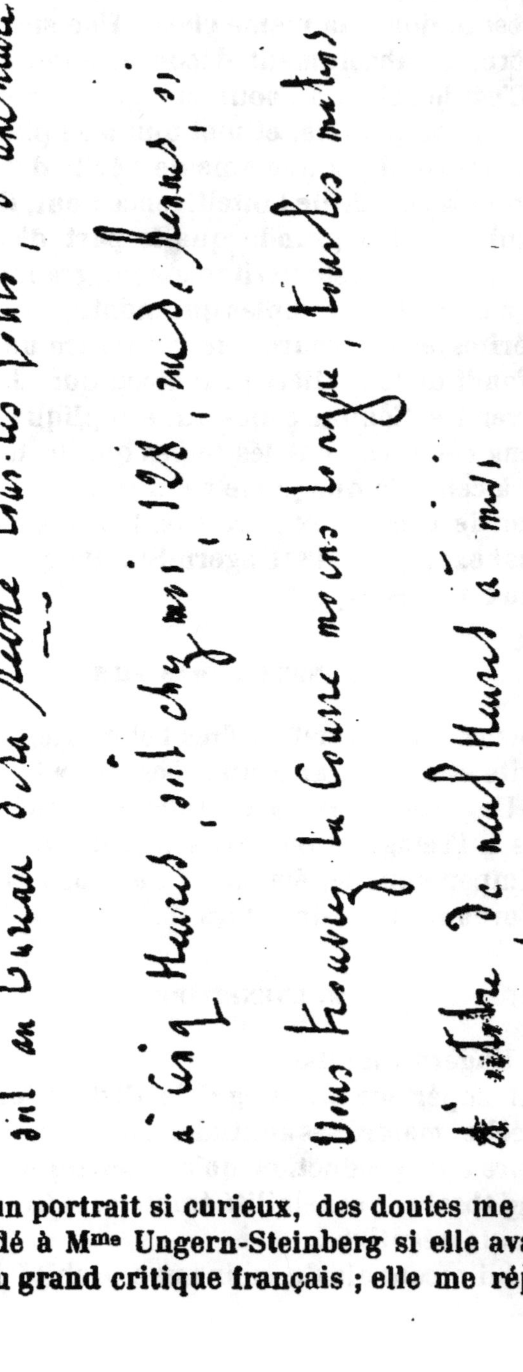

Fig. 37. — *Quelques lignes écrites par F. Brunetière.*

Devant un portrait si curieux, des doutes me sont venus.
J'ai demandé à Mme Ungern-Steinberg si elle avait reconnu
l'écriture du grand critique français ; elle me répondit aus-

sitôt qu'elle ne pouvait pas l'avoir reconnue, puisqu'elle ne la connaissait pas [1].

M. BOUTROUX

De Mme Ungern-Steinberg :

« Une organisation d'élite, reposant sur un corps robuste, doué d'une sensibilité intellectuelle et émotive exquise, et d'une intellectualité éclectique qui la rend propre à un travail mental des plus variés. Cela constitue un érudit et un lettré d'une universalité rare, dévoré de curiosité intellectuelle, servi à souhait par une mémoire prodigieuse. Talent

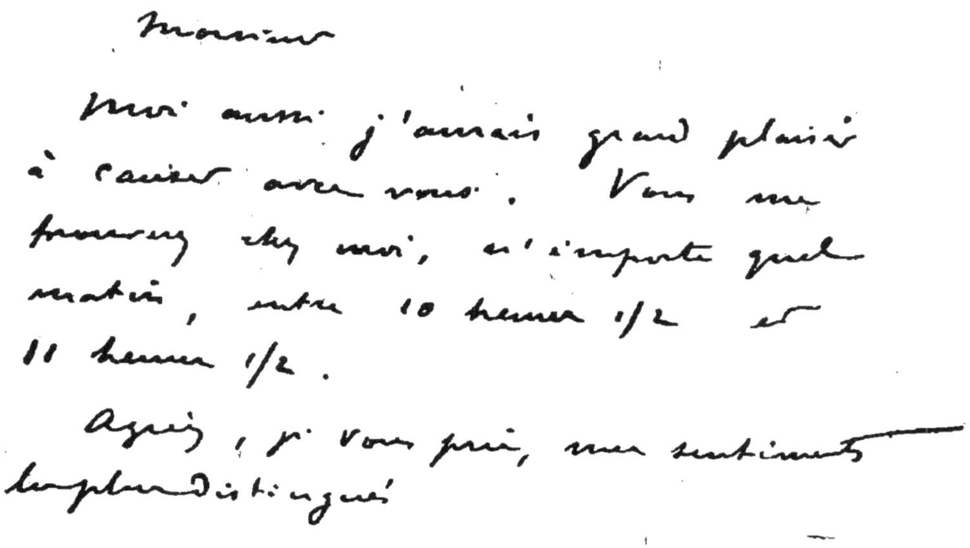
Monsieur

Moi aussi j'aurais grand plaisir à causer avec vous. Vous me trouverez chez moi, n'importe quel matin, entre 10 heures 1/2 et 11 heures 1/2.

Agréez, je vous prie, mes sentiments les plus distingués

Fig. 38. — *Petit billet de Jules Lemaître. On y a vu la clarté et la vivacité d'une remarquable intelligence.*

aimable, appréciateur bienveillant, ardeur originelle, qui se peut traduire par la devise : *sursum corda !* »

De M. Crépieux-Jamin : « Brillante intelligence, très ouverte et très cultivée. Pensée délicate et à facettes. Cote 48. »

1. On pourrait à bon droit chicaner sur ce point. Supposons ceci : Mme Ungern-Steinberg connait la personnalité de Brunetière, sans connaître son écriture ; elle attribue à Brunetière l'écriture qu'on lui montre, et partant de là, elle croit retrouver dans cette écriture tout ce quelle sait du grand critique. Nous ferons honneur à la graphologie de l'attribution de l'écriture à Brunetière ; quant au reste, ce n'est plus qu'une déduction logique.

M. JULES LEMAITRE

De Mme Ungern-Steinberg :

« Un talent de haute envergure,= bien que peu sympathique. Intelligence souple et déliée, capable de s'atteler à des
besognes variées de travail cérébral, sentiments et sensations
absolument réduites en intellectualité. Il paraît même très
difficile de faire ici le triage de ce qui est force cérébrale et
et force volontaire, tant elles s'unifient. Ce graphisme se
porte garant de l'aptitude à la création et à la critique, jointe
à une ardeur toute cérébrale aussi, et qui témoigne de la
ferme intention de se créer une place au soleil dans le royau-
me des lettres ... »

M. Crépieux-Jamin écrit : « Intelligence très cultivée, très
maîtresse d'elle-même, d'une remarquable clarté et vivacité, 44. »

M. FERNAND BUISSON

De M. Crépieux-Jamin :

« Superbe imagination, haute culture, activité naturelle
de premier ordre. Un peu passionné, malheureusement.
43. »

Mme Ungern-Steinberg : « Intelligence très supérieure,
toujours vibrante et prompte à l'initiative. Il commande la
création, l'assimilation, la réalisation. Éducation très rapide.
Aptitudes à l'organisation et à la polémique. Activité quasi-
fiévreuse d'un médecin praticien dont le flair préside au diagnostic. Penseur et praticien original. »

Sauf la profession, tout me paraît exact.

CLAUDE BERNARD

De M. Crépieux-Jamin : « Intelligence très cultivée, active,
d'une lumineuse clarté, délicatement impressionnable. Cote,
52. »

De Mme Ungern-Steinberg : « Intelligence limpide à l'idéation précise, facile et nette. La finesse s'allie à la prudence
d'un esprit très réfléchi, mais non sec qui refrène son imagination. Sa pensée se rapporte exclusivement à sa spécialité, en

dehors des préoccupations d'épargne. Une simplicité parfaite qui ne sacrifie rien aux apparences. »

Fig. 39. — *Fernand Buisson. Son écriture a été très justement appréciée.*

M. VICTORIEN SARDOU

En général, très bien jugé. Ce doit être une écriture typique d'intelligence supérieure.

De M. Crépieux-Jamin : « Intelligence très délicate, très

intuitive. Sensibilité intellectuelle des plus vives et activité cérébrale de premier ordre. Intelligence, 49. »

Ce que je trouve juste, c'est la cote, et l'indication de l'activité cérébrale. Les autres épithètes me paraissent un peu banales.

De Mme Ungern-Steinberg : « Un talent aimable, que l'innéité a gratifié d'une facilité et fécondité étonnantes. Il est vrai que la puissance et l'exactitude lui ont été refusées. Voilà l'envers de sa valeur artistique, le défaut de ses qualités très variées et très réelles, attachées à une productivité, une invention qui ne tarissent jamais. »

MEILHAC

De Mme Ungern-Steinberg : « Talent aimable, qui évolue dans un milieu littéraire et artistique, subissant les poussées

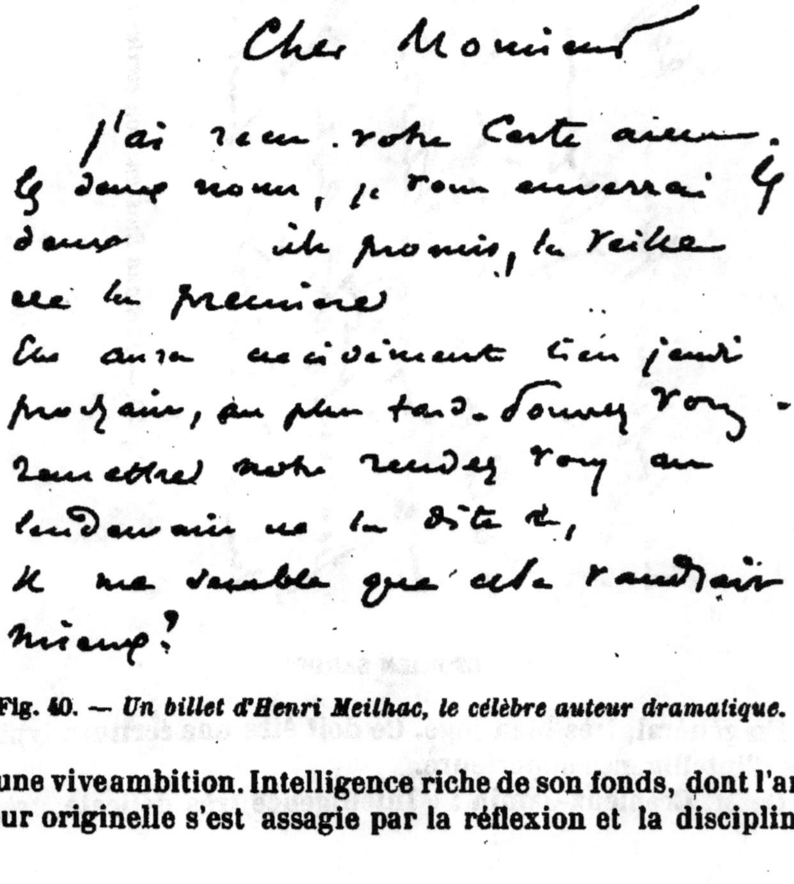

Fig. 40. — *Un billet d'Henri Meilhac, le célèbre auteur dramatique.*

d'une vive ambition. Intelligence riche de son fonds, dont l'ardeur originelle s'est assagie par la réflexion et la discipline de l'étude. Esprit éclectique, qui crée, qui réalise, et sait mettre à profit toutes les suggestions de l'ambiance. »

M. FAGUET

De Mme Ungern-Steinberg : « Voici encore toutes les marques de la haute supériorité intellectuelle requise pour former un talent de haute envergure, doué d'une physionomie originale. C'est qu'il est joint à une haute culture un jugement

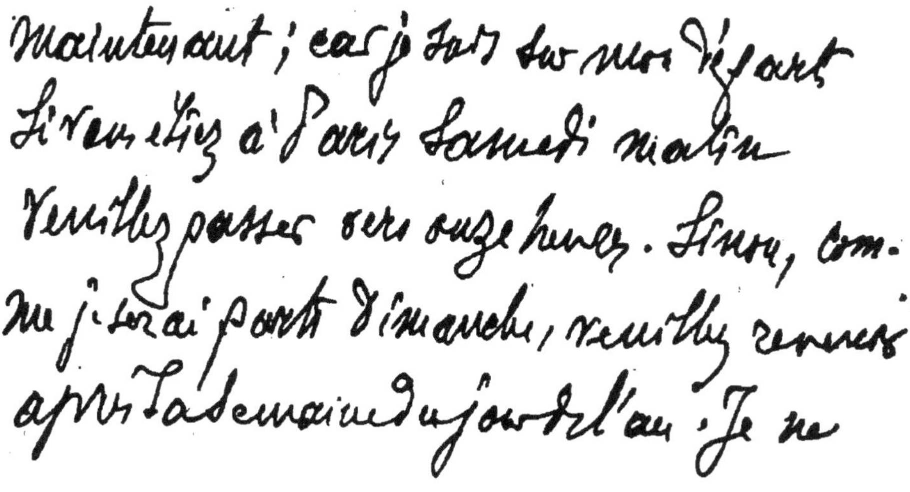
maintenant ; car je suis sur mon départ. Si vous étiez à Paris samedi matin veuillez passer vers onze heures. Sinon, comme je serai parti dimanche, veuillez revenir après la semaine du jour de l'an. Je ne

Fig. 41. — *Le critique littéraire et fin ironiste Faguet.*

sûr et pondéré, bien qu'incisif et tranché, sarcastique et personnel souvent, injuste jamais. Son intelligence alerte, fine, perspicace, s'alliant heureusement à une imagination tenue en bride ouvre sur des horizons vastes de beauté et d'érudition. Et cette compréhension exclut le parti-pris quand il fait œuvre de critique, alors que son exactitude très documentée lui permet d'en détailler les forces et les faiblesses dans un style bien à lui, toujours empreint d'un cachet individuel et original. »

Je l'ai déjà dit, je ne puis pas me porter garant de l'exactitude de toutes les affirmations contenues dans ces portraits[1].

1. Il reste toujours possible que quelques-unes de ces écritures de gens célèbres aient été reconnues inconsciemment. Je me suis déjà expliqué là-dessus, et

Les graphologues ont fait des appréciations qualitatives très compliquées, sur lesquelles mon contrôle ne peut pas s'exercer. Néanmoins, il est incontestable que ces portraits ont souvent

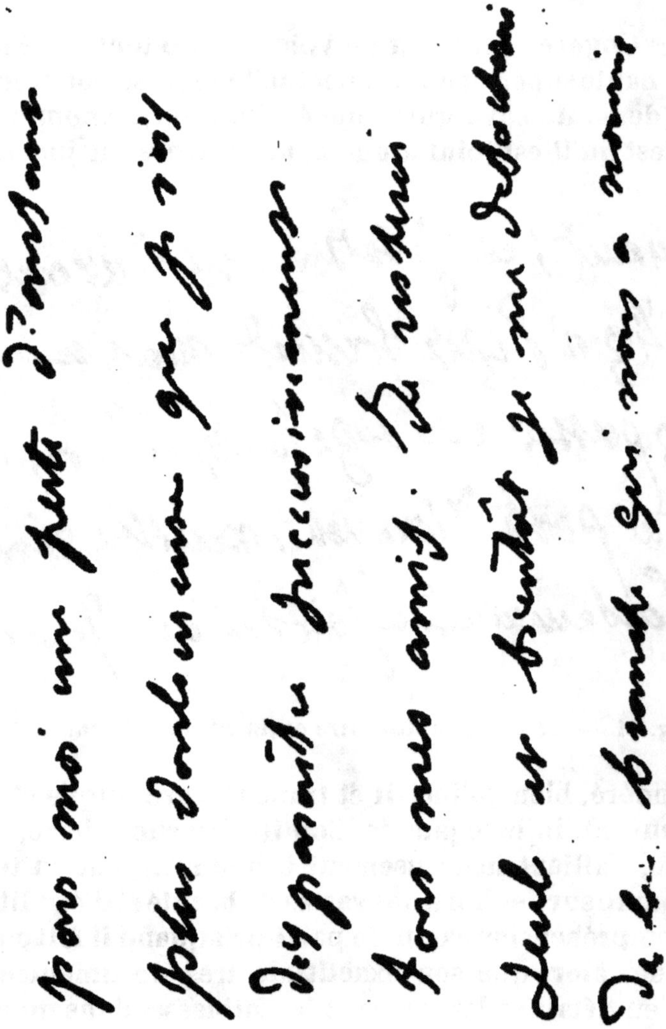

Fig. 42. — *Fragment de lettre d'un grand savant, M. X., dont la haute intelligence a été méconnue par plus d'un graphologue.*

un grand air de famille avec leurs modèles ; et il est bien exact de relever chez Dumas et Faguet de la causticité, chez Brunetière de l'esprit critique, et un aimable talent littéraire

j'avoue que je préfère les jugements que les experts ont portés sur des gens fort intelligents et peu connus ; il y en a.

chez Meilhac. Le portrait de Sardou me paraît aussi, dans son ensemble, bien ressemblant. Du reste, le point précis sur lequel on pourrait faire du contrôle, le classement, est irréprochable. Toutes ces écritures ont été classées dans le groupe du talent et du génie, et l'expert a eu raison de les distinguer dans la foule des écritures médiocres où je les avais reparties. L'impression qu'on ressent est toute à l'avantage de la graphologie.

Passons au revers de la médaille.

PORTRAITS GRAPHOLOGIQUES MANQUÉS.

Je m'en tiens encore aux hommes célèbres. Je n'insiste pas sur les erreurs commises relativement aux médiocres. Pour moi, elles sont bien démonstratives. Ainsi, je soumets à l'expert la lettre d'un avocat sans talent, bon garçon, un peu niais, un peu faible de caractère, aucune envergure d'esprit, aucune originalité, et l'expert écrit: « Supériorité d'un esprit fin et intelligent, travailleur, exact et circonspect » Une telle indulgence fait sursauter, surtout lorsqu'on la compare à la sévérité du même expert pour Renan, qui se trouve placé à cent coudées au-dessous de mon petit avocat. Pour moi, ces erreurs sont très éloquentes. Mais comme il ne s'agit que de médiocres qui sont, à juste titre, inconnus des lecteurs, je préfère laisser tout cela de côté, et ne parler que des gens célèbres.

Je ne puis malheureusement pas les nommer tous, car un certain nombre sont encore vivants, et je ne me sens pas le droit de publier d'eux un portrait caricature, même en alléguant comme excuse que j'en décline la responsabilité. Je citerai seulement, sans le nommer, le portrait suivant :

UN GRAND HISTOLOGISTE

C'est certainement un des plus grands histologistes du siècle dernier, un esprit de haute originalité, profond, primesautier ; des goûts littéraires très prononcés. Voici ce que devient ce génial entre les mains de Mme Ungern-Steinberg :

« Un instinctif à l'esprit lourd, peu cultivé, et outrancier. Médiocrité, sans savoir, ni savoir-faire, aveuglé par la prétention. » Autant de mots, autant d'erreurs, sauf en ce qui concerne la dernière proposition, car M. X. a le moi un peu exubérant; mais c'est excusable, il est si intelligent !

Il est vrai que Crépieux-Jamin est plus juste :

« Admirable faculté de compréhension, intelligence très claire, active et souple. Sens esthétique médiocre. 46 »

M. MAREY

M. Marey, l'éminent physiologiste francais qui vient de mourir, a introduit en physiologie des méthodes d'une pré-

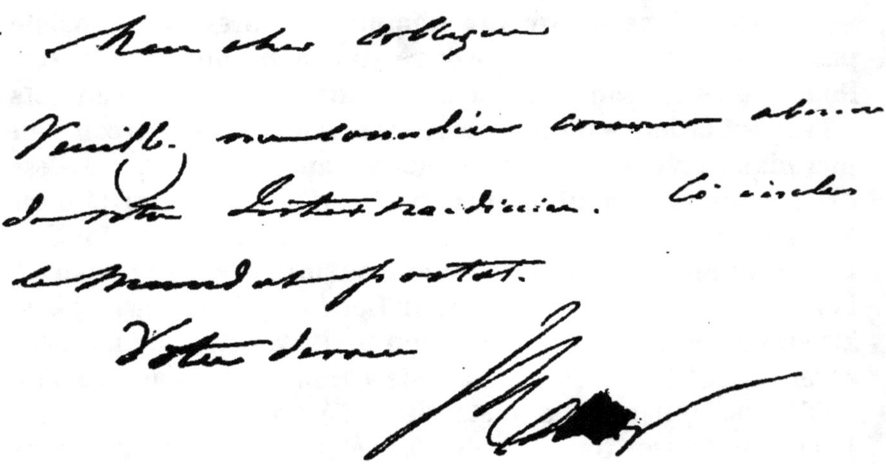
Mon cher collègue

Veuillez me donner comme abonné
de votre Intermédiaire. Ci-inclus
le mandat-poste.
Votre dévoué
Marey

Fig. 43. — *Marey, le physiologiste à l'esprit inventif duquel nous devons presque l'intégralité de la méthode graphique.*

cision remarquable; il a créé une foule d'appareils d'un usage incessant; ce ne sont pas des appareils, ce sont des outils. Son intelligence était très pénétrante; l'imagination créatrice, l'originalité, la précision, la finesse, l'ingéniosité étaient ses qualités maîtresses. Son défaut était dans la synthèse; il était un peu spécialiste. Voici ce que son écriture inspire à Mme Ungern-Steinberg :

« Intelligence courante, très vive et rehaussée par la finesse d'esprit. La réflexion et l'exactitude laissent à désirer. Voilà des considérations qui infirment son jugement à fleur de peau, ni très fouillé, ni très pondéré. Ses conclusions sont

donc parfois sujettes à caution. On peut le dire, un esprit ré-
ceptif, qui réalise avec facilité les conceptions d'autrui. Peu
d'originalité ». Ce portrait est un peu moins dur que le précédent, mais que d'erreurs ! Ce physiologiste, : à coup sûr,
n'est pas une « intelligence courante ».

M.Crépieux Jamin est un peu moins injuste : « Intelligence
vive et très cultivée, mais pas assez nette et précise. Par contre, subtile, 40. » 40, c'est la plus belle cote de l'intelligence
moyenne. Certainement, Marey valait mieux !

Je cite encore trois portraits de Mme Ungern-Steinberg.

BERTRAND (le grand mathématicien).

« Une intelligence sur le retour, cultivée, assez souple et

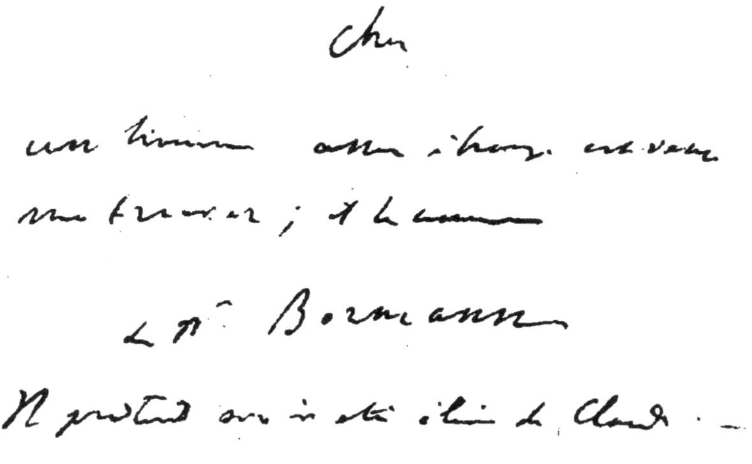

Fig. 44. — *Bertrand, le grand mathématicien auquel on doit de
si claires études sur le calcul des probabilités.*

réfléchie, dépourvue de grande finesse et d'une vision bien
nette des choses. »

DUMAS (le grand chimiste français).

« Intelligence moyenne d'un esprit routinier, avec des
facultés d'arrivage considérables, par l'aptitude au travail
exact et consciencieux : horizon borné à sa spécialité, aussi
ignore-t-il tout ce qui n'est pas dans sa vitrine. »

KÖLLICKER (le grand naturaliste allemand)

« Esprit médiocre, peu clair, crédule et méfiant, découragé et fourbe. Par une ruse cousue de fil blanc, il s'évertue à compenser l'absence de jugement et de perspicacité. »

BROWN-SEQUARD (le grand physiologiste français)

« Une intelligence au-dessous de la moyenne, dépourvue de clarté et de modération. Impressionnable et imaginatif à un point tel que cela porte préjudice au jugement. Originellement l'intelligence est plus vive que cultivée. Somme toute, esprit brouillon. »

J'aime mieux l'opinion de Crépieux-Jamin : « Esprit vif, subtil, très perspicace, imagination vibrante et délicate. Cote 45. »

Je termine par le portrait de Renan.

ERNEST RENAN

Ce grand homme (fig. 45) n'a pas eu de chance avec les graphologues. On me l'a massacré.

De Mme Ungern-Steinberg : « Intelligence originellement médiocre et peu cultivée. De réflexion, peu. En revanche, la crédulité et le bavardage s'accentuent. En partie le bavardage pourrait être mis sur le compte d'une sénilité débutante. »

Cette dernière erreur est véritablement énorme ; elle a été commise en étudiant une lettre de Renan qui contenait, en termes aimables, la réitération d'une invitation à dîner, et la demande d'une réponse. M. Crépieux-Jamin, en général mieux avisé, écrit sur Renan : « Esprit clair, délicat et fin, mais n'atteignant pas au talent. Cote 38. » Evidemment, l'erreur est moins lourde. Mais il y a tout de même erreur ; et il est inadmissible qu'on refuse le talent à l'auteur de la *Vie de Jésus*, alors même qu'on lui accorderait de la délicatesse et de la finesse. Nous discuterons cela tout au long au chapitre suivant. D'ailleurs, prévoyant d'avance les objections qu'on pourrait me faire, j'ai pris mes précautions. J'ai demandé à M. Crépieux-Jamin qu'il eût l'obligeance de coter l'intelligence de quelques personnages célèbres que je lui indiquais. — et je me gardais bien d'ajouter que quelques-uns de ces personnages sont auteurs des écritures que je lui avais soumises. M. Crépieux-Jamin, se rendant à mon désir, m'envoya une trentaine de cotes : celle de Renan est 53. La

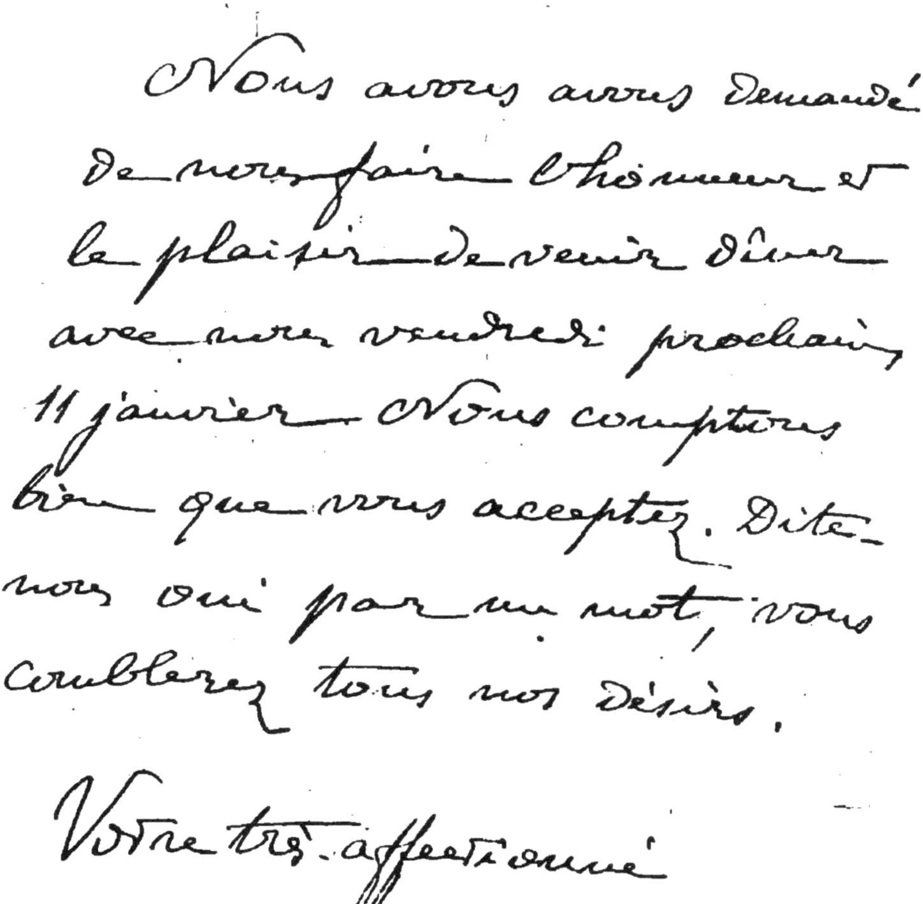

Nous avons avons demandé
de nous faire l'honneur et
le plaisir de venir dîner
avec nous vendredi prochain
11 janvier. Nous comptons
bien que vous acceptez. Dites-
nous oui par un mot, vous
comblerez tous nos désirs.

Votre très affectionné

Fig. 45. — *Cette invitation à diner, écrite par Ernest Renan, a été l'occasion de bien des erreurs des graphologues. Le petit lapsus de la première ligne (avons avons) les a presque complètement fourvoyés.*

différence entre 53 et 38 est tout à fait éloquente : et ici, c'est lui-même qui mesure son erreur.

Il serait injuste de laisser le lecteur sur cette impression, car la faute commise sur cette écriture de Renan constitue la plus grosse erreur de Crépieux-Jamin. Pour d'autres personnalités il a trouvé une cote de l'écriture qui a ressemblé étonnamment à sa cote de la personne. Ainsi, citons : pour Jules Lemaître ; cote de l'écriture 44, cote de la personne 45 ; pour Taine, 48 et 49 ; pour Claude Bernard, 53 et 52. Remarquons bien que l'expert a coté l'écriture sans en connaître l'auteur, et a ensuite, plusieurs mois après, coté la personne sans savoir qu'il en avait étudié l'écriture.

Continuant la série des erreurs éclatantes, j'en viens à M. Eloy qui a eu l'occasion de s'expliquer deux fois sur le cas de Renan.

La première fois, étudiant le document publié ci-dessus, il écrit cette simple phrase : « Intelligence d'une bonne moyenne ; quelque défaut de réflexion, mais très active. Quel bon cœur ! Cote 36. » C'est toujours la même dépréciation.

La seconde fois, ayant à examiner une autre lettre de Renan, (publiée par nous à la page 130) M. Eloy expose longuement sa manière de voir, avec une minutie à laquelle je rends hommage. Voici :

N° 18 (un seul document). — Activité médiocre. (D'après ce document, l'activité n'apparaît que médiocre ; mais cette lettre est une lettre officielle et il peut se faire qu'il y ait de ce motif une certaine inhibition.) — Ecriture un peu lente par soin de lisibilité. — Ecriture montante qui fait penser par l'ardeur qu'elle indique que l'activité réelle est supérieure à ce qu'elle apparaît ici. — Sensibilité bonne (inégalité de dimensions ; mots gladiolés). — Simplicité bonne. (Ecriture bien naturelle et sans autre recherche que la lisibilité). — Modération grande. (Quoique les lignes montent sensiblement, l'écriture est assez sobre ; on sent qu'il se retient de peur de griffonner.) — Distinction faible. (Si la disposition et l'ordre sont bons, les formes sont bien peu gracieuses : les deux ff de « officier » sont trop longues ; de même pour les z en fin de mots et ces lettres sont peu gracieuses ainsi que presque toutes d'ailleurs. — Imagination faible (Peu de mouvements aisés ; si quelques hampes ont des boucles développées, c'est au-dessous de la ligne et ce n'est guère un signe d'imagination). — Réflexion très bonne. (Ponctuation exacte ; majuscules à leur place). — Clarté d'esprit suffisante. (Ecriture bien lisible ; espacements corrects). — Culture faible mais bien visible pourtant. (Peu de simplifications et cependant des majuscules assez esthétiques : les A et les C entre autres).

Soit intelligence d'une bonne moyenne, pondérée et réfléchie.

Les deux examens ont été faits à plusieurs mois d'intervalle. On voit que l'expert a été d'accord avec lui-même. Quel dommage que cet accord résulte d'une erreur ! C'est le cas de lui appliquer, en la modifiant un peu, une pensée de ce Renan qu'il a mal compris : « S'il avait changé d'opinion, il aurait eu plus de chance d'être une fois au moins dans la vérité. »

MM. Humbert et Paulhan ont eu à comparer l'écriture de Renan à celle d'un avoué de province. Ils se sont bien tirés de la difficulté, puisqu'ils ont accordé leur préférence à qui la méritait. Mais je ne crois pas qu'il aient découvert la génialité de Renan dans son écriture. « Le nº 18 (Renan), écrit M. Humbert, est original, simple, clair, actif et réfléchi. Il est supérieur au 18 *bis* (l'avoué)... » Et M. Paulhan, après avoir coté Renan 41, ce qui est bien peu, ajoute : « Le 18 (Renan) est une écriture très distinguée, un peu tatillonne et hésitante (l'hésitation peut être physiologique, plutôt que psychique, due à la vieillesse). Le 18 *bis* (l'avoué) a de la finesse... Je le mets bien au-dessous de l'autre. » C'est fort bien, mais incomplet.

La seule personne qui a découvert Renan dans son écriture est Mᵐᵉ Forichon ; après son examen, elle nous a envoyé ce petit morceau, qui ne manque pas d'éloquence :

Le nº 18. (Renan) Admirable intelligence, toute de lumière ! La sensibilité frémissante, l'activité ardente et soutenue, l'imagination, la réflexion, la pure simplicité, la culture profonde, quels dons harmonieux et quelle parure ! Le relief et la clarté du grand talent qui est fait de force et de perspicacité. Une merveille d'équilibre, sans parler de sa grâce infinie.

C'est admirable !

Malheureusement, quelques jours après, Mᵐᵉ Forichon, interrogée spécialement sur ce point, confessa avec une loyauté parfaite, qu'en écrivant le portrait ci-dessus, elle avait reconnu « la belle et charmante écriture de Renan ».

CHAPITRE XVI

Suggestibilité des graphologues.
Les pièges que je leur ai tendus.

Jusqu'à quel point les graphologues sont-ils certains des diagnostics qu'ils ont portés? Il m'a semblé que la mesure, même approximative, de leur certitude, pouvait être intéressante pour notre étude.

Voici à peu près la question que je me suis posée : est-ce que les graphologues se contentent d'un petit jeu de devinette? Est-ce qu'ils se décident d'après des impressions subjectives si hasardeuses que la moindre contradiction leur fera abandonner leur opinion première? Ou bien ont-ils assez de confiance dans leurs procédés pour résister aux critiques, et même à l'affirmation qu'ils sont dans l'erreur?

J'ai choisi quatre de mes meilleurs collaborateurs : MM. Crépieux-Jamin, deux autres que je ne nommerai pas, pour des raisons qu'on comprendra tout à l'heure, et M. Paulhan; je leur ai écrit à tous la même lettre de mensonges; je leur déclarais que pour tels et tels couples d'écritures qu'ils avaient étudiés, ils s'étaient complètement fourvoyés; et j'ajoutais qu'ils seraient bien aimables de rechercher par un nouvel examen des documents, à qui la faute était imputable, à eux ou à la graphologie.

Parmi ces documents, il y en avait deux qui avaient réellement occasionné des erreurs; les deux autres avaient été interprétés exactement.

Les réponses ont été bien curieuses.

M. Crépieux-Jamin ne fait aucune difficulté pour reconnaître les deux erreurs vraies, mais il plaide les circonstances atténuantes avec sa finesse habituelle. Il avait préféré par erreur l'écriture 1 à l'écriture 1 *bis*. La première provient d'un appariteur, qui certainement n'est point un sot, mais enfin, il a l'état mental de sa condition. La seconde est celle de notre collègue M. Bergson, l'éminent professeur au Collège

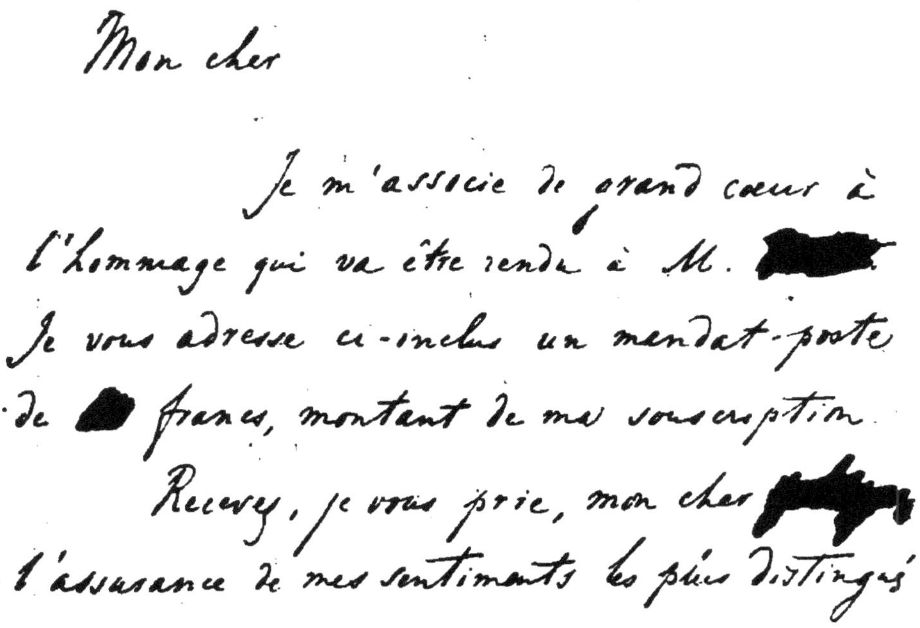

Fig. 46. — *M. Bergson, le profond philosophe, l'auteur de « Matière de Mémoire ». Il est calomnié par son écriture, que les graphologues ont jugée défavorablement.*

de France. Plusieurs ont préféré l'employé au professeur : et M. Crépieux-Jamin, versant dans l'erreur commune, écrivait la première fois :

1. (M. Bergson) [1]. — Esprit clair, net, pénétrant et cultivé, mais pas très actif. Intelligence : 38. — 1 *bis* (l'employé). Intelligence très vive et cultivée, avec des qualités harmonieuses, une grande sensibilité intellectuelle, de l'enthousiasme et de l'activité. La précision, la netteté sont ici au second plan. Intelligence : 45.

1. Toutes les indications entre parenthèse sont de moi. Il est évident par exemple que M. Crépieux-Jamin ne connaissait pas les noms des auteurs des écritures. Je les mets ici pour que le lecteur puisse mieux juger les appréciations de l'expert.

　　Ce dernier portrait contient des erreurs certaines. Je reconnais au modèle de la bonne humeur, et un certain sens pratique; tout le reste est faux. Au reçu de cette lettre, j'écris à M. Crépieux-Jamin et, je me borne à lui affirmer que le 1 est tout à fait supérieur au 1 *bis*. Aussitôt, il me répond :

　　Vous me signalez que l'écriture 1 *bis* (l'employé) est inférieure à 1 (M. Bergson) contrairement à mon avis. J'avais jugé ainsi lors d'un premier examen, c'est le seul couple au sujet duquel j'ai changé d'opinion à plusieurs reprises. J'ai fini par coter 38 le n° 1, et 45 le 1 *bis*, parce que

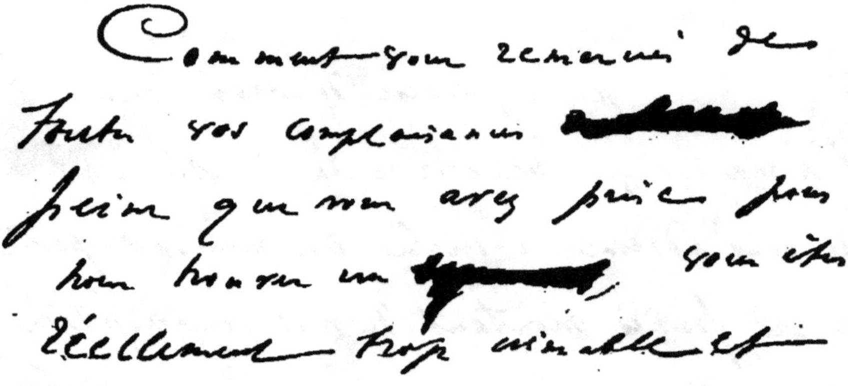

Fig. 47. — *Un appariteur de Faculté a écrit ces quelques mots, qu'on devait comparer à l'écriture de M. Bergson, l'éminent philosophe. Par une singulière erreur, plusieurs graphologues ont accordé la palme de l'intelligence à l'appariteur.*

l'activité du premier m'apparaissait moindre que celle du second. Mais celle du second est plus qualitative.

　　Cependant, vous pouvez voir par mes indications psychologiques que j'appréciais les individualités comme il fallait, si bien que tout en convenant de l'erreur de préférence, vous pouvez observer ce fait curieux qu'il n'y a pas de fautes dans mes appréciations motivées.

　　Vraiment, le 1 a bien plus de tenue, et doit être préféré au 1 *bis*. La faute m'incombe.

　　Donc, voici une écriture *un peu calligraphiée* qui provient d'un esprit éminent. C'est intéressant à noter, car d'ordinaire les graphologues jugent défavorablement la calligraphie.

　　C'est avec la même franchise que M. Crépieux-Jamin reconnaît la seconde erreur que je lui signale. Il s'agit d'une comparaison entre deux écritures de femme; l'une (le 30) est une nature charmante de tendresse, un peu nerveuse (fig. 49); l'autre est Mme Ackermann, le poète (fig. 48); je l'ai connue, et j'ai apprécié toute sa puissance intellec-

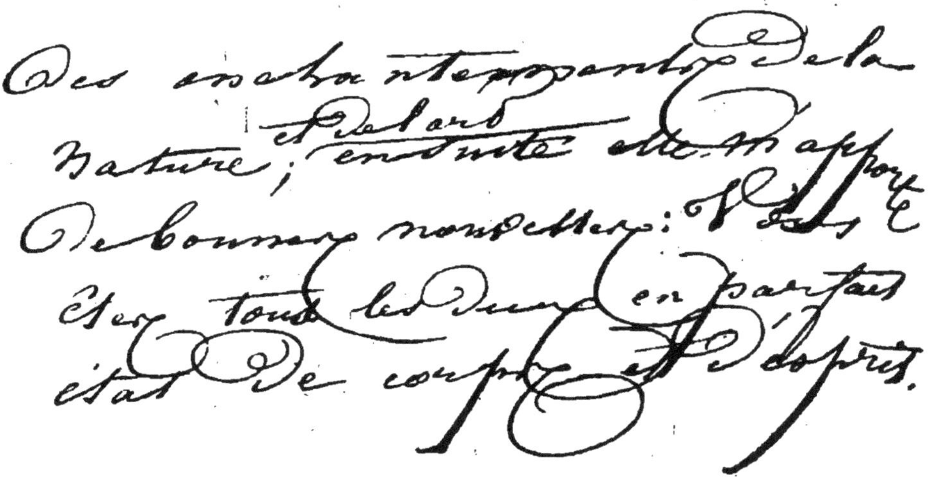
des créations si troublantes de la Nature; et d'abord, ensuite elle m'apporte de bonnes nouvelles: Vous êtes tous les deux en parfait état de corps et d'esprit.

Fig. 48. — *Fin d'une lettre écrite par Madame Ackermann, la célèbre poète-philosophe. Ce spécimen d'écriture a causé de très graves erreurs des graphologues, qui n'ont pas discerné l'intelligence vraiment supérieure de Madame Ackermann.*

tuelle. M. Crépieux-Jamin avait accordé la palme au 30. Voici ce qu'il écrivait au premier examen :

30 *bis* (Mme Ackermann). — Intelligence médiocre, prétention et complaisance en soi excessives, 25.

30 (la femme du monde). — Intelligence vive, organisation intéressante,

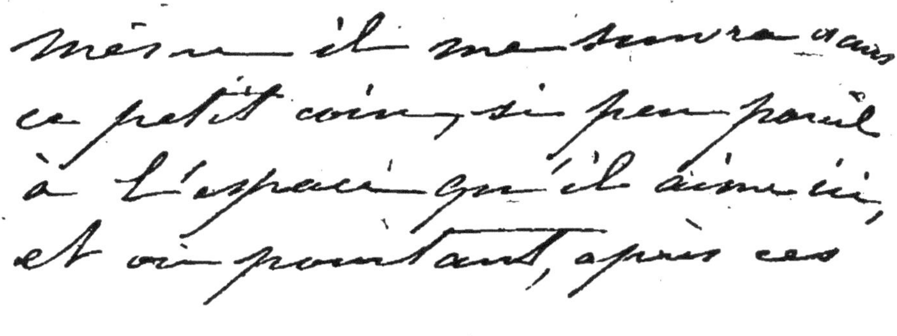
même il me trouvera dans ce petit coin, si peu pareil à l'espace qu'il aime, et où pourtant, après ces

Fig. 49. — *Une gentille intelligence de femme du monde, pleine de tendresse et de charme.*

et qui était foncièrement perfectible, mais mauvaise éducation intellectuelle, 36.

J'ignore si la femme du n° 30 était perfectible et je ne devine pas en quoi elle a reçu une mauvaise éducation intellectuelle ; mais il m'a semblé que la cote 36 lui convient à peu près. La cote 25, appliquée à Mme Ackermann, est une grosse erreur. Mme Ackermann avait peut-être, comme bien des poètes, de la « complaisance en soi », mais elle n'était point prétentieuse, et surtout l'expression d'intelligence médiocre ne lui convient nullement.

A ma demande, M. Crépieux-Jamin justifie son jugement par des indications graphologiques supplémentaires, qu'on lira avec intérêt, après ce que j'ai dit des personnalités en cause.

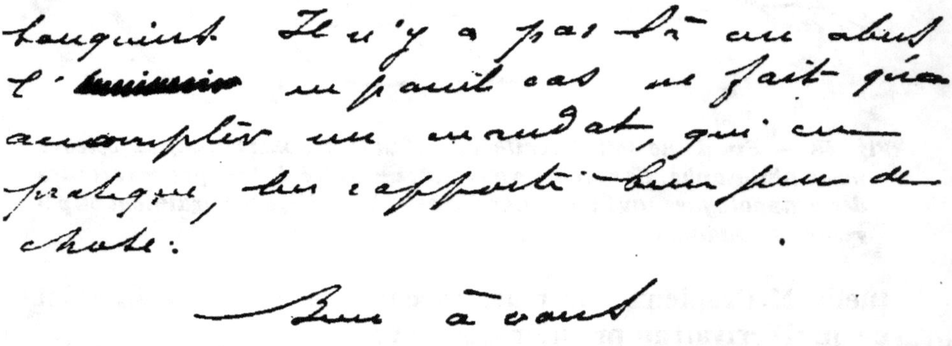

Fig. 50. — *Écriture qu'on devait comparer à celle d'Ernest Renan.*

30 bis (Mme Ackermann). — L'écriture contient des inégalité choquantes, principalement au sujet de la forme et de l'intensité du tracé. C'est un indice de sensibilité troublée. Les lignes s'enchevêtrent, signe d'esprit mal ordonné. L'enroulement des *d* marque une prétention peu commune. L'écriture est plutôt lente, quoique à grands mouvements, ce qui indique une imagination vive, avec une activité générale médiocre. Tout cela avec quelques signes de culture marque en plein la médiocrité.

30. (La Femme du monde.) — L'écriture est rapide (activité) et plus claire (clarté) que nette (culture, précision, sûreté), ce qui veut dire une intelligence vive mais insuffisamment cultivée. Elle a des inégalités qui ne sont pas choquantes et qui disent la sensibilité intellectuelle. Par exemple, les mots finissant en pointe sont une marque de finesse. L'écriture montante (activité), dextrogyre (nature expressive), simple (simplicité), claire (clarté), disent le bon vouloir, le naturel, le perfectibilité.

Après cet envoi, j'ai signalé à M. Crépieux-Jamin son erreur, sans lui nommer le poète qu'il avait si mal traité. Il reconnaît sa faute et voici comment il se disculpe.

J'avais trois documents pour apprécier le 30 *bis*; ils sont tous trois d'allure différente; un seul manifeste de l'activité. Comment contrôler les documents pour savoir quel était le meilleur? Ils sont trop courts!

Ici, je ne me reconnais pas en faute; mais la graphologie et la documentation. Il faudra étudier avec soin cette écriture, sur des documents éten-

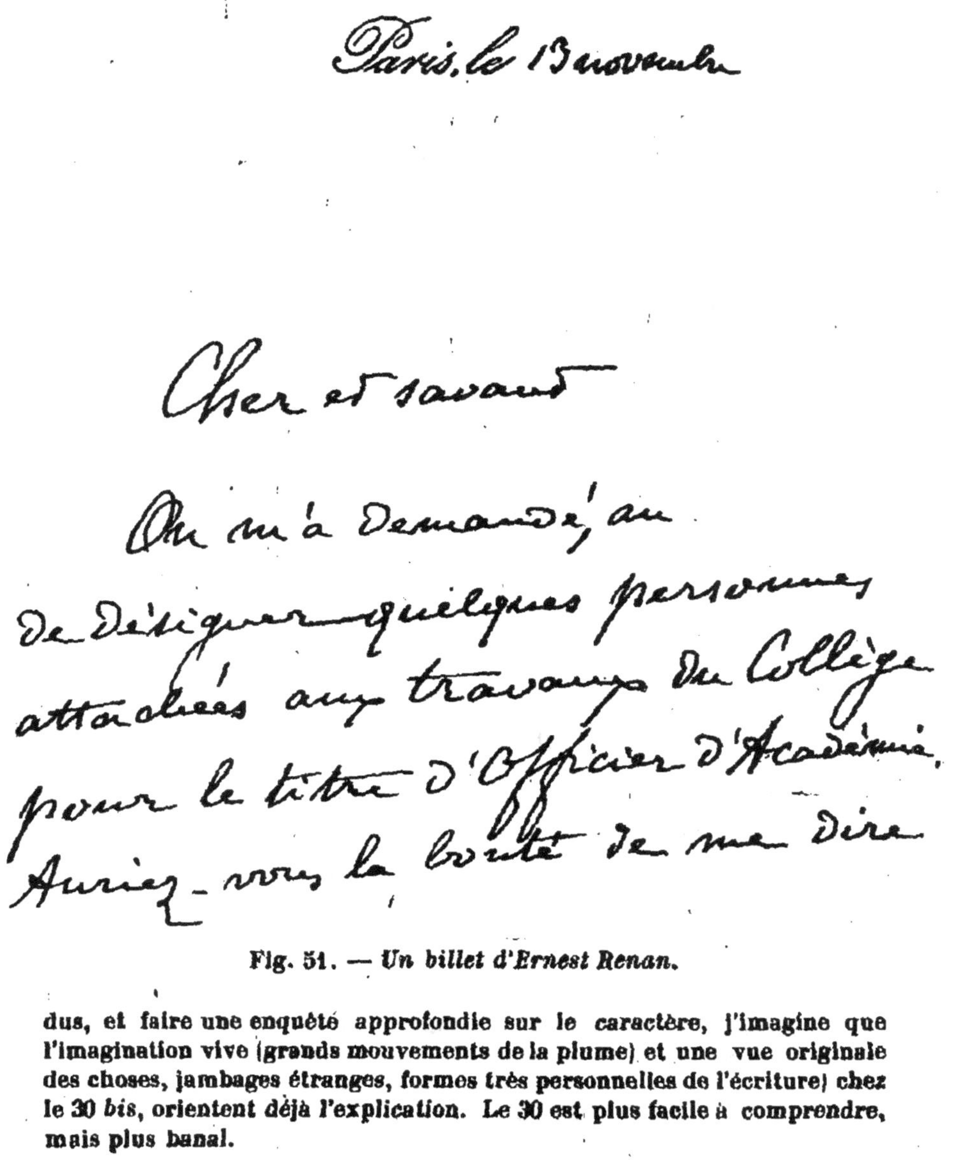

Paris, le 13 novembre

Cher et savant

On m'a demandé, au
de désigner quelques personnes
attachées aux travaux du Collège
pour le titre d'Officier d'Académie.
Auriez-vous la bonté de me dire

Fig. 51. — *Un billet d'Ernest Renan.*

dus, et faire une enquête approfondie sur le caractère, j'imagine que l'imagination vive (grands mouvements de la plume) et une vue originale des choses, jambages étranges, formes très personnelles de l'écriture) chez le 30 *bis*, orientent déjà l'explication. Le 30 est plus facile à comprendre, mais plus banal.

L'essentiel est que M. Crépieux-Jamin reconnait son erreur; et j'ajoute que l'erreur est certaine. Madame Ackermann n'était certainement pas une médiocre d'intelligence.

Pour les deux documents suivants j'affirme faussement à M. Crépieux-Jamin qu'il s'est trompé. Il proteste avec vivacité et courage, sans se douter — au moins en apparence — du piège tendu. Cette résistance fait le plus grand honneur à sa sagacité.

Dans le premier cas, je l'entreprends sur l'écriture de

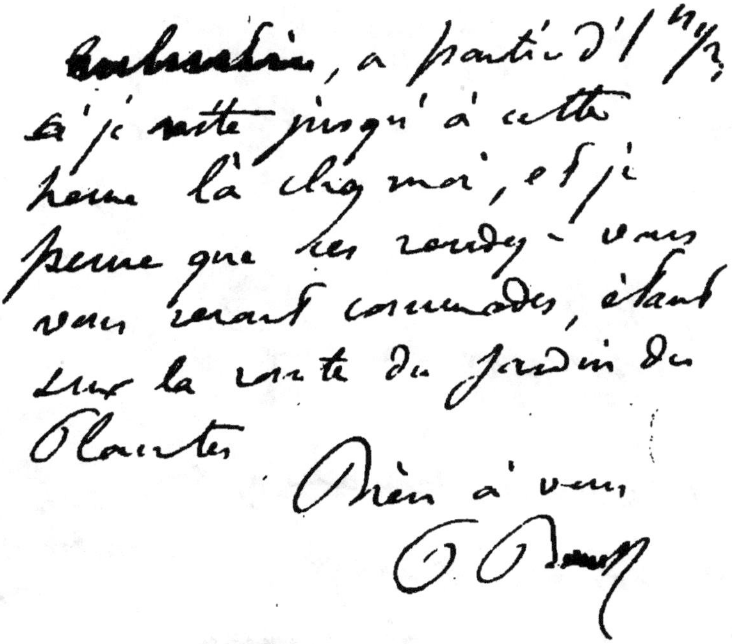

Fig. 52. — *Écriture de Paul Bert, à propos de laquelle j'ai tendu un piège aux graphologues.*

Renan (fig. 51) que je lui ai fait comparer à celle d'un avoué de province (fig. 50).

La première fois que je lui envoie les deux documents, M. Crépieux-Jamin accorde la bonne place à Renan. Bien qu'il soit dans le vrai, je le contredis; il me répond ceci :

Ici je cherche en vain une explication. Vous avez dû confondre avec une autre série. Voyez cela; il me semble impossible que 18 (c'est Renan), ne soit pas supérieur, très nettement, à 18 *bis*. Il y a une grande différence. Bien mieux, à la lumière de ce nouvel examen, je serais porté à augmenter la différence, c'est-à-dire à hausser 18 et à baisser 18 *bis*, chacun de trois points. Par conséquent, soyez assez aimable pour rectifier mes chiffres dans ce sens.

On ne résiste pas mieux à une suggestion.

J'ai échoué aussi piteusement quand j'ai essayé de faire commettre à M. Crépieux-Jamin une erreur dans la comparaison de l'écriture de Paul Bert avec celle d'un fonctionnaire de grande administration. Ce dernier n'est pas dépourvu d'habileté pratique, mais ce n'est pas Paul Bert! A son premier examen, M. Crépieux-Jamin ne s'y était pas trompé. Il disait

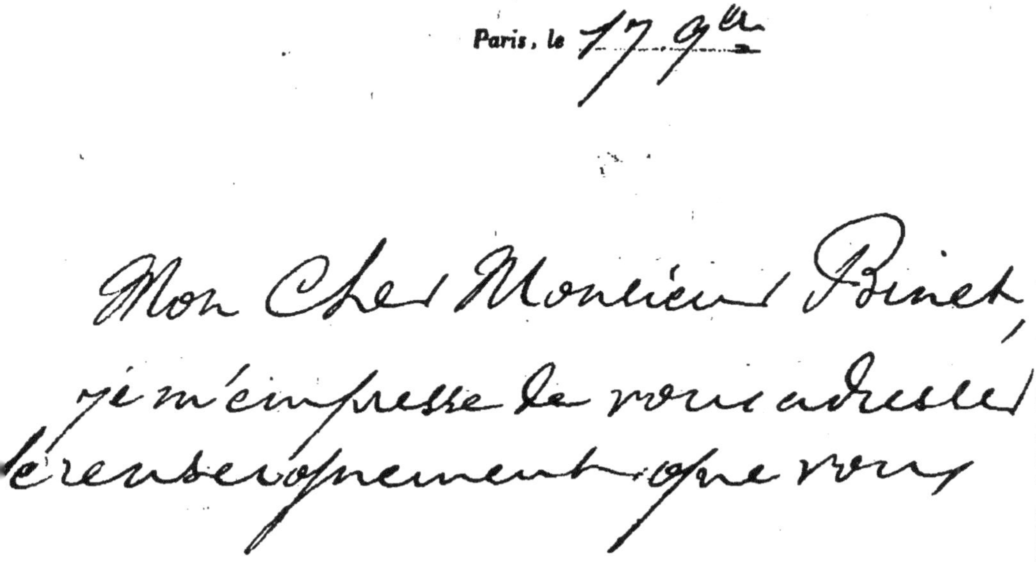

Paris, le 17 9ᵇʳᵉ

Fig. 53. — *Écriture de fonctionnaire, à comparer à celle de Paul Bert.*

du fonctionnaire : « Intelligence développée, mais point de talent, 35 »; et de Paul Bert : « Intelligence très vive, délicate, souple, fine : 42. » Je crois bien que ces cotes atténuent la différence des deux hommes; mais en tout cas elles en donnent le sens.

J'écris à M. Crépieux-Jamin que le 1 (le fonctionnaire) est supérieur à 1 *bis* (Paul Bert). Sa réponse est bien amusante de tranquille certitude :

C'est certain que vous avez dû confondre des séries : Entre 1 *bis* et 1, il y a une différence comme entre un homme d'affaire intelligent, et un savant à l'intelligence très exercée. L'erreur me chagrinerait bien plus que pour 30 et 30 *bis* (Mᵐᵉ Ackermann et une autre dame, voir plus haut), car je la vois bien plus difficile à expliquer.

Je crois avoir bien dit pour 1 (le fonctionnaire) en le cotant 35. Pour 1 *bis* (Paul Bert) je mettrais volontiers 5 points de plus. Nous ne sommes donc pas du tout d'accord, et il faudra étudier ces écritures sur des documents variés. **En attendant marquez 1 *bis* avec 47. Il est fin, délicat, souple et compréhensif à un haut degré.**

C'est parfait. Ces quatre réponses nous font bien augurer de la graphologie. Pour qu'un expert que l'on vient de contredire maintienne son opinion première avec une telle fermeté, il faut bien que son diagnostic ne soit pas une affaire d'impression capricieuse ; il faut que l'examen des écritures lui ait donné le sentiment de la certitude.

M. Paulhan, que j'ai soumis à la même épreuve, s'en est tiré à peu près d'une manière aussi heureuse.

M. Paulhan est, comme graphologue, un esprit très fin, très subtil, mais il commet beaucoup plus d'erreurs que d'autres confrères plus lourds. Il est donc curieux de voir que la finesse d'esprit n'est pas nécessairement proportionnée avec les qualités d'exactitude. Remarquons cependant que M. Paulhan n'est qu'un amateur, en graphologie, ce qui explique ses erreurs.

En ce qui concerne la suggestion, M. Paulhan a une tendance à résister toujours ; pour les deux cas où il avait absolument raison, il résiste même énergiquement. Je citerai par exemple ce qu'il dit des deux écritures de Paul Bert et du fonctionnaire d'administration.

Averti par moi qu'il a commis une erreur sur ces écritures (ce qui était inexact), il répond :

Au point de vue qualificatif, mes premiers résultats me semblent justes. Pour les cotes, j'avais exprimé la crainte de coter un peu bas pour le 1 (l'employé). Peut-être pourrait-on, au lieu de 36 lui donner 39. C'est douteux, et je ne pourrais pas dépasser ce chiffre.

D'autre part, je ne vois rien à changer à ce que j'ai dit du 1 *bis* (Paul Bert). Je trouve toujours un certain nombre de caractères par lesquels le 1 *bis* me paraît l'emporter sur le 1. Il a une allure générale plus libre et plus aisée. Les simplifications y sont plus heureuses, bien qu'il y en ait quelques-unes de jolies dans le 1. (Je passe sur une longue discussion graphologique et je transcris la conclusion :)

Et malgré tout, dans le cas présent, je donnerai encore le premier rang à l'écriture 1 *bis* (Paul Bert). Elle montre peut-être plus de supériorité acquise que de supériorité naturelle et foncière (en tant qu'on peut distinguer ces deux choses qui ne sont pas absolument séparables) mais elle me paraît montrer à la fois l'une et l'autre.

Bref, M. Paulhan a eu raison de ne pas changer d'avis.

De même, pour la comparaison entre l'écriture de 18 (Renan) et 18 *bis* (un avoué), il avait vu juste la première fois; et il ne renonce pas à son appréciation première :

Ma première analyse qualitative me paraît encore exacte.

Au point de vue quantitatif aussi je ne puis que persister dans ma première opinion. Comme netteté, comme relief, comme simplicité élégante des formes le 18 me paraît bien supérieur.

Je maintiendrai donc mon jugement sur le rang respectif des deux écritures.

Même une nouvelle raison me porterait à augmenter la distance qui les sépare. En examinant encore le 18 (Renan) une hypothèse sur le nom de l'auteur m'est venue à l'esprit. Je ne l'avais pas encore faite, elle m'est arrivée après que ma conviction était formée, et probablement parce qu'elle était déjà formée, mais elle rend mon erreur plus invraisemblable encore. Le contenu de la lettre m'avait plutôt mal disposé pour son auteur, et j'avais réagi contre cette impression pour constater une supériorité qui me paraissait s'imposer. Maintenant, je comprends mieux le contenu, le ton, etc. Si j'y avais réfléchi, j'aurais probablement eu la même idée à mon premier examen, mais si je ne repoussais pas les suggestions qui m'arrivaient du texte même, je ne cherchais pas à les faire naître, et me rapportais surtout à l'examen graphologique. J'ajouterai que j'avais vu autrefois des reproductions de l'écriture de la personne en question, que non seulement je ne l'avais pas reconnue, mais que je ne la reconnais pas encore très bien en la comparant avec mon souvenir, probablement par ce que c'était une écriture plus jeune que j'avais vue jadis. Les lettres qui restent de la signature me rappellent davantage *maintenant* la signature que je crois avoir vue il y a assez longtemps, mais je n'ai pas fait de nouvelles recherches pour comparer.

J'ai tenu à reproduire ce long passage; il est un bon échantillon de la manière minutieuse de M. Paulhan.

Pour les deux autres cas, où cet auteur s'était réellement trompé, il accueille mon *erratum* avec un peu moins d'intransigeance. L'un de ces cas est relatif à cette comparaison entre M. Bergson et un employé que nous avons déjà signalée plus haut, M. Paulhan avait commis l'erreur si commune de préférer l'employé. Il ne s'est rendu qu'à demi à mes observations.

Au point de vue qualitatif, m'écrit-il, mon opinion est toujours la même. En ce qui concerne la supériorité relative, il se peut bien que l'on trouve le 31 *bis* (M. Bergson) supérieur. Je n'ai pas mis une grande différence entre les deux — 39 et 35; peut-être pourrait-on mettre le 31 à 36 et hausser le 31 *bis* à 37 ou 38? Je ne crois pas à une grande différence au point de vue de la supériorité d'ensemble entre les deux esprits dont les qualités sont très diverses.

Le 31 (l'employé) a quelques formes assez inharmoniques ou peu distinguées ; l'écriture est un peu pâteuse [1] mais le 31 *bis* (M. Bergson) a l'air artificiel, voulu, recherché — surtout sur la carte, avec dans la lettre une tendance aux finales senestrogyres qui n'est pas très bonne. Il y a des jolies formes de lettres — voir le mot *croyez* vers la fin de la lettre — de la netteté et de la finesse, et du soin, et par là il l'emporterait sur l'autre, il est plus « distingué », mais s'il l'emporte par l'ensemble, ce n'est pas, je pense, de beaucoup.

C'est avec bien de la peine que M. Paulhan revient sur son premier jugement, qui, du reste, est complètement faux, comme on peut le voir en se reportant à ce que j'ai dit plus haut des personnalités à comparer ici.

Dans un autre cas encore, où il s'agissait de comparer un médecin médiocre à un physiologiste éminent et où M. Paulhan avait commis une erreur dans son premier examen, il a bien voulu admettre qu'il s'est trompé ; mais il le fait avec beaucoup de réserves et de difficultés.

En somme, pour nous résumer, M. Paulhan se comporte vis-à-vis de mes suggestions avec moins de souplesse intelligente que M. Crépieux-Jamin. C'est à peine s'il accepte mieux les suggestions justes que les fausses.

Les deux autres graphologues qui ont subi, sans le savoir, la même épreuve, sont parmi les meilleurs. Tous deux ont montré une grande sagacité dans l'examen de mes écritures. Je ne les nommerai pas ici, parce que tous deux ont mis le pied dans le piège que je leur tendais, et ce serait désobligeant d'imprimer leur nom. Si, malgré mon désir de leur conserver l'anonymat, ils se reconnaissaient, je leur demande pardon pour l'incorrection de mon procédé ; j'ai été incorrect, cela va sans dire, au point de vue strictement mondain. Mais je ne crois pas avoir dé, assé mes droits d'expérimentateur, et je les crois assez philosophes pour le comprendre.

L'un de ces deux experts a reçu de moi la suggestion écrite qu'il avait fait erreur pour quatre comparaisons ; en réalité, il s'était trompé dans deux cas seulement ; pour les deux autres cas, il avait vu juste. Je lui demandai par la même lettre quel était le coupable, lui ou la graphologie. J'ajoutai même : maintenant que vous êtes édifié, vous est-il possible

---

1. Ces appréciations sont faites sur un autre document graphique que celui que j'ai publié plus haut.

d'expliquer graphologiquement la supériorité de X sur Z?

Trop docile à mon désir, et ignorant mes habitudes de tendre des pièges, le graphologue en question n'a pas hésité, les quatre fois, à changer son fusil d'épaule, et il a recommencé son travail graphologique en adoptant une conclusion inverse de la première.

Je citerai un seul exemple.

Ce graphologue avait eu à comparer l'écriture d'un auteur dramatique connu, M. André de Lorde, avec celle d'un petit magistrat de province, personnage d'intelligence absolument moyenne. (Voir les deux écritures, fig. 36, fig. 20). A son premier examen, il vit juste :

Le n° 35 (le petit magistrat) est d'originalité normale. Peu de goût, peu de simplicité. Intelligence.

Le n° 35 bis (M. André de Lorde) a une originalité développée, et possède des qualités mélioratives (la précision et la condensation). Les qualités essentielles sont bien marquées. Classe du talent. Pour le moins.

Cette solution est absolument exacte. Mais impressionné par ma suggestion, d'après laquelle je lui affirme que le 35 (le petit magistrat) est supérieur au 35 bis, mon graphologue consent, sur ma demande expresse, à justifier graphologiquement ce nouveau choix.

Pourquoi le n° 35 est-il supérieur au 35 bis?

A première vue, le n° 35 bis (de Lorde) paraît supérieur.

C'est que le 35 est très âgé (exact) ; sa main tremble et son écriture paraît lourde et sans grâce.

Le n° 35 bis a au contraire une écriture élégante, et qui paraît d'une grande clarté. Elle renferme aussi plus de signes d'originalité. Elle éveille enfin une idée de précision par sa clarté jointe à des signes diacritiques.

Les qualités essentielles se balancent dans les deux écritures. Cependant le n° 35 a des d à volute qui manquent un peu de simplicité.

On arrive cependant à conclure en faveur de ce dernier par un examen très approfondi du n° 35 bis.

Beaucoup de mots sont mangés par la plume ; il écrit rendz pour rendez, poir au lieu de pour, vois au lieu de vous, voulz pour voulez, etc. La précision et la clarté subissent donc ici une grave atteinte. Et comme il reste une apparence de précision, il faut conclure à la minutie, qui est un vice péjoratif. Enfin plusieurs t ne sont pas barrés, ce qui indique la faiblesse de volonté.

Au point de vue des facultés plastiques, le n° 35 est bien équilibré. Beaucoup de mots sont sectionnés, ce qui donne l'assimilation, le n° 35 bis offre au contraire dans son écriture un excès de liaisons, qui aboutit au sophisme. La graphologie permet donc de conclure en faveur du n° 35.

Le second graphologue qui a succombé à mes embûches est un des meilleurs experts que j'aie rencontrés. Il a les qualités d'un esprit pondéré, réfléchi, prudent. Je lui ai envoyé, entres autres couples d'écritures pour un nouvel examen d'écriture, le 1 (employé) et le 1 *bis* (Paul Bert), et ensuite le 18 (Renan) et le 18 *bis* (avoué de province), en lui affirmant par écrit qu'il s'était trompé. Il me répondit par une longue lettre, où il discute patiemment son erreur. Voici sa lettre :

Vous avez mille fois raison en ce qui concerne les couples 1 et 18 (série rouge) que vous m'invitez à revoir. Ma double erreur est tellement évidente qu'elle m'a, dès l'abord, sauté aux yeux. Je ne la commettrais pas à l'heure présente.

N° 1 (l'employé), fig. 53, *premier examen*. — Cette écriture m'avait impressionné défavorablement pour les motifs suivants :

1° Elle est impétueuse et mouvementée (contre-indication d'une imagination calme et d'un jugement pondéré).

2° Très sensitive (partant pas de sang-froid).

3° Longs jambages empiétant d'une ligne à l'autre (signe contraire à celui de la clarté d'esprit).

Revision

Les critiques primitivement énoncées contre ce document sont partiellement contestables.

Le diagnostic du jugement était incomplet.

L'impétuosité, qui est, en effet, fort grande ici, ne se produit point par à-coups ; elle est homogène et constante. Elle résulte, non d'une tendance impulsive, mais de la facilité, de la vivacité de conception, d'une activité peu ordinaire.

Le trouble de la pensée n'est qu'apparent, car les lettres sont distinctes et espacées ; en outre, la plume évite généralement le croisement des longues hampes plongeantes. Ajoutons que la régularité des formes et le soin permanent de la ponctuation sont en faveur de la précision. Si cette nature est très vive, on n'est donc pas fondé à dire qu'elle est irréfléchie.

Ce qu'on pourrait souhaiter à ce graphisme, si on l'attribuait à un savant, ce serait plus de pénétration et plus de condensation de la pensée : mais l'abondance qui s'y manifeste et l'enchaînement des idées peuvent seconder utilement le talent de la parole.

Enfin et surtout, beaucoup d'originalité, le relief du vouloir, une grande persévérance à poursuivre le but.

N° 1 *bis* (Paul Bert), fig. 52, *premier examen*. — Ce document est la contre-partie de son concurrent. La modération et la réflexion calme y sont les qualités dominantes. De là, les raisons de la préférence que je lui avais à tort attribuée.

Revision.

L'auteur de cette écriture étiolée manque d'originalité, de fermeté et de goût. Il doit, à plusieurs égards, céder le pas à celui du n° 1.

N° 18 (Renan). — Cette écriture de vieillard est remarquablement active, mais elle ne contient pas les caractéristiques d'un homme de talent. Elle est claire, pondérée et précise, mais dépourvue de goût et d'origina-lité.

N° 18 *bis* (avoué). — Celle-ci, au contraire, élégante, ferme, sobre et d'allure montante, révèle à la fois de l'originalité, un goût affiné, un esprit sagace, et tout un ensemble de qualités intellectuelles qui permettent d'af-firmer le talent de la personnalité qui l'a tracée.

Ces explications et justifications sont curieuses. Elles mon-trent que l'argumentation graphologique peut servir à appuyer des opinions diamétralement opposées. Mon Dieu, on trouve à chaque instant des exemples pareils dans la vie, et surtout dans la politique ; à l'aide de lieux communs, ou d'arguments vagues, on plaide tour à tour le pour et le le contre. La faute des deux graphologues n'est pas bien grande ; et il n'est que juste de remarquer que je ne les avais prévenus de rien ; s'ils avaient su que j'éprouverais leur sug-gestibilité, sans bien entendu savoir dans quel cas spécial je ferais l'épreuve, je suis bien certain qu'ils m'auraient résisté plus fortement.

Il y aurait bien des conclusions à tirer de l'expérience précédente. La principale, c'est qu'on voudrait que la justi-fication des diagnostics fût assez précise pour résister aux tentatives de suggestion. Il faudrait que la démonstration fût rigoureuse comme une opération d'arithmétique, et surtout contrôlable.

CHAPITRE XVII

Nécessité de mieux définir les signes graphologiques

Ceci nous amène à parler des signes graphologiques et, sur ma demande expresse, quatre graphologues, MM. Crépieux-Jamin, Humbert, Paulhan et Vié ont bien voulu faire un exposé complet du travail auquel ils se sont livrés sur dix couples d'écritures. Je les ai priés de se servir surtout du tableau de M. Vié ; je voulais introduire un peu d'uniformité dans leurs procédés.

Le nombre total des signes utilisés varie largement avec chaque expert ; il en est d'eux comme des peintres, dont les uns ont une palette simple et les autres une palette compliquée.

Peut-être aussi les différences que je signale tiennent-elles à une cause toute petite, à un détail de la procédure. Certains d'entre eux, comme M. Crépieux-Jamin, ont refusé énergiquement de se servir du tableau de M. Vié, et ne s'y réfèrent jamais ; M. Paulhan le consulte un peu, M. Vié, naturellement, le cite plusieurs fois. M. Humbert, seul, l'a pris constamment pour guide ; et je le sais, non parce qu'il me l'a dit, mais parce qu'il suit religieusement l'ordre du tableau dans ses citations.

Or, tandis que le nombre des signes employés par M. Crépieux-Jamin est au minimum, celui de M. Humbert est au maximum. Cela se comprend. Un tableau donne des idées, c'est un memento pour des signes qu'on aurait négligé d'invoquer sans ce secours.

Le nombre total de signes dont M. Crépieux-Jamin fait

état pour juger l'intelligence d'une écriture est à peine de 20 ; et encore, l'auteur est loin de les faire figurer dans le diagnostic de chaque écriture : il n'en utilise guère que 7 ou 8 par échantillon, ce qui est vraiment peu, toute critique mise à part. M. Paulhan est encore plus parcimonieux ; sa liste complète reste un peu au-dessous de 20, et pour chaque écriture il se borne à 5 ou 6 signes ; parfois il n'en mentionne pas plus de 4. M. Vié est en excès sur les précédents ; il va jusqu'à 11 ou 12 pour chaque écriture, et sa série complète est de 32. J'ai déjà remarqué qu'il ne s'est pas astreint à suivre l'ordre de son tableau, d'où je conclus qu'il le consulte après coup. M. Humbert est certainement le mieux documenté de tous ; chaque portrait s'accompagne d'une moyenne de 12 à 14 signes, et la collection complète s'élève à 38. J'avoue que je préfère le procédé de M. Humbert, il est plus clair, plus explicite, on voit mieux sur quels arguments il s'appuie. Je suppose que M. Crépieux-Jamin n'a rien à lui envier pour la richesse de la documentation, mais qu'il n'a pas cru nécessaire de noter tous les arguments graphologiques qui font sa conviction ; peut-être a-t-il choisi dans le nombre, retenu l'essentiel et répudié le reste ; peut-être a-t-il moins répudié que sous-entendu. En tout cas, il m'est impossible d'admettre que devant une chose aussi infiniment compliquée que trois lignes de pattes de mouches, son œil si exercé n'ait saisi que cinq ou six manifestations de l'intelligence.

Nous n'avons pas assisté à son travail de sélection et de synthèse, et je le regrette beaucoup. Peut-être serait-il extrêmement long à exposer. Mais, pour une fois, on aimerait à voir clair dans l'esprit d'un graphologue de sa puissance.

Je suis un peu étonné qu'on parle des signes comme de phénomènes absolus auxquels se poserait le dilemme d'Hamlet: être ou ne pas être. Il y a une autre alternative : être partiellement. Il faudrait introduire dans tous ces signes des degrés, pour traduire fidèlement la réalité. Ainsi, la clarté de l'écriture est l'objet d'une notation trop sommaire : écriture claire, nous dit-on ; mais que de nuances entre la clarté complète, la clarté moyenne, l'obscurité commençante, et l'indéchiffrabilité définitive ! Ne pourrait-on pas employer des coefficients qui feraient sentir les quantités ? D'autant plus que tout cela doit être important. M. Crépieux-Jamin dit tantôt : « claire, inégale » tantôt : « écriture très claire, très inégale ». Cette insistance doit avoir ses raisons, et le *très* ne me paraît pas être un simple ornement de style. D'autres fois, il dit « assez claire » ce qui paraît signifier une clarté faible.

La nature des signes dont on fait l'emploi pour la démonstration varie avec les habitudes de chacun.

On pourrait presque deviner l'auteur à la manière dont il documente sa conclusion, M. Crépieux-Jamin va de suite aux caractères généraux de l'écriture, la clarté, la netteté, le relief, la sobriété, la simplification, l'inégalité, la rapidité, le mouvement, l'originalité, la banalité, le flou, le lâché, l'absence de grands caractère. M. Paulhan imite l'exemple de M. Crépieux-Jamin, dont il est l'élève. M. Vié et M. Humbert pénètrent plus avant dans le détail, ils parlent davantage de la barre des *t*, de la position des points et des accents.

Question plus importante, quels sont les signes qui servent le plus souvent et le mieux à révéler des inégalités d'intelligence?

Cela ne se voit pas clairement à la lecture de chaque diagnostic, même motivé ; mais une étude synthétique, faite en dressant séparement la liste de tous les signes intellectuels des écritures moyennes et celle de tous les signes des écritures supérieures montre des différences constantes.

Je donne ci-après le tableau dressé, après un épluchage, des solutions de M. Crépieux-Jamin. On y verra que la clarté, la simplicité, l'inégalité de dimension et de direction, et même la simplification et la rapidité diffèrent très peu dans les deux catégories d'écritures ; ce sont des signes distinctifs médiocres ; au contraire, l'écriture floue, banale, lâchée, descendante caractérise bien l'intelligence moyenne, et de même le relief, le mouvement, la netteté, la sobriété se rencontrent plus fréquemment dans l'écriture supérieure; c'est la netteté qui paraît être le signe dominant. Quel dommage que malgré le nom qu'il porte ce signe soit si mal défini !

TABLEAU DES SIGNES UTILISÉS PAR M. CRÉPIEUX-JAMIN
DANS LA COMPARAISON DE 10 COUPLES D'ÉCRITURES :

	NOMBRE DE FOIS QUE LE SIGNE A ÉTÉ NOTÉ	
	Intelligence moyenne	Intelligence supérieure
Écriture floue	2	0
— banale.	2	0
— lâchée.	2	0
— descendante	1	0
— disgracieuse.	1	0
Inégalité de mauvaise nature.	2	0
Clarté.	6	6
Simplicité.	3	3
Inégalité.	6	7
Simplification	6	8
Rapidité	5	7
Ardeur	2	4
Relief	0	2
Mouvement	0	3
Netteté	1	6
Sobriété.	2	5

Après cette révélation que nous donne le tableau de signes de M. Crépieux-Jamin, relisons ses 20 diagnostics motivés, et nous remarquons sans peine que ses procédés se réduisent à deux, dont le premier est beaucoup plus fréquent que l'autre,

1º Le premier procédé consiste à tenir compte d'un caractère unique. Les autres caractères ne sont là que pour faire figure, ou parce que l'on veut indiquer qu'ils ne sont pas manquants. Ainsi, écriture claire, sobre, simple, simplifiée, irrégulière... cela se lit dans presque tous les portraits ; mais ce qui détermine le diagnostic, c'est un seul caractère, la netteté, l'originalité, ou la banalité, l'absence de caractère.

Ainsi pour une écriture, il écrit :

Écriture claire, simple, très simplifiée et modifiée, sobre, tour à tour hachée et liée, assez rapide et légèrement montante.

La conclusion à tirer serait excellente pour le scripteur, si l'auteur n'ajoutait pas : « Cette écriture n'a pas un grand relief. » Et cela suffit pour orienter dans le mauvais sens le jugement définitif.

C'est là, peut-on dire, le procédé du caractère dominateur. Il semble qu'avec un seul caractère M. Crépieux-Jamin fasse son diagnostic de supériorité, les autres caractères ne servant qu'à montrer l'absence de défauts saillants. C'est très élégant, mais un peu obscur, car ces caractères dominateurs ne me semblent pas résulter d'une constatation de fait, c'est plutôt une condensation de conclusions très compliquées.

2° Le second procédé consiste à tenir compte d'un accord ou d'une alliance rare de plusieurs qualités. Ainsi, pour l'écriture de Dumas fils, M. Crépieux-Jamin écrit :

Écriture claire, montante, rapide, sobre, très simple, nette, simplifiée et modifiée.

Et il conclut :

C'est une écriture très vivante, et en même temps sans grands mouvements, c'est-à-dire une très belle alliance entre la réflexion et l'imagination. L'ensemble vaut bien 48.

De même, pour l'écriture de Charcot :

10 bis. — Écriture très claire, très rapide, très simplifiée et modifiée, très nette, en relief, sobre, montante, très inégale de dimensions sans discordances.

Conclusion :

Cet ensemble de qualités est des plus élevés. L'accord qu'il y a entre elles est remarquable et place le scripteur dans la plus haute catégorie.

Le tableau composé d'après les solutions de M. Paulhan ne met rien en relief ; certains caractères paraissent un peu plus abondants dans l'écriture des supérieurs, rien de plus ; je cite quelques exemples de ces caractères, en les faisant suivre de deux chiffres, le premier indiquant le nombre de fois que le caractère se rencontre dans les écritures supérieures et le second dans les écritures inférieures. Simplicité, 2-1 ; simplification, 6-5 ; irrégularité, 6-4 ; relief, 2-2 ; originalité, 3-1 ; élégance, 2-2 ; sobriété, 4-3 ; netteté, 3-5. Remarquons qu'il attribue la netteté aussi souvent et même plus souvent aux écritures moyennes qu'aux supérieures. Il n'est pas d'accord sur ce point avec M. Crépieux-Jamin.

Quant au lien qui unit ses constatations graphiques et sa

conclusion, je le trouve un peu lâche. Nous avons vu déjà qu'il ne croit pas beaucoup à la valeur des signes. Je rappelle comment il a, page 91, analysé avec humour une de nos écritures, qu'il juge niaise (fig. 29), ce qui ne l'empêche pas d'affirmer qu'à l'aide de signes on pourrait trouver dans cette écriture la révélation d'une belle intelligence. Tout ce passage est à relire, il me paraît extrêmement suggestif. De même, et cas plus typique encore, étudiant une autre écriture dans laquelle il a trouvé beaucoup de signes intellectuels, il conclut d'une manière tout à fait inattendue à de l'intelligence moyenne. Voici sa glose :

Écriture sobre et naturelle, esprit sain, bon jugement,
—   irrégulière, impressionnabilité,
—   simplifiée, assez rapide, vivacité, culture,
Signature montante, quelques grands traits, petits traits vifs, entrain, vivacité.

On s'attend à une conclusion excellente ; et pas du tout...

L'aspect général de l'écriture ne me paraît pas indiquer un grand intellectuel.

Qu'est-ce que c'est que cet aspect général ?

Mystère! Il y a ainsi beaucoup de surprises dans les conclusions de M. Paulhan. Chez lui, l'analyste et le synthétiseur sont deux esprits indépendants. Je cite encore son analyse d'une écriture :

Écriture n° 10. (Celle d'un professeur, intelligent sans originalité).
5. Écriture nette, netteté, précision,
6.   —   à relief, relief de la pensée, distinction,
—   élégante, sens esthétique ou littéraire,
52.   —   ferme, fermeté, esprit formé,
15.   —   simplifiée, culture,
23 et 3. Écriture simple et sobre, simplicité, aisance, équilibre, jugement sain.
Tout cela indique une supériorité qui va jusqu'au talent, le défaut que j'y trouve c'est que l'intelligence est trop formée, trop arrêtée. On sent une personnalité qui a probablement développé toutes ses virtualités et qui ne progressera plus guère...

Je me demande à quels indices on peut lire cet arrêt de développement. C'est M. Paulhan, synthétiseur, qui nous l'affirme. Son analyse, trop discrète, ne nous en dit rien.

La liste de M. Vié nous réserve une surprise; elle paraît aussi bonne pour les écritures moyennes que pour les supérieures. Si la clarté (4-3), la sobriété (5-2), la netteté (3-1), l'écriture simplifiée (6-4), simple (3-2), harmonique sans calligraphie (5-2), les lettres disjointes (3-0), l'écriture montante (2-0), les grandes majuscules (2-0) sont plus fréquents dans l'écriture supérieure, en revanche, d'autres caractères graphiques excellents sont mieux représentés dans les écritures moyennes; ainsi, la netteté avec relief (1-4), l'écriture ordonnée (0-2), les barres des *t* courtes et en pointe (1-4), les mots finissant en pointe (2-4), l'écriture gracieuse (0-2), les marges régulières, signes de goût (0-4), les points très légers, signes de délicatesse d'esprit (0-2), les lettres liées, signes d'enchaînement des idées (0-3), et enfin l'écriture rapide, signe d'activité et de facilité (0-2). Je ne me charge pas de *peser* les qualités et les défauts de ces deux listes; mais je les ai comptés, et je les trouve en nombre égal.

Je n'ai pas perçu clairement comment M. Vié fait sa synthèse.

Je termine par M. Humbert; sa double liste donne une impression plus claire, et qui satisfait bien l'esprit. Tout d'abord, il y a des caractères qui sont aussi nombreux dans les deux catégories d'écritures : la clarté (9-8), la sobriété (8-8), la simplification (9-9), l'écriture simple (9-9), l'écriture liée par groupes (4-3). Les caractères dominants chez les supérieurs sont : les mots finissant en pointe (6-3), l'écriture serpentine (6-3), l'écriture montante (5-2), rapide (5-2), les points changés en accents (7-3). Chez les moyens dominent : l'écriture descendante (1-5), hésitante (1-6), irréfléchie (1-4). Tout cela me paraît satisfaisant, car il y a plus de vices intellectuels chez les moyens que chez les supérieurs. J'ai cherché le nombre de fois que des qualités et vices d'intelligence ont été indiqués de part et d'autre, j'ai trouvé :

	NOMBRE DE FOIS NOTÉS CHEZ DES	
	Supérieurs	Moyens
Qualités intellectuelles	104	74
Vices intellectuels	9	32

M. Humbert n'indique pas comment il fait sa synthèse. Après avoir constaté une telle indépendance de procédés

parmi les graphologues, il devient intéressant de rechercher
si leur indépendance va jusqu'au désaccord, et en quoi ce
désaccord consiste. Nous avons eu la patience de comparer
plusieurs études des mêmes écritures, faites par des graphologues différents ; ce qui les différencie, c'est surtout que les
uns perçoivent tel signe, et les autres tel autre ; dans une
même écriture, chacun trouve des indices différents. Le
désaccord réel, la vraie contradiction, sont infiniment plus
rares. On les rencontre pourtant. Ils sont de deux sortes :
sur les signes, sur leur interprétation.

Le désaccord sur les signes est vraiment accidentel. En
voici cependant quelques exemples. L'écriture de Mosso paraît simple à M. Humbert et compliquée à M. Paulhan. L'écriture 10 a du relief pour M. Paulhan, et pas grand relief
pour M. Crépieux-Jamin, désaccord d'autant plus grave qu'il
influence la conclusion. L'écriture de Dumas paraît nette à
M. Crépieux-Jamin ; M. Paulhan la trouve un peu floue ; il y
découvre des signes de recherche, alors que M. Vié la juge
naturelle. L'écriture de F. de Curel, au gré de Crépieux-Jamin,
manque de grâce ; M. Paulhan, au contraire, lui reconnaît
une simplicité élégante, et M. Vié la trouve harmonique sans
calligraphie...

Plus fréquemment, on est d'accord sur le signe, on varie
par l'interprétation. Nous en avons donné déjà maints exemples. En voici de nouveaux ; « Écriture grande, imagination »,
dit Crépieux-Jamin ; et M. Paulhan, devant la même écriture,
dit : « Écriture grande, gaucherie. » Les irrégularités de l'écriture 23 sont, pour M. Crépieux-Jamin, l'indice d'un peu de
déséquilibre ; M. Paulhan, au contraire, examinant comment
les lettres sont liées, conclut : « Esprit assez équilibré. » Du
reste, la différence des conclusions est là pour montrer combien les interprétations sont variables.

Tous les détails que nous venons de donner prouvent assez
que la graphologie garde en partie l'obscurité d'un art divinatoire. La définition des signes est vague, et leur interprétation est vague aussi. D'où viennent tous ces nuages ?
Pourquoi la graphologie n'est-elle pas claire comme la zoolo-
gie par exemple, ou la botanique, pourquoi la détermination
des qualités dans une écriture ne se fait-elle pas avec la
rigueur d'une détermination d'espèces ?

On peut imaginer à ce propos deux hypothèses, ce me semble.

La première, c'est que la graphologie est une affaire d'intuition, rien de plus, rien de moins. On ne peut pas mesurer, décomposer, objectiver les caractères d'une écriture, on les sent, ils se révèlent. C'est, si l'on veut, une affaire d'œil, comme pour juger une peinture, ou pour cuber un arbre debout. Le raisonnement graphologique est presque un luxe ; il ne vient qu'après coup, lorsque le travail d'intuition est terminé, il ne guide pas ce travail, mais il peut le contrôler, le raffiner, l'améliorer en somme, ou quelquefois aussi le gâter. Et — pour continuer notre hypothèse — si la graphologie est un art d'intuition, c'est que cela dérive de la nature des choses ; il y a dans l'écriture des caractères généraux, fondamentaux, que certaines gens seulement perçoivent, et qui sont de la nature de l'inexprimable ; et ces caractères-là commandent tout le reste. Je crois bien que cette opinion est celle de M. Paulhan.

Une autre hypothèse exprimerait mieux la pensée de M. Crépieux-Jamin. Il n'y aurait dans l'écriture rien d'inexpressible, car ce ne sont que des formes, et toute forme est analysable ; seulement, ce n'est pas le signe individuel qui est significatif, c'est un ensemble ; et cet ensemble résulte d'abord des signes individuels et de leur degré, c'est incontestable ; mais il résulte aussi de leurs relations ; on peut supposer qu'un signe en neutralise un autre, ou que deux signes coexistants peuvent s'additionner, quelquefois même se multiplier, ou donner lieu, comme par combinaison chimique, à une résultante qui est de toute autre nature que les éléments composants ; ou encore qu'un signe d'un intérêt dominateur efface tous les autres [1]. Ce n'est pas mon affaire de trancher ces questions très délicates de théorie. Mon rôle est de contrôler la graphologie, et c'est déjà bien assez. Mais mon

1. De M. Crépieux-Jamin : « Vous avez très clairement rendu ma pensée, c'est parfaitement mon avis. En dernière analyse, l'écriture est une forme qu'on peut mesurer dans toutes les directions. Seulement les mesures sont si compliquées que l'analyse rigoureuse, compas en main, serait interminable, tandis qu'avec un peu d'habitude on arrive à apprécier rapidement et assez exactement. » Quelque temps après, M. Crépieux-Jamin m'écrit encore : « Je crois que la graphologie est une science possible, comme la médecine, qui reste un art dans la pratique. Et pour les mêmes raisons très complexes, il n'y a pas plus de graphologues impeccables que de médecins. »

esprit étant ami de la clarté, je ne puis m'empêcher de faire un vœu ; c'est que les meilleurs graphologues s'appliquent à mieux nous expliquer leurs procédés. Plusieurs fois déjà, je suis revenu sur ce desideratum, soit dans le texte, soit dans mes notes. Je vais expliquer avec la précision dont je suis capable ce que je désire, et pourquoi je le désire.

Je ne demande pas d'explications verbales, ni de nouvelles définitions de signes. Je voudrais qu'on publiât quelques spécimens d'écritures, soit dans leurs dimensions réelles, soit agrandis en partie par la photographie, afin d'être plus lisibles. Sur ces documents, les meilleurs graphologues, ceux qui ont fait leurs preuves — il suffit de lire mon travail pour les nommer, — feraient une étude en règle, très minutieuse, et très longue, qu'ils publieraient intégralement. Ici, plus de sous-entendus, ni de synthèses rapides. On ferait d'abord et surtout une analyse de signes graphiques. Chaque signe serait relevé, et apprécié non seulement dans sa qualité, mais dans sa quantité.

Je n'exige pas, bien entendu, une étude au compas, ou une décomposition des courbes des lettres, par les méthodes de la géométrie. Mais il serait à souhaiter que les graphologues fissent usage du système des coefficients, pour indiquer l'intensité des signes ; cette suggestion, je l'ai exposée plus haut, et M. Crépieux-Jamin a paru l'accueillir. Peut-être pourrait-on, dans la détermination de ces coefficients, faire intervenir quelques mesures millimétriques, peut-être pourrait-on s'en passer. Je n'en sais rien. Mais il serait d'une importance capitale que ces questions de signe, qui sont à la base de la graphologie, fussent précisées, soit par un esprit éminent, soit par l'accord de plusieurs graphologues distingués. On devine l'avantage pour la théorie autant que pour la pratique. Cet atlas de documents analysés étant entre toutes les mains, chacun pourrait s'y reporter, comme à un étalon accepté par tous ; ce serait un moyen d'établir de l'unité et de l'uniformité dans la science de l'écriture, comme on l'a fait déjà en physique, pour les unités et les instruments de mesure, et comme on tente aussi de le faire en biologie.

Je voudrais encore — quand on fait des vœux, il n'en coûte pas davantage d'être prodigue — je voudrais encore qu'après l'analyse minutieuse de ces documents, on en fît la synthèse, et on démontrât la conclusion. Je voudrais que le travail d'interprétation fût exposé avec un développement complet, de manière à écarter tous les caprices de l'intuition, et à montrer que l'interprétation découle logiquement de l'ensemble des signes ; si c'était possible, la conclusion devrait être chiffrée, comme les signes, elle devrait être la somme des cotes données non seulement aux signes présents, mais à leurs alliances ; et on chercherait s'il n'y a pas lieu dans certains cas d'additionner les cotes, ou de les soustraire, ou de les multiplier, etc. Un tel travail, très délicat, devrait être fait sur des écritures dont l'expérimentateur ignore la provenance, afin qu'on fût bien à l'abri de toute espèce de suggestion.

Parmi les avantages que je me promets de ce projet, il y en a quelques-uns que les graphologues eux-mêmes recueilleront. Ils feront moins d'intuition, raisonneront davantage, et probablement s'aviseront de beaucoup de remarques nouvelles. Et, de plus, nous arriverons à voir clair dans leurs procédés, à les objectiver, et, dans quelque mesure, à les contrôler.

En ce moment, le moindre contrôle serait chimérique ; et voyez les conséquences. Supposez un graphologue surpris en flagrant délit d'erreur ; il a traité de sot un grand homme. Il répondra peut-être : « Oui, j'ai commis une erreur, j'en conviens, une étude nouvelle des documents me le démontre. Il y avait dans cette écriture tels signes de supériorité qui m'avaient échappé. Ce n'est pas la graphologie qui est en faute, c'est moi. » Comment pouvons-nous chercher à savoir s'il a raison ou non de s'accuser ? Et il importerait de le savoir ; car lorsque c'est lui qui commet l'erreur, cela ne tire pas à conséquence ; il était moins habile qu'on aurait cru, voilà tout. Au contraire, si c'est la graphologie qui est en défaut, la conséquence devient très importante et très instructive ; il faut conclure que certains signes n'ont pas une valeur constante. Le cas que je détaille n'est pas le seul qui se réalise ; nous en verrons bien d'autres, qui sont analogues. Ainsi, par exemple, le graphologue qui s'est trompé peut n'accuser de son erreur ni lui, ni la graphologie, mais moi... qui lui ai fourni un mauvais document. C'est assez l'usage. On me dit souvent : « J'ai mal jugé cet homme célèbre, parce que la lettre de lui que vous me soumettez a été écrite dans un moment de fatigue. » C'est très possible, mais ce n'est guère contrôlable. Supposons que ce soit M. Crépieux-Jamin qui soulève l'objection. Est-ce que, avec le flou actuel des définitions graphologiques, il ne pourrait pas, s'il le voulait, découvrir de la fatigue dans tous les écrits, comme un chimiste habile se fait fort de découvrir de l'arsenic dans tous les corps? Je ne me sens pas actuellement la force de lutter contre lui sur ce terrain, je me déclare battu d'avance. Quelle garantie avons-nous qu'il ne nous trompe pas? Sa bonne foi; je l'admets pleinement. Mais outre qu'il est piteux qu'un contrôle scientifique aboutisse là, on peut toujours discuter, et supposer qu'aucun graphologue n'est absolument insuggestible, et incapable de découvrir dans une écriture un petit signe dont il est d'avance convaincu. Ce qui favorise ces doutes, c'est certainement le vague des définitions dont on se contente actuellement et sans vouloir admettre naïvement qu'il suffira que mon projet se réalise pour que tout aille pour le mieux dans la meilleure des graphologies, je crois que cette réforme aura d'immenses avantages; aussi je termine ce chapitre en répétant le mot de Gœthe mourant : Plus de lumière! Plus de lumière!

CHAPITRE XVIII

Un peu de discussion

Je suis reconnaissant à M. Crépieux-Jamin d'avoir bien voulu lire mon travail et me suggérer plusieurs rectifications, éclaircissements et améliorations, dont j'ai profité. Nous n'avons pas été entièrement d'accord sur les conclusions que j'ai tirées du cas de Renan. Sur ma prière instante, M. Crépieux-Jamin s'est décidé à écrire et à résumer ses objections. Voici la note qu'il m'envoie :

Il y avait donc deux autographes de Renan dans les papiers anonymes que vous nous avez remis. L'un est de l'écriture de Renan bien portant, je l'ai coté 53, l'autre est de Renan probablement plus âgé, en tout cas fatigué, c'est un petit billet à l'écriture rectiligne, montante au début mais de moins en moins et dont les lignes finissent par une courbe descendante, indice de fatigue. Dans la première ligne le scripteur écrit : « Nous avons avons demandé. » Cette répétition, signe d'agraphie, est un nouvel indice de fatigue, pathologique cette fois. Les mots *bien* et *comblerez* sont tracés d'un mouvement fébrile qui trahit le surmenage. La plupart des *r* sont compliqués et tremblés. D'autre part, il y a de très nobles signes dans cette écriture, ainsi ai-je coté 38, c'est-à-dire une intelligence vive. Cette appréciation est une grosse erreur si on la met en regard de l'œuvre de Renan, elle n'en est plus une si l'on veut bien admettre que Renan, vu à travers son œuvre, est un être synthétique, qui ne saurait être représenté dans l'écriture que par une documentation graphique copieuse, ou tout au moins par un document qualitatif.

Ce billet de huit lignes a été écrit sous le coup d'une dépression et il serait étrange de nous voir reprocher de ne pas trouver tout Renan dans ce petit exploit de malade. Je trouve de l'agraphie, puis-je accorder cela avec l'éloquence et l'attention ? Sans documents pour contrôler, si les indices défavorables sont normaux ou accidentels, je les ai considérés forcément comme normaux. C'était dans les conditions tacites de l'expérience saine.

Dans la vie de chacun il y a des moments ternes; nous ne choisissons pas ces moments-là pour nous faire juger et si nous le faisions, nous n'aurions pas à nous plaindre d'avoir été mésestimés. Pour obtenir une appréciation exacte de Renan il fallait donc ne pas nous soumettre un mauvais document.

Lorsque Renan a écrit ce billet il valait 38, et je crois n'avoir pas fait erreur.

Cette objection s'applique dans un certaine mesure à l'écriture de Mme Ackermann. J'ai vu récemment des autographes de cette dame qui m'auraient fait porter un jugement tout différent de celui que je vous ai soumis. Mme Ackermann n'était pas tout entière dans le fragment que vous nous avez livré, voilà la vérité.

La documentation peut être plus faible sans grands inconvénients pour un médiocre, parce qu'il n'a pas d'aspects intellectuels rares; sa personnalité se meut dans un rayon moyen, on la saisit facilement dans toute son étendue. Un homme de talent ou de génie ne peut pas être jugé aussi aisément, sa supériorité n'est parfois fixée que par un détail; elle n'est pas toujours la conséquence harmonieuse d'un faisceau de qualités, mais le développement anormal d'une seule, qui n'est pas nécessairement inscrite dans un billet donnant un rendez-vous d'affaires.

Une documentation graphique représentant un grand nombre d'aspects de l'intelligence est nécessaire pour les grands supérieurs si on veut découvrir chez eux autre chose qu'une vive intelligence. C'est une première conclusion.

En second lieu il faut envisager les résultats en regard avec les possibilités résultant de la documentation afin de ne pas confondre un écart inévitable avec une erreur pure et simple.

Enfin, il résulte de ce qui précède que les cotes graphologiques sont fatalement plus basses que les cotes libres, ces dernières seules tenant compte de la totalité des qualités d'un individu. Un spécimen d'écriture n'est qu'un rayon de sa personnalité; quand il passe à travers la fatigue, la maladie, la vieillesse, il ne nous fait pas deviner l'astre.

M. Crépieux-Jamin, dans la note qu'on vient de lire, n'a envisagé spécialement que le cas de Renan; il n'a point reproduit tous les arguments dont il s'est servi pour défendre ses autres erreurs. Ces arguments se trouvent dans des lettres personnelles qu'il m'a écrites. Je pense bien qu'il m'autorisera à les citer, afin de donner à la discussion toute son ampleur. Je tiens beaucoup à ce que le point de vue des graphologues soit pleinement représenté ici. Ils ne se plaindront pas d'avoir un avocat tel que M. Crépieux-Jamin. J'admire son talent de discussion et de polémique. C'est charmant, séduisant, fin, adroit, souple, enveloppant, toujours plein de verve, avec cette ardeur qui évidemment tient un peu à la défense d'une position personnelle, mais qui n'altère jamais la franchise d'une âme naturellement droite et honnête. Ah! qu'il est difficile de lutter contre un pareil adversaire! D'autant plus que, même lorsqu'il a tort, il a toujours partiellement raison!

Il m'a semblé que ses objections pouvaient être distinguées, pour la clarté de la réplique, en deux catégories :

1º L'expert ne peut attribuer à une personnalité plus de signes d'intelligence qu'il n'en trouve dans l'écriture de cette personnalité.

M. Crépieux-Jamin n'a pas fait allusion à cet ordre d'idées dans la note ci-dessus; mais il y insiste avec force dans ses lettres. Exemple : à propos de l'écriture de D., un savant tout à fait distingué, que je cote 44, et qu'il a coté 39, il m'écrit : « Je ne discute pas votre cote, je dis seulement que l'écriture ne vaut pas plus sur ce document-là. » Et pour Lacaze-Duthiers, même résistance : « Lacaze-Duthiers, coté 31, ne vaut pas plus de 34 sur le mauvais document que vous nous fournissez, rempli de discordances indignes d'un homme supérieur. » Même refus de s'entendre pour les écritures de quelques gens que je connais bien, et que j'ai cotés un peu au-dessous de la moyenne. « Pour 23 *bis*, votre cote de 34 est trop sévère ; la mienne, de 40, est peut-être légèrement trop forte, mais 38 est un minimum. 28 *ter* vaut également 38 (j'ai mis 40) et votre cote de 33 est trop faible. Pour ces trois écritures, tout en convenant que mes cotes sont trop élevées, je crois que votre erreur d'appréciation est supérieure à la mienne. »

Ces affirmations catégoriques m'ont bien étonné. Je ne suis pas très sûr de comprendre la pensée de M. Crépieux-Jamin. Il me semble que dans ce débat, il ne prend pas l'attitude d'un chercheur qui accepte le contrôle. Il refuse de reconnaître son erreur sur Lacaze-Duthiers, en nous disant, ou à peu près : « Son écriture ne vaut pas davantage! » Et il est tellement assuré de la valeur de son diagnostic qu'il m'affirme sérieusement, pour des amis que je connais bien, que mes cotes sont moins exactes que les siennes. Est-ce là une habitude prise par les graphologues ? Un pli professionnel? J'imagine qu'un tel air d'autorité doit influencer fortement les esprits hésitants qui viennent demander des portraits d'après l'écriture. Comment résister à l'expert qui prononce avec gravité : « C'est une écriture de vaniteux ; si vous ne vous êtes pas aperçu de sa vanité, tant pis, elle n'en existe pas moins. » On est ébranlé, on a des scrupules, on se dit : « Après tout, je n'en sais rien ! » N'y a-t-il pas là quelque chose qui ressemble en prestidigitation au tour de la carte forcée ?

Il est bien entendu que dans les lignes précédentes, je ne mets pas en cause M. Crépieux-Jamin dont j'aime la belle loyauté. Je n'accuse même personne, car je comprends toutes les conséquences naïves d'une conviction forte. Mais il m'a semblé que la petite équivoque de l'argumentation de M. Crépieux-Jamin m'était une bonne occasion pour signaler un tour d'esprit qui est devenu chez quelques-uns de ses confrères et à leur insu,.. c'est à peine si j'ose dire le mot... un fâcheux procédé d'intimidation.

Pour en revenir à notre question, ma réponse se devine ; elle est brève et péremptoire, il n'est pas permis à un graphologue d'opposer sa cote à la mienne, puisque c'est précisément la cote graphologique que nous cherchons à contrôler. J'avais bien prévu dans ma préface ce qui m'arrive [1] !

2º Second genre d'objection qu'on me fait : Une écriture étant un acte isolé d'une personnalité, ne peut pas toujours représenter toute la synthèse de qualités et de défauts d'une personne.

Je ne détaille pas cette objection, M. Crépieux-Jamin, qui en est l'auteur, l'ayant exposée avec son habituelle habileté dans la note ci-dessus.

Ici je lui accorde volontiers que, psychologiquement, notre niveau mental subit bien des oscillations ; c'est presque un fait d'observation journalière.

A certains moments nous avons le sentiment de monter, l'imagination devient plus vive, l'intelligence plus pénétrante ; les idées affluent, le cœur bat ; plus tard on retombe dans l'ennui, l'abattement, la confusion d'esprit.

Est-ce que l'écriture permettrait d'enregistrer ces fluctuations ? Elle serait donc un appareil d'enregistrement bien délicat ; assez délicat pour embarrasser notre contrôle, car je

---

1. M. Crépieux-Jamin me donne raison, et je m'y attendais ; et il me demande même de maintenir ma discussion parce que, dit-il, « il est utile que ce système soit ruiné d'avance ».

me demande comment on peut déterminer le niveau mental d'un individu au moment où il a écrit une certaine lettre, si cette lettre date de plusieurs années. Je pensais me mettre en excellente posture, quand je présentais aux graphologues des lettres en me disant à part moi : « Ceci est du Taine, ceci est du Charcot, ce sont des intelligences indiscutables. » Qu'allons-nous devenir si on m'objecte : « Pardon ! ce n'est pas le Charcot idéal, l'éminent neurologiste, une création synthétique, qui n'a presque jamais existé ; c'est le Charcot du 18 janvier 1878, à 11 heures du matin. Celui-là, que valait-il, intellectuellement, moralement, physiquement ? Avait-il mal dîné la veille ? Etait-il en train ? Avait-il de l'esprit ? Pouvez-vous nous le dire ? » Mais non, je ne peux pas vous le dire. Je n'en sais rien, et probablement personne n'en saura jamais rien.

Est-ce que sérieusement on va nous demander de doser tous ces impondérables ?

L'objection des graphologues s'aggrave encore, quand ils ajoutent : « C'est l'écriture d'un grand homme, soit ; mais au moment où il a écrit ce billet, il était malade. » On vient de voir que c'est le moyen de défense que M. Crépieux-Jamin invoque pour pallier son erreur sur Renan.

Il faut prendre le temps de réfléchir avant d'accepter ces moyens de défense. D'abord, si nous les acceptons, quel emploi vont en faire les graphologues ? Cela est facile à deviner.

Un emploi un peu unilatéral, si j'ose dire ; ils s'en prévaudront pour les cotes où il se seront trompés, pas pour celles où leurs chiffres se confondent avec les miens. C'est donc un procédé qui améliore leurs solutions sans risquer de les avilir : au point de vue des règles expérimentales, il y a déjà là comme un défaut d'équité. Pour bien faire, on devrait rectifier tous les diagnostics, même ceux qui se trouvent exacts, en tenant compte de cette cause d'erreur ; ou même, je préférerais qu'en ce qui concerne les variations de niveau mental, on édictât quelque règle générale : par exemple, on pourrait admettre que l'intelligence de tous les jours, chez un auteur, est inférieure de deux à trois unités à celle qu'il développe dans ses ouvrages.

Quant aux abaissements de niveau que produit la maladie

ou l'approche de la mort, il y a deux moyens d'en tenir compte, l'un est bon, l'autre est moins bon, et, pour tout dire, suspect.

Le bon moyen est extra-graphologique, il résulte d'in formations contrôlables sur l'existence des gens. Il est de notoriété publique que M. X est mort d'une maladie longue et grave et qu'il a présenté précisément pendant l'année du billet certains symptômes qui ont pu, soit par leur nature, soit par leur influence sur l'idéation, altérer gravement son écriture. C'est le cas pour Alphonse Daudet. Madame Daudet reconnaît, ai-je dit, l'écriture de son mari dans les spécimens que je lui envoie; mais elle la trouve tremblée, et non typique. Supprimons cette épreuve.

Le second moyen est bien plus sujet à caution : il consiste à lire la fatigue et la maladie dans l'écriture elle-même. C'est bien dangereux ! Nous avons affaire alors à des constatations qui sont peu démontrables, dans l'état actuel de flou graphologique.

Je voudrais bien que cette maladie-là ne fût pas évoquée pour les besoins de la cause; et comme, malheureusement, il est à peu près impossible de savoir l'état de santé que pouvaient présenter, il y a 20 ans, à tel jour déterminé, des gens qui sont morts aujourd'hui, je souhaiterais que les signes de maladie ou de fatigue que M. Crépieux-Jamin découvre dans leur écriture fussent corroborés par d'autres confrères non avertis.

CHAPITRE XIX

Les prouesses des ignorants en graphologie

Dans nos précédentes études sur le sexe et l'âge, nous avons été obligés de rendre hommage à la capacité des ignorants en graphologie. Nous avons constaté que plus d'une personne attentive, instruite et intelligente, qui ne sait pas le premier mot de graphologie, qui n'a jamais ouvert un livre de graphologie, qui ne croit pas à la graphologie, est capable, quand on la force pour ainsi dire à donner son avis sur une écriture, est capable, dis-je, de porter sur cette écriture des jugements qui sont aussi exacts que ceux d'un graphologue professionnel.

La conclusion à tirer de ces faits préliminaires est plus complexe qu'on ne le croirait; ce n'est pas une conclusion contre la graphologie, car les ignorants qui réussissent si bien sont un peu comme M. Jourdain, ils font de la graphologie sans la savoir, et rendent hommage à cette science sans le vouloir; quand par hasard ces ignorants en arrivent à des solutions meilleures que celles des professionnels, ils prouvent que l'intuition de certaines gens est supérieure au procédé plus raisonné de certaines autres gens, ce qui n'a rien de très surprenant. Le fait grave serait que la moyenne des solutions des ignorants fût supérieure à la moyenne des solutions des savants, ou encore que le meilleur des ignorants l'emportât sur le meilleur des savants, ou enfin que l'expérience nous démontrât que la graphologie raisonnée ne se distingue pas nettement par l'exactitude de la graphologie instinctive. Cette conclusion-là serait fort difficile à démontrer, et jùsqu'ici elle ne l'a pas été. En prenant les faits dans leur ensemble, nous trouvons que ceux que nous avons analysés jusqu'ici sont bien plutôt favorables à la graphologie raisonnée.

Ces remarques faites, nous allons voir maintenant si les ignorants de la graphologie se rendent compte de l'intelligence dans l'écriture.

Nous exposerons ici trois ordres d'expériences que nous avons tentées ; il s'agissait d'étudier : 1º des adresses de lettres écrites par des écoliers ; 2º des fragments de lettres ; 3º des écritures présentées en couples.

Ecriture des écoliers.

On s'est beaucoup préoccupé dans ces derniers temps de déchiffrer, dans l'écriture des tout jeunes enfants, leur caractère, leurs aptitudes, et même leur avenir. Quelques membres de la Société de graphologie de Paris croient à la possibilité de cette application de leur science; et je vois souvent, dans des Revues mondaines illustrées, des spécimens d'écriture enfantine qu'on publie en les accompagnant d'une légende où un graphologue connu expose avec sérénité des diagnostics qu'on ne contrôlera jamais. Cela décèle des habitudes d'esprit qui me semblent tout à fait extraordinaires.

Les documents qui m'ont servi ont été réunis par la très aimable intervention de MM. Baudrillard et Belot, inspecteurs primaires de Paris. Mes savants collègues ont bien voulu, chacun pour sa part, inviter un directeur et une directrice d'école primaire à choisir parmi leurs élèves âgés de 12 à 14 ans les dix enfants les plus intelligents et les dix les moins bien doués.

A propos de chaque élève ainsi choisi, le directeur a dressé une petite notice contenant son âge, sa classe, son rang dans la classe, une courte indication sur son caractère et ses aptitudes et une appréciation de son intelligence. A ces élèves on a distribué 3 enveloppes, et on leur a fait écrire 3 adresses, qui étaient soit dictées mot à mot, soit écrites à la craie sur le tableau noir. Toutes les fois qu'une faute d'orthographe a été commise, l'adresse a été recommencée.

Quatre écoles communales de Paris, deux de garçons et deux de filles, ont été mises à contribution. Chacune a fourni 20 enveloppes; la somme totale des sujets est donc de 80, appartenant à deux catégories d'intelligence inégales. J'ajouterai que dans deux des écoles, on enseigne aux élèves l'écriture droite; et dans les deux autres les élèves se sont servis de l'écriture inclinée.

Ce n'est pas de l'écriture spontanée; mais de l'écriture sur commande. Dans beaucoup d'enveloppes, l'écriture, visiblement appliquée, prend un caractère calligraphique. Ce sont là, m'affirme-t-on, des conditions défavorables pour une analyse de graphologie.

L'objection la plus forte qu'on puisse adresser à l'expérience porte sur le classement des élèves. Si je dis et affirme que ce classement, demandé par l'Inspecteur primaire, a été fait avec le plus grand soin, je sais que bien des gens resteront sceptiques. J'ai eu bien souvent déjà à m'expliquer sur la valeur de ces classements scolaires; et je ne veux pas trop me répéter. Mon opinion est que ces classements sont bons *en moyenne*; la moyenne du groupe dit intelligent est supérieure à celle du groupe moins intelligent. Si on fait des mesures de mémoire et d'attention sur ces écoliers, et qu'on calcule les moyennes par groupe, on trouve pour ainsi dire constamment une différence en faveur du groupe le mieux doué. Je le constate depuis bientôt 20 ans que je fais des recherches de psychologie dans les écoles; les psychologues américains sont tous d'accord avec moi sur ce point.

A ma prière, M. Belot a soumis le paquet de 80 enveloppes à 16 personnes, dont 3 ont des professions diverses, et dont le reste est composé d'instituteurs et d'institutrices. L'explication de l'expérience a été la même pour tous. Comme la moitié des enveloppes provenaient d'écoles primaires situées dans le même ressort d'inspection que les instituteurs faisant l'expérience, et que du reste l'adresse de l'école d'origine était inscrite sur plus d'une enveloppe, j'ai prié M. Belot d'empêcher toute possibilité de prendre des enseignements à l'école d'origine; M. l'Inspecteur a bien voulu assister à tous les examens d'écritures; ils se sont faits en sa présence, comme il l'a attesté par écrit et signé; chaque expert a écrit lui-même son classement, il l'a daté et signé; en outre, il a décrit en quelques mots les procédés lui ayant servi pour reconnaître l'intelligence des enfants d'après leur écriture.

Toutes les solutions ont été supérieures au hasard ; et quelques-unes ont été très bonnes. Le hasard aurait fourni 40 erreurs ; personne n'a atteint ce chiffre. Voici l'indication des résultats, en nombre d'erreurs et en pourcentage de réponses exactes. Je donne en même temps la profession de chaque expert.

	Nombre des erreurs	Pourcentage des jugements exacts
M. Lamb., graveur sur pierre.	22	72 p. 100
Mᵐᵉ T..., institutrice	22	72 —
M. B..., inspecteur primaire.	24	70 —
M. Coq, instituteur	24	70 —
Mˡˡᵉ Ren., institutrice.	26	67,5 —
M. Cail., instituteur.	26	67,5 —
M. P..., inspecteur général	26	67,5 —
Mᵐᵉ Did., institutrice	28	65 —
Mᵐᵉ E. D..., institutrice	28	65 —
Mˡˡᵉ M. C..., institutrice.	28	65 —
Mˡˡᵉ Rach., institutrice	30	63,5 —
Mˡˡᵉ Loq., institutrice.	30	63,5 —
Mˡˡᵉ Boq., institutrice.	34	57,5 —
Mˡˡᵉ Rom., institutrice	34	57,5 —
Mˡˡᵉ B... (sans profession)	34	57,5 —
M. Font., négociant.	38	52,5 —

On remarquera que le négociant est celui qui s'est trompé le plus souvent.

J'ai calculé pour chaque enveloppe combien de suffrages elle a réunis, afin de savoir si les jugements portés sur une même enveloppe vont tous ou presque tous dans le même sens, ou bien se partagent en sens opposé.

En gros, il y a eu 57 enveloppes pour lesquelles la majorité des suffrages est d'accord avec le classement du professeur qui connaît l'enfant ; et seulement 20 enveloppes pour lesquelles la majorité s'est prononcée en sens contraire.

Ces nombres me paraissent vraiment très éloquents. Il est évident que les instituteurs ont en général deviné d'une manière très satisfaisante l'intelligence des écoliers d'après leur écriture ; et on a même l'impression qu'ils n'allaient pas au hasard ; car il y a eu des types d'écritures pour lesquels la majorité qui s'est prononcée dans le sens du classement est énorme; ainsi 5 fois, ça a été l'unanimité; 6 fois la majorité a été de 17 ou 18 contre 1; 10 fois la majorité a été de 17 ou 18 contre 2.

Pour qu'un pareil ensemble se soit produit, il faut évidemment que certaines écritures contiennent des signes d'intelligence tout à fait frappants.

A quels signes graphologiques les instituteurs ont-ils attaché le plus ·d'importance? En admettant qu'ils aient réussi à noter les causes de leur détermination — ce qui n'est pas absolument certain, car plusieurs ont dû céder à un acte d'intuition plutôt que de faire un raisonnement — nous relevons qu'ils ont signalé le plus souvent les caractères suivants :

Place et disposition des mots, libellé, disposition de la suscription : 9 fois.

Sûreté ou maladresse, netteté, décision, fermeté, énergie des caractères : 9 fois.

Doit-on tenir pour exactes ces indications fournies par les instituteurs? On peut avoir un doute sur ce point, car juger est une chose et motiver son jugement en est une autre; ce sont presque deux opérations indépendantes. Cependant, admettons que les instituteurs ont indiqué avec exactitude le critérium dont ils se sont servis. Il en résultera que ce critérium est en grande partie applicable exclusivement aux écoliers; la sûreté et la maladresse des caractères sont des qualités et des défauts qui ne se rencontrent guère chez les adultes des classes cultivées; et les caractères tirés du libellé de l'adresse, tout en conservant encore une certaine importance chez les adultes, en ont évidemment moins que pour les enfants.

Les graphologues qui se sont exercés sur ces mêmes écritures ont donné des résultats peu brillants : de 60 à 65, 5 0/0 de solutions justes. Sans doute, ils ont, moins que les instituteurs, l'habitude d'analyser des écritures d'enfants.

Une expérience collective.

Un jour, à la Société de psychologie de l'enfant, j'ai proposé qu'on exécutât en séance une expérience collective. Ces expériences-là sont toujours un peu grossières; ce sont des tâtonnements, et comme on dit vulgairement, « c'est pour voir ». J'avais cependant préparé l'épreuve avec un certain soin. Sur un grand carton, j'avais fixé à la colle 14 documents écrits ; ces documents étaient des lettres que diverses personnes m'avaient adressées ; les unes avaient été écrites par des personnes d'intelligence moyenne, les autres par des personnes d'intelligence supérieure. Dans une petite instruction que j'avais placée à côté du grand carton, et qu'on devait lire avant toute chose, je demandais qu'on fît la répartition de toutes ces 14 écritures en deux groupes d'intelligence, moyenne et supérieure ; on était prié de ne pas se préoccuper du contenu des lettres et de se guider simplement par les caractères de l'écriture. Tous ces documents furent placés sur la table du bureau, à la disposition de nos collègues, et deux personnes pouvaient simultanément étudier les écritures. Ce petit arrangement matériel fut trouvé satisfaisant. Pendant la séance, plusieurs des assistants se succédèrent devant les écritures ; ils y mettaient l'apparence d'un grand soin, chacun restait là de 5 à 10 minutes.

Personne ne peut se défendre d'idées préconçues, même ceux qui ont le plus grand respect pour l'expérience. Je me rappelais qu'un an auparavant j'avais fait, pendant une séance de la Société, une tentative analogue pour le sexe de l'écriture. Les assistants l'avaient, en général, reconnu exactement ; et je ne m'en étais pas étonné. Mais l'intelligence est une affaire autrement subtile et la mesure de l'intelligence est bien plus contestable qu'une détermination de sexe. Il me semblait même paradoxal que des gens, qui constituent certainement une très bonne moyenne d'intelligence, mais parmi lesquels les talents et le génie ne sont point en majorité, fussent capables de reconnaître dans les écritures les signes de ce talent et de ce génie qu'ils ne possèdent pas.

Le premier dépouillement des solutions confirma mqn idée préconçue.

J'avais choisi pour le groupe des intelligences supérieures des représentants sur la valeur desquels aucun doute ne pouvait s'élever. Voici leurs noms : Claude Bernard, Edouard Pailleron, Paul Hervieu, Alexandre Dumas fils, Victorien Sardou, Jules Lemaître, Poincaré. On me permettra d'être plus discret sur les autres, ceux d'intelligence moyenne. Il est inutile de les désobliger en leur apprenant qu'ils n'ont ni talent ni génie, s'ils ne s'en doutent pas.

Or, en totalisant les diagnostics, on trouve ceci : les écritures de la catégorie moyenne ont été jugées 39 fois moyennes et 35 fois supérieures ; les écritures de la catégorie supérieure ont été jugées 48 fois moyennes et 39 fois supérieures. En bloc, il y a eu 78 attributions exactes et 79 attributions inexactes. C'est, purement et simplement, la solution de l'aveugle hasard.

Je conclus donc, et je crus avoir le droit de conclure, que les ignorants en graphologie sont incapables de lire l'intelligence dans l'écriture. Je me trompais. Je n'avais pas étudié suffisamment mes documents. Il fallait examiner, pour chaque écriture, comment s'étaient réparties les réponses. Voici ce tableau de répartition :

	JUGÉS	
	intelligents par	moyens par
V. Sardou	12	0
Poincaré	8	4
Claude Bernard	6	5
Jules Lemaître	6	6
Pailleron	3	10
Hervieu	3	9
Dumas fils	1	11

Ce tableau montre deux faits vraiment instructifs : d'abord certaines écritures sont jugées intelligentes par la majorité et même l'unanimité. Ainsi, « les pattes de mouche » de Sardou sont classées dans la bonne catégorie par les 12 expérimentateurs. Il me paraît vraisemblable que ce n'est pas là une rencontre de hasard. L'écriture de notre grand dramaturge est par excellence le graphisme d'un esprit supérieur, et nos ignorants de la graphologie l'ont bien compris. Donc, si ignorants qu'ils soient, ils restent sensibles à certaines particularités graphiques ; ils lisent l'intelligence dans l'écriture. Voilà le premier fait important. Le second est la divergence des opinions suivant les spécimens. Certains auteurs ont été maltraités. L'écriture de Dumas n'est jugée intelligente que par une personne sur 12. L'erreur est presque unanime. Cette erreur ne prouve-t-elle pas que les signes intellectuels sont moins lisibles, moins apparents, peut-être aussi moins com-

plètement présents dans l'écriture de cert- ines personnes que
dans celle d'autres personnes, à intelligence égale? C'est une
conclusion hypothétique que nous avons présentée déjà. Ces
nouveaux faits lui donnent un appui.

Les merveilles de l'intuition.

Pour en finir avec les ignorants de la graphologie, il
me reste plus qu'à citer le examens que je leur ai fait faire
des couples d'écritures.

En général, les solutions ont été légèrement supérieures
au hasard ; je donnerai seulement quelques exemples.
M. Biervliet, mon distingué collègue de l'Université de Gand,
vint me rendre visite à mon laboratoire le 15 avril 1904. Il
voulut bien examiner 15 couples : il se récusa pour 3, et sur
le reste donna 7 solutions justes et 5 fausses. Mon ami le
Dr Simon, qui assistait à l'opération, se chargea du même travail; il examina 26 couples, et donna 16 solutions exactes et
10 fausses.

C'est à peu près la proportion de vérité et d'erreur qui se
réalise dans les conjectures d'ignorants sur le sexe des écritures et sur l'âge ; et je crois sans intérêt d'insister davantage. Tous ces faits montrent suffisamment qu'avant de devenir un art plus ou moins raisonné entre les mains des graphologues, la graphologie est à l'état d'intuition chez beaucoup de gens qui ne sont point au courant de cet art, et
même s'en moquent volontiers.

Ce qu'il y a de curieux dans l'intuition, c'est que parfois
elle surprend par son apparence de sagacité : je dis apparence , car il y a dans le fait que je vais rapporter une part
si grande de hasard, que je puis citer l'histoire comme un
exemple des merveilles que le hasard produit quelquefois.

J'avais envoyé mes couples d'écritures à l'examen d'une
directrice d'école primaire, Mme B. ; c'est une femme distinguée, intelligente et fine, qui s'intéresse beaucoup à la psychologie. Je lui demandai de coter les écritures, en employant
le système de M. Crépieux-Jamin ; et, en outre, je l'invitai à
me décrire en quelques mots le caractère des personnes. Elle
obéit très bien à mon invitation ; je dirai même trop bien,
car elle la dépassa ; dans ses portraits, elle définit non seule-

ment le caractère des gens, mais aussi leur aspect physique et même leur profession. On comprend que la fortune n'a pas toujours souri à sa témérité ; souvent elle se trompe ; parfois elle tombe juste. Et parfois aussi, c'est d'une justesse étonnante.

Je passe sur ses erreurs, trop explicables pour être inté-

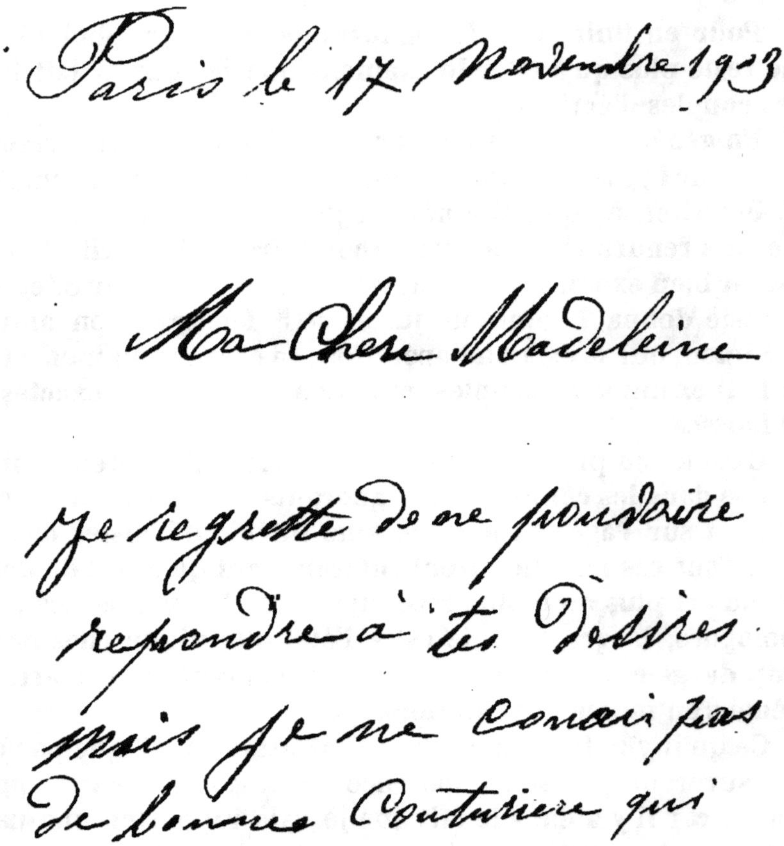
Paris le 17 Novembre 1903

Ma Chere Madeleine

Je regrette de ne pouvoire
repondre à tes désires
mais je ne conais pas
de bonnes Couturiere qui

Fig. 54. — *Ecriture d'une femme dont l'âge, la profession, l'intelligence, le caractère et même l'existence passée ont été curieusement devinés par une ignorante de la graphologie.*

ressantes, et je cite ses exactitudes, qui ont l'air de divinations.

Voici, par exemple, un petit billet qui formait un des termes de notre couple 16. J'en produis ici la figure. Ce billet a été écrit par une femme; elle est âgée, elle a environ

60 ans ; elle est domestique ; originaire de la campagne, elle
est venue en place à Paris à l'âge de 20 ans, et depuis cette
époque n'a plus quitté la capitale. Son intelligence est réelle,
elle a de la réflexion, beaucoup de bon sens, et un aplomb
imperturbable. C'est comme on dit souvent une « femme de
tête ». Elle a servi pendant 35 ans dans la même maison, chez
un professeur de l'enseignement supérieur. On l'a traitée un
peu comme étant de la famille ; et au contact de personnes
instruites et distinguées, elle s'est raffinée dans son intelligence, son langage, ses manières, quoiqu'elle manque notablement d'instruction première. Son caractère est resté difficile ; elle est toujours autoritaire, pleine d'amour-propre ; et sa
volonté, très forte et très développée, manque de souplesse ;
elle se butte, elle est entêtée, et malgré son intelligence très
réelle, elle donne parfois l'impression d'une nature bornée.
Elle n'est point affectueuse, ni expansive ; elle passe pour
égoïste et sèche, et l'est en partie ; mais elle est restée profondément dévouée à ses maîtres, et sur le tard son cœur s'est
attendri pour ses petits-enfants.

Tous les traits de ce portrait, ou presque tous, ont été devinés par Mme B., qui nous a envoyé la notice suivante :

Domestique, femme, dont l'intelligence s'est développée peu à peu au
contact de ses maîtres ; depuis longtemps à la ville ; caractère difficile ; a
de la volonté, de l'entêtement même ; personne dévouée, doit aimer les
enfants ; beaucoup de bon sens. 55 ans environ. Cote : 30.

Mme B. ne connaît nullement la domestique en question,
je le sais, et n'a reçu, je l'affirme, d'autres indications que
l'écriture et le contenu de la lettre. « J'ai mis devant moi,
m'écrit-elle, les échantillons d'écritures, et absorbée en eux,
en contemplation devant eux, j'ai découvert ou cru découvrir les qualités ou défauts qu'ils recélaient. » Ailleurs, elle
compare l'opération à un fluide magnétique qui se dégagerait
de l'écriture et viendrait jusqu'à elle. « L'écriture émet-elle des
radiations comme le radium ? Est-ce un effet de télépathie ? »

Ne sourions pas de ces comparaisons ; elles nous montrent
que pendant son examen Mme B. se sent dans un état passif,
et que, conséquemment, elle a une tendance à attribuer l'interprétation des signes graphiques à un phénomène qui est
distinct d'elle, et lui paraît surnaturel. Ceci n'est pas un cas

particulier et négligeable. J'ai remarqué souvent que le développement des facultés d'intuition dans un état de passivité, fait éclore tout naturellement l'idée d'un soi-disant pouvoir surnaturel qui agit en nous et par nous ; on en trouve des exemples dans les crises religieuses, et j'en ai cité un remarquable dans la production littéraire, celui de Curel.

Le succès de Mme B., si elle avait étudié seulement le spécimen d'écriture de la figure précédente, pourrait lui constituer une belle réclame de lucidité ; mais l'examen de ses autres solutions met toute chose au point. Comme graphologue d'instinct, elle est réellement douée. Sur 20 couples d'écritures que je lui soumets, elle ne fait que 4 erreurs, soit un pourcentage de 80 % réponses justes, que plus d'un professionnel pourrait lui envier. C'est très bien, mais cela n'a rien de fantastique.

Apprenons par cet exemple à ne jamais accepter la télépathie, ni autre chose, sur un seul fait, surtout quand c'est un fait choisi entre plusieurs. A celui qui croit avoir opéré un miracle, et nous l'apporte avec un enthousiasme irréfléchi, répondons : « Recommencez vingt fois, et calculez-nous le pourcentage. »

CHAPITRE XX

Conclusions

En terminant nos précédentes études sur l'âge et le sexe, j'avais posé comme conclusion les propositions suivantes :
L'âge et le sexe se reconnaissent dans l'écriture. — Les signes qui les manifestent ne sont pas constants. — Les ignorants de la graphologie, ou pour mieux dire les graphologues d'intuition, peuvent percevoir ces signes, mais en général avec une habileté moindre que les graphologues d'étude.

Je suis surpris d'avoir à écrire des conclusions identiques, relativement à la manifestation graphique de l'intelligence ; oui, puis-je déclarer maintenant, il y a des signes de l'intelligence individuelle dans l'écriture ; ces signes ont une valeur fréquente, mais pas constante ; les ignorants de la graphologie les perçoivent, mais moins bien que les professionnels.

La répétition de ces conclusions, qui s'imposent en quelque sorte à moi, après une investigation où certes je ne les cherchais pas, est, jusqu'à un certain point, une preuve de leur généralité, et déjà je prévois que si je continue ce contrôle de la graphologie par des études sur le caractère, j'arriverai à une conclusion identique.

Reprenons tout cela en détail ; ce sont les détails surtout qui ont de l'importance et permettent de donner aux faits leur vraie valeur.

On voudrait, par amour de la simplicité, pouvoir aboutir à une proposition claire comme celle-ci : *Il est possible aux graphologues de lire l'intelligence dans l'écriture.* Mais aussitôt qu'on a écrit une phrase de ce genre, on s'aperçoit qu'elle n'est pas exacte; elle n'est pas exacte, parce qu'elle est absolue. La vérité est faite de plus de nuances, et les questions qu'on cherche à résoudre sont si terriblement complexes que les solutions ne peuvent pas prendre une portée générale; elles ne sont vraies que dans les conditions mêmes où les expériences ont été faites; altérez un peu ces conditions, toujours spéciales, très contingentes, et l'on n'a plus le droit d'affirmer que les conclusions resteront identiques.

J'insiste, et pour bien faire comprendre ma pensée, je reprends la phrase que j'ai mise en italique, et j'en critique tous les termes.

« Il est possible pour les *graphologues....* » Quels graphologues? L'exactitude de leurs solutions est variable d'un individu à l'autre; il y en a d'excellents, mais quelques-uns feraient bien de renoncer à un art, dans lequel ils ont tout juste autant d'habileté que le hasard. En étudiant de près les façons de faire de chacun, nous avons compris combien il est important de ne pas identifier la graphologie avec les graphologues. Beaucoup de défauts intellectuells de ces derniers, par exemple leur suggestibilité, leur appartiennent en tant qu'individus, et n'ont peut-être rien à faire avec la graphologie. Celui qui a le plus de titres à représenter la science est certainement celui qui commet les moindres erreurs. MM. Crépieux-Jamin, Humbert et Vié, le premier surtout, sont au premier rang, pour la sûreté de leurs jugements. Chose vraiment surprenante, la majorité d'un groupe de graphologues a constitué une sorte de graphologue idéal qui a montré autant de pénétration que le plus perspicace de ses confrères. Il y a donc une grande part de hasard dans notre conclusion. Car si nous ne nous étions adressés ni à M. Crépieux-Jamin, ni à M. Vié, ni à M. Humbert, nos solutions auraient été beaucoup moins bonnes, et le jugement porté sur la graphologie serait devenu plus sévère.

Continuons: « Il est possible pour les graphologues de *lire....*» Lire est pris dans le sens de discerner. Il est resté ici un point obscur. Nous avons essayé de comprendre les procédés d'investigation auxquels les graphologues ont recours; nous n'avons pas tout à fait réussi. Il nous a semblé que chez plusieurs d'entre eux, les signes graphologiques servent plutôt

à justifier après coup une intuition à laquelle ils arrivent
d'emblée. Nous n'avons rencontré aucune exemple de démonstration absolument claire et satisfaisante. Il reste beaucoup
de flou en graphologie. Je l'ai comparée, pour ces raisons, à
un art divinatoire; et cette expression a un peu choqué
quelques graphologues. On a pensé que je l'employais parce-
que les graphologues peuvent commettre des erreurs d'observation et d'interprétation. A ce compte, tout le savoir humain
serait divinatoire et sybillin, car tout le monde se trompe
plus ou moins, même ceux qui affirment le contraire. Non,
ma pensée est différente. Ce que je constate en graphologie,
c'est que les verdicts ne sont pas assez clairement motivés, et
semblent résulter souvent d'une révélation incontrôlable. Mais
je n'insiste pas, puisque je crois avoir signalé une méthode
pouvant faire la lumière, et que M. Crépieux-Jamin se rallie
à mon idée.

« Il est possible aux graphologues de lire l'*intelligence*... »
Quel degré d'intelligence? Voilà encore un terme qui est mal
défini pour plusieurs raisons, qui sont à énumérer.

1° Certaines intelligences individuelles peuvent se révéler mieux ou moins bien que d'autres dans leur façon
d'écrire ; de sorte que la collection d'autographes qui nous a
servi pour faire l'expérience peut présenter, de ce chef, une
difficulté plus grande ou moins grande qu'une autre collection réunie par une autre personne. Ainsi, des graphologues
nous ont fait spontanément remarquer que dans notre série
de 36 couples, les 10 derniers étaient plus faciles à juger que
les autres.

2º Les écarts d'intelligence qu'on a choisis pour l'expérience étant plus ou moins grands, le diagnostic sera plus ou
moins difficile. Il paraît probable qu'on arrivera avec moins
de peine à distinguer un homme de génie et un médiocre,
qu'un homme de génie et un homme de talent. On m'assure
que les distinctions entre le génie et le talent sont des plus
difficiles. Dans nos recherches, ce que nous avons demandé le
plus souvent, c'est la distinction entre l'intelligence moyenne
d'une part, et la supériorité intellectuelle (génie ou talent)
d'autre part. Nous n'avons pas tenu compte des différences
qualitatives. On nous a fait remarquer encore que par notre
élimination des grossiers, des insignifiants, des médiocres,

de ceux qui font de la calligraphie, de ceux qui écrivent in-
habilement, nous avons rendu l'expérience assez difficile.

3° Enfin, la difficulté de l'expérience dépend aussi de la
nature et du nombre des documents qui sont mis à la disposition des experts. Nos documents ont en général paru
suffisants, mais pas très copieux ; une lettre avec quelques
mots biffés, une adresse, constituaient le menu habituel. Les
experts nous assurent qu'avec 2 ou 3 lettres ils auraient pu
faire mieux, et nous le leur accordons bien volontiers.

Reprenons une dernière fois notre phrase : « Il *est possible*
pour les graphologues... » c'est encore cette expression :
« Il est possible » qui me plaît le plus ; car par son élasticité,
elle exprime admirablement ce qu'il y a de contingent dans
ces conclusions. Je dis que c'est possible, et par là j'affirme
d'abord que les graphologues font presque toujours mieux
que le hasard, et par conséquent, comme on dit vulgairement, « il y a quelque chose de vrai dans la graphologie ».

Possible, mais non certain. Le procédé graphologique
n'est pas infaillible. Tous les graphologues peuvent se tromper, quand on les contrôle sur une série suffisamment longue
de cas.

C'est ici qu'on m'a le plus résisté, et que j'ai eu le plus de
peine à faire prévaloir mon opinion. Je gage que personne
n'a été satisfait de son pourcentage de réponses justes, et
quelques-uns m'ont répondu franchement qu'ils sont assurés
de faire mieux, et qu'en pratique, ils font mieux. Je les crois
sans peine. La pratique ne réalise pas les conditions de contrôle très rigoureux que nous avons imaginées. La pratique
a un but qui n'est pas celui de la science. La pratique cherche à atteindre d'abord la vérité, et tous les moyens lui sont
bons, même quand ils ne sont pas graphologiques. Il est
incontestable que lorsqu'on connaît déjà l'âge, le sexe, le milieu social d'un individu, et qu'on a sous les yeux une lettre
intime qui est un peu révélatrice des idées, tout cela aide
beaucoup le raisonnement. Ces signes accessoires ne suppriment point l'utilité de la graphologie, mais ils la guident.

QUATRIÈME PARTIE

LE CARACTÈRE DANS L'ÉCRITURE

CHAPITRE XXI

Le contrôle des portraits graphologiques du caractère

J'ai beaucoup hésité et tergiversé sur la méthode à suivre.

La première méthode que j'ai employée était assez compliquée : je la révèle dans ce chapitre pour la première fois, car j'ai été fort discret avec les experts qui veulent bien collaborer avec moi, et je ne les ai jamais mis dans le secret de mon plan. Cette méthode consiste à demander aux experts des esquisses de caractère d'après des écritures de personnes que je connais depuis longtemps; ensuite, avant d'avoir pris connaissance de leur travail, j'écris moi-même un petit portrait psychologique de ces personnes, d'après mes souvenirs personnels, puis je compare.

Cette méthode avait pour but de me mettre en garde contre ma propre suggestibilité. Je sais par expérience que lorsqu'on lit le portrait d'une personne connue, l'attention glisse facilement sur les affirmations vagues ou opposées à la vérité; on retient au contraire avec prédilection toutes les remarques dont la justesse nous a frappé, et on garde ainsi une impression d'ensemble qui n'a nullement la fidélité d'une moyenne arithmétique. J'avais l'intention de corriger la magie de ces impressions subjectives par une comparaison que j'aurais faite entre le portrait du graphologue et le mien, en y mettant autant de soin que si j'avais été un géomètre comparant deux figures; j'espérais constater ainsi, et mesurer en quelque sorte, le nombre d'accords et de désaccords entre le modèle et les portraits.

Toutes ces précautions ne se sont pas montrées aussi bonnes, aussi complètes, que je l'espérais. Il y a tant de difficultés qu'on ne prévoit pas! En voici une qui n'est pas la moindre. Le plus souvent, mon portrait et celui du graphologue ne se rencontrent pas; ils ne sont ni pareils, ni contradictoires, ils sont autres.

Je ne citerai que deux exemples. Commençons par le cas d'un homme de cinquante ans, que j'ai beaucoup connu. Sur le vu et d'après l'analyse de son écriture, M. Crépieux-Jamin a tracé le portrait suivant :

L'intelligence de M. Bordi est assez alerte; il a de la culture d'esprit, de l'ordre et une assez grande activité, mais il semble que ses facultés d'observation sont applicables à l'analyse des petits faits plutôt qu'aux idées générales. Son horizon intellectuel est assez étendu, mais peu élevé, c'est un esprit moyen, capable de s'intéresser à des objets variés et d'y développer des qualités de finesse. Cependant son jugement n'est pas sûr; il apporte quelque passion dans ses études et se laisse très facilement entraîner à préjuger.

Son imagination est très développée sans être qualitative; elle est excessive en un sens et peu profitable; elle exalte la sensibilité sans apporter la grâce ou l'inspiration.

En somme il a peu d'idées personnelles et n'est pas très intéressant. Il manque de sens critique, de pondération, et sa logique est le plus souvent celle d'un esprit faux.

Ce genre d'intelligence appelle la prétention et nous la découvrons en effet sous la forme sereiné de l'admiration de soi. M. Bordi a une grande confiance en son jugement, le doute philosophique ne provoque pas chez lui d'angoisses ni même d'hésitations. Il est cependant hésitant quelquefois, mais c'est par faiblesse de caractère.

Son énergie se développe de la façon la plus inégale, tantôt il s'enthousiasme et agit comme ferait un jeune étourdi, tantôt il montre une prudence, une irrésolution, une méfiance extrêmes. Il est de ceux qu'on se plaît à duper parce qu'ils se croient très malins et qui le sont, en effet, par certains côtés, tout en possédant un esprit aventureux qui les expose.

Son caractère est médiocrement sympathique malgré que sa sensibilité considérable provoque des mouvements en dehors, je ne dis pas généreux.

Mais c'est tellement variable, sans consistance, que l'impression agréable qu'il peut produire à certains moments s'évanouit vite. Il peut être aimable, à un moment donné, même très aimable, quand il le veut, mais ce n'est pas un homme aimable. Sa sensiblerie disparaît sous un égoïsme profond qui accapare toutes ses forces. Ce caractère faible est impétueux quand il a son moi à défendre : et il n'est résistant que là. Par exemple, l'injustice le chagrine, le choque quand un autre en souffre, il va même jusqu'à se répandre en paroles contre les fauteurs de l'injustice, mais pour se défendre lui-même, il apportera un élan, une vigueur et une persistance dans l'action qu'on ne lui aurait jamais soupçonnées.

Malgré son égoïsme il a la loyauté courante et même un assez vif sentiment de l'honneur dont les racines plongent dans sa prétention et son admiration de soi.

C'est un homme qui se trompe souvent, mais qui n'est pas trompeur. Le mensonge n'est nullement son fait ; la sincérité, au contraire, est une de ses qualités les plus indiscutables.

Je ne donnerai pas le portrait de [M. Bordi que j'avais tracé moi-même d'après mes souvenirs. J'en résumerai seulement les traits principaux en disant que cet homme, médecin en province, intelligent, pas méchant, mais froid, sceptique, un peu moqueur, bon garçon avec ses amis, et terriblement égoïste dans ses relations de famille, a subi deux tendances qui ont complètement perdu sa vie, la paresse et la sensualité.

En relisant avec le plus grand soin le portrait de M. Crépieux-Jamin pour essayer de l'ajuster au mien, je suis amené à faire les distinctions suivantes.

1° *Traits de caractère qui me paraissent exactement dépeints par l'expert.*

Culture d'esprit. — (Exact.)

Horizon intellectuel assez étendu, peu élevé. — (Même idée ou à peu près.)

C'est un esprit moyen capable de s'intéresser à des objets variés et d'y développer des qualités de finesse. — (Je ne sais pas si le mot finesse lui convient.)

Il a peu d'idées personnelles. — (Je ne sais si c'est juste ; il avait peu d'originalité, mais il pensait par lui-même.)

Le doute philosophique ne provoque pas chez lui d'angoisses ni même d'hésitations. — (Ceci n'est pas très clair. Un croyant et un indifférent manquent également d'angoisse. Quant à lui, c'était un indifférent.)

Il peut être aimable à un moment donné, mais ce n'est pas un homme aimable. (Bien.)

Égoïsme profond, qui accapare toutes ses forces. (Bien.)

Caractère faible. (Bien.)

2° *Traits de caractère pour lesquels l'expert s'est trompé.*

Alerte. — (Il était paresseux.)

De l'ordre. — (Désordre complet dans ses affaires, sa comptabilité, son appartement.)

Une assez grande activité. — (Paresse et indolence.)

Il apporte quelque passion dans ses études. — (Insouciance, pas d'ambition.)

Son imagination est très développée. — (Aucune imagination appréciable.)

Elle exalte la sensibilité. — (Très calme, très froid.)

Sa logique est plus souvent celle d'un esprit faux. — (Il raisonnait bien.)

Il s'enthousiasme. — (Sceptique, dénigreur, plaisantant à froid.)

Sensibilité considérable, provoque des mouvements en dehors. — (Non.)

Sensiblerie. — (Froideur accentuée.)

L'injustice le chagrine, le choque quand un autre en souffre. — (Indifférent.)

Le mensonge n'est nullement son fait. — (Inexact.)

La sincérité est une de ses qualités indiscutables. — (Inexact.)

3° Le reste de la description me laisse perplexe. Je ne crois pas que M. Bordi manquât de sens critique, et que sa logique fût celle d'un esprit faux. Je ne crois pas qu'il fût hésitant; la faiblesse de caractère, chez lui, se traduisait surtout dans le domaine des émotions. L'admiration de soi ne m'a jamais parue marquée nettement. La vigueur et la persistance pour défendre son moi, ses intérêts? Je n'en ai pas vu d'exemples. Loyauté courante est bien vague. Ce n'était pas un voleur, certes, mais ce n'était pas non plus un homme extrêmement délicat. Le vif sentiment de l'honneur? Il a montré parfois un besoin de décorum extérieur, mais il y a manqué aussi très souvent. Ce n'était pas un trompeur, il ne s'exerçait pas intentionnellement à tromper, mais, certes, il n'avait pas le respect absolu de la vérité.

Je citerai encore un autre exemple. Il s'agit cette fois d'une dame, qui avait environ 60 ans, quand elle a écrit les lignes qui ont été soumises à M. Crépieux-Jamin. Voici ce que l'expert constate :

Mᵐᵉ X. est une femme intelligente, c'est-à-dire, pour préciser, supérieure aux médiocres, inférieure aux gens de talent. Elle a un esprit cultivé e possède une idéation claire, l'esprit vif et la faculté de s'assimiler rapidement les notions les plus variées. Aussi doit-elle apparaître évidemment intelligente, dans le sens propre du mot. Mais son attention n'est pas suffisamment soutenue. L'imagination, qualité dominante chez elle, est toujours prête à l'inspirer et nuit à ses facultés d'application.

Son esprit critique est assez faible, avec un jugement tout d'une pièce et passionné. Elle manque de mesure, elle a l'esprit de justice beaucoup. plus que l'esprit juste, plus d'intelligence aussi que de jugement; de l'in géniosité, non de la sûreté. Elle s'égare aussitôt que son imagination est éveillée.

Toutefois, dans le domaine étendu des choses de la vie courante, *qui ne passionnent pas*, les qualités d'intelligence que je lui reconnais suffisent à tout, et même au delà.

Ses sentiments sont tous développés. Elle est impressionnable et susceptible, affectueuse, généreuse, quelque peu dépensière. Son altruisme devient excessif quand on s'adresse à son cœur ou même à sa vanité facilement excitée. A la réflexion elle se reprend souvent, mais le premier mouvement est généreux.

Elle est simple et très vive d'allures, avec une distinction native qui ne va pas sans grâce, ni élégance. Il s'en dégage quelque chose de sympathique. Même lorsqu'on a découvert que le développement de son imagination offre quelques inconvénients, on l'aime encore pour son naturel, pour la séduction qu'elle inspire et parce qu'elle est d'un bon secours. Sa franchise me paraît certaine en ce sens qu'elle n'altère pas la vérité systématiquement et le voulant; son imagination seule l'entraîne à des inventions. Mais elle a des spontanéités qui n'empêchent pas le calcul.

Sa loyauté est plus certaine; elle tient ses engagements et n'a même pas l'idée de s'y soustraire. Elle est cependant très habile quand elle veut. Son énergie ne va pas sans faiblesses; elle est très inégale. Tantôt elle manque l'occasion d'agir, tantôt elle agit brusquement, par un coup de tête et dépassant le but. Elle est capable de fermeté, quoique plutôt vive et véhémente.

C'est par son activité qu'elle se révèle sous l'aspect le plus sympathique. Si on la critiquait d'une manière un peu serrée on la diminuerait fortement, mais on n'y songe pas avec ces natures-là, très en dehors, parce qu'elles ont tout à la fois de l'entrain et de l'assurance.

On peut lui reconnaître la plupart des qualités qu'on s'est longtemps borné à demander aux femmes. De fait elle n'a que des défauts féminins et ces défauts bien à leur place, si j'ose dire, emportent l'indulgence universelle.

J'ai étudié longuement la psychologie de cette dame, et je pourrais écrire sur ce sujet tout un volume. Il faut se borner. Voici, ce me semble, les principaux traits de son caractère : Intelligente, cultivée, intellectuelle, ayant des besoins de littérature et surtout d'art, avec beaucoup d'imagination, de l'esprit, de l'élan, de l'idéal, de la générosité, surtout de l'enthousiasme, de la versatilité, de l'exagération, de l'amour-propre du parti, pris, de l'étourderie, l'esprit souvent confus et incapable d'assimilation, Mme X.... représente un chaos de tendances contraires, où la volonté et la raison sont obligées de lutter contre une émotivité excessive. M. Crépieux-Jamin fait jouer à l'imagination un rôle que j'attribue plus volontiers à l'émotivité; pour le reste, son portrait paraît assez bon, sans qu'on puisse dire autre chose que cette appréciation trop sommaire.

Ces échantillons montrent ce qu'on peut obtenir avec notre méthode de contrôle lorsqu'on opère dans d'excellentes conditions, c'est-à-dire avec la collaboration d'un talent comme celui de M. Crépieux-Jamin. Vraiment, le résultat est médiocre. Tout cela ne prouve pas grand'chose. Il y a trop de flottement dans les appréciations.

Il y en aurait plus encore si on conviait à cette recherche d'autres experts qui, plus prudents, ou moins loyaux, excellent à dessiner des portraits tellement imprécis, que ce sont de véritables *passe-partout*, convenant à tous les modèles.

J'avais pensé un moment, pour perfectionner la méthode, à employer l'artifice suivant: étant donné le portrait d'après l'écriture de M. A, j'aurais cherché si ce portrait s'appliquait aussi bien ou aussi mal au caractère de B, de C, de D, etc. Mais j'ai été obligé de m'arrêter dans ces recherches, où je m'obligeais à doser de l'impondérable. Je me faisais l'effet d'un naïf qui voudrait, avec une balance de précision, peser des sourires ou des regrets.

Peut-être eût-il été préférable de poser à l'expert des questions précises en forme de dilemme, ou autrement, sur le caractère des scripteurs. Je crois que ce travail serait délicat, et difficile à bien faire.

Somme toute, on voit que je ne me suis pas senti capable de contrôler des portraits graphologiques en les comparant à mes appréciations personnelles. Cette impuissance n'est, bien entendu, relative qu'à moi. Je devais donc chercher une méthode meilleure.

Voici celle que j'ai adoptée.

CHAPITRE XXII

Une expérience sur des écritures de criminels

Le titre de ce chapitre est assez explicite, et indique bien mes intentions.

J'ai composé une série de documents, dans laquelle j'ai réuni des écritures d'honnêtes gens, de braves gens que je connais assez bien, et des écritures de grands criminels. J'ai mêlé le tout; puis j'ai envoyé ce petit mélange à mes experts, sans les prévenir de la composition de la dite série; je leur demandais seulement de faire le portrait complet des caractères, en insistant moins sur l'intelligence que sur les sentiments, et pour ces derniers, en mettant en relief les qualités de bonté, de tendresse, de douceur et d'altruisme, et... les qualités contraires, quand elles se rencontreraient.

De plus, pour mieux appuyer ma demande, j'ai prié quelques experts de tracer, en une vingtaine de lignes, une graphologie abrégée de la bonté.

Il m'a semblé que, de cette manière, j'augmentais la netteté de l'épreuve; la solution à intervenir prenait le tranchant d'un couteau.

Réfléchissons en effet à toutes les perplexités qu'on éprouve si on cherche à se faire une idée sur la bonté et la moralité d'une personne ordinaire, d'une personne de notre milieu, qui n'est ni un saint Vincent de Paule, ni un assassin. Cette personne-là est-elle bonne? Comme on est embarrassé pour répondre! Il semble que cette question est trop simple, et comme hors de saison lorsqu'on cherche à se rendre compte de l'activité d'un individu aussi compliqué que l'homme, dans un milieu aussi compliqué que le milieu social. D'abord la moralité n'a point chez nous une valeur fixe

comme la taille, elle varie sans cesse, monte, descend suivant les tentations qui nous assaillent, suivant les témoins
qui nous regardent, suivent le chaud, le froid, la fatigue, la
digestion, que sais-je?

Comme tout cela oscille! Et quand on réfléchit, comme
on se sent peu sûr du jugement qu'on porte sur les autres,
et même sur soi!

On se rend bien compte du reste de ces fluctuations de la
moralité, lorsqu'on examine le procédé employé par un graphologue pour doser la moralité d'une écriture. Regardons-
le travailler, et écoutons ses confidences. Il découvre le plus
souvent dans une même écriture des signes antagonistes, je
veux dire des signes qui prêtent à des conclusions justement
opposées. Voici de la bonté, de la tendresse, nous disent-ils ;
mais d'autre part voilà de l'irritabilité, de la sensualité. La
moralité de l'individu est à la merci de ces forces contraires, elle en est la résultante. Mais comment savoir de quel
côté sera la victoire? Comment évaluer ces deux armées enne-
mies de penchants? question de force, question d'opportu-
nité, de moment. On comprend l'indécision du graphologue,
et on sent qu'il a bien raison d'être indécis. Sans doute, les
malins — car il y en a toujours, en graphologie comme ailleurs — profitent de cet état de choses pour nous dire : cette
écriture contient en elle de quoi expliquer les conduites les
plus opposées ; oui, malins, repondrons-nous, vous avez
trouvé là une précieuse formule, qui est un bouclier contre
l'erreur; avec cela vous ne serez jamais pris en défaut. Mais
prenez garde ; si vous ne pouvez jamais vous tromper, vous
ne pourrez jamais non plus dire juste, car les deux choses
sont corrélatives; et votre ruse tourne en définitive contre
vous, car vous démontreriez que la graphologie est un art
inutile.

Ajoutons encore que les doutes que nous pouvons avoir
sur la moralité vraie d'une personne profitent toujours au
graphologue, car lui ne doute pas, il affirme, et l'apparence
de certitude fait toujours impression sur ceux qui sont indécis. Encore une source d'illusions.

Voilà pourquoi j'ai pensé que j'écarterais bien des incertitudes en prenant comme sujets d'analyse des personnalités
aussi tranchées que le sont des criminels de sang, ceux sur-

tout qui ont versé le sang par cupidité, avec le vol comme mobile.

Voici la composition exacte de notre série; elle comprend, côté des honnêtes gens, 14 personnes :

1o Un employé de commerce, M. H. Bill.

2o Une cuisinière de vingt ans, Luc. Croquet.

3o Une institutrice, Mme R.

4o Un ministre d'un pays étranger, M. T. Ion.

5o Un professeur de philosophie, M. Lary.

6o Un cultivateur, ancien ouvrier en bijoux, M. Bour...

7o La fille du précédent, femme de ménage, Mme Cer.

8o Un marchand de légumes, M. Legu..

9o Un paysan, M. Gaspard.

10o Un employé de chemin de fer en retraite, M. Cuni.

11o Un passeur, M. Victor.

12o Un homme de peine, employé chez un pharmacien, M. Far.

13o Un patron boulanger, M. Brissaud.

14o Un épicier, M. Soufflot.

Sur ces 14 personnes il y en a trois qui appartiennent à des professions libérales; le reste est de condition très modeste.

Cette remarque est importante. Ce sont les écritures des gens de condition très modeste qu'il faut comparer de préférence à celles des criminels, à cause de l'analogie du milieu social; aussi, ai-je par la suite éliminé les documents qui émanent des n°s 3, 4 et 5 [1].

Je ne puis garantir que ces 14 personnes soient d'une honnêteté absolue; je n'en connais d'une manière personnelle et approfondie que 8. Je puis garantir du moins que parmi les autres, il n'y a pas un assassin, pas un voleur authentique, pas un délinquant, ayant eu maille avec la justice. Je suppose que tout cela représente à peu près la moralité courante, ni trop haut, ni trop bas.

Les criminels dont j'ai pu me procurer l'écriture sont les suivants :

---

1. M. Crépieux-Jamin qui a très bien reconnu la moralité supérieure des numéros 3, 4 et 5 m'a reproché de ne pas en faire état dans le pourcentage de ses réponses exactes. Je ne l'ai pas fait, à cause de la différence de milieux sociaux que j'ai signalée dans le texte. Et puis, je n'éprouve aucun scrupule à traiter M. Crépieux-Jamin avec la dernière rigueur, puisqu'il montre quand même et malgré tout sa supériorité sur ses confrères.

1° VIDAL, le célèbre tueur de femmes.

2° EYRAUD, l'assassin de l'huissier Gouffé, condamné a mort et exécuté.

3° NOUGUIER, un assassin par cupidité, impliqué dans l'affaire de la Villette, condamné à mort et exécuté; il fut reconnu coupable de l'assassinat d'une vieille femme, qu'il étrangla et assomma à coups de bouteille.

4° HOYOS, un assassin par cupidité, condamné à mort et exécuté.

5° CARON, un parricide, condamné à mort et exécuté.

6° TILLOY, un assassin par cupidité, condamné à mort et exécuté.

7° Mme GALTIÉ, l'empoisonneuse de Saint-Clar, a tué son mari, son frère, sa grand'mère.

8° M. X., inverti, assassin, sujet très dépravé; sa mère lui ayant refusé de l'argent, il la terrasse et l'étouffe en enfonçant ses mains dans la bouche de la malheureuse.

9° Henri V., assassin par cupidité, condamné aux travaux forcés à perpétuité, pour assassinat d'une vieille femme et vol.

10° SERV., assassin par cupidité, condamné aux travaux forcés à perpétuité.

11° DAUL., assassin par cupidité, a été condamné à vingt ans de travaux forcés, pour avoir tenté d'assassiner une changeuse. Le crime n'était pas prémédité; il cherchait à voler et a été surpris.

Ces écritures m'ont été obligeamment prêtées par les personnes suivantes, dont je cite les noms, non seulement pour leur adresser tous mes sincères remercîments, mais pour authentiquer ces documents: M. le professeur Lacassagne, Me Decori, Me Henri Rollet, M. Camille Granier, inspecteur général des prisons. Je m'étais adressé à bien d'autres personnes, qui détiennent de précieux documents et ont refusé de me les confier en alléguant le prétexte, toujours si commode, du secret professionnel. Le procureur général près la Cour d'appel, auquel j'avais cru pouvoir demander un peu de l'écriture de Tropmann, le célèbre auteur du crime de Pantin, m'éconduisit dès les premiers mots. « Je n'admets pas, me dit-il en substance, que sous prétexte de science ou de graphologie, on porte atteinte à la mémoire d'individus qui ont payé leur dette à la société. » Cette affirmation de principes qui s'appliquait, dans le cas présent, à la mémoire de Tropmann, m'a beaucoup frappé. M. le procureur général voulut bien ajouter qu'il consentirait à m'ouvrir des dossiers s'il était couvert par un ordre de son chef, le garde des sceaux. Il m'invita donc à m'adresser à ce dernier. Je ne me rendis pas à cette invitation. Je compris la gravité d'une pareille démarche, qui pouvait avoir une portée incalculable pour l'honneur de Messieurs les assassins, et je ne voulus pas troubler la paix profonde où dorment les décapités (1).

Les documents écrits sur lesquels les experts ont eu à travailler, présentent une abondance très variable. Il y a toujours un minimum de huit lignes d'écriture ; quelquefois beaucoup plus, vingt lignes et davantage. Les experts se sont plaints quelquefois de l'insuffisance de la documentation, et ils n'avaient pas tout à fait tort; mais ce n'était pas ma faute ; j'étais bien obligé de me contenter de ce qu'on m'envoyait.

Les lettres d'assassins avaient parfois un contenu caractéristique, ou bien significatif.

Il suffirait d'en lire certaines pour être au fait. Vidal, dans la page de mémoire qu'on me communique de lui, raconte un de ses assassinats, sans aucune émotion, et avec un peu de littérature. Au moment décisif il croit bon d'ajouter : « Un nuage rouge passa devant mes yeux. » Tilloy qui fait le récit complet de sa vie, donne aussi sans l'ombre de réticence le détail de plusieurs de ses assassinats.

Dans les autres lettres, les sujets traités sont différents. Ce sont des suppliques, des demandes à des avocats, des réclamations, ou des aveux et des dénégations, parfois des lettres, à des parents et à des protecteurs, lettres contenant des allusions au régime de la prison, ou un étalage hypocrite de sentiments tendres qui est tout à fait dans la note pénitentiaire. J'ai atténué du mieux que j'ai pu ces révélations en recouvrant avec des morceaux de carton, les parties de texte qui

1. M. Crépieux-Jamin craint que certains documents provenant d'assassins n'aient été écrits longtemps avant l'assassinat. « Car enfin, dit-il, il s'agit de savoir si vous nous avez donné à étudier des écritures d'assassins, ou bien celles de gens qui devaient le devenir. Ce n'est pas la même chose. Nous n'avons pas à prévoir le crime. » Je raccourcis la discussion, parce que je puis; d'un mot, rassurer M. Crépieux-Jamin ; tous les documents que je lui ai communiqués sont postérieurs au crime, c'est de l'écriture de prison.

étaient trop significatives ; j'ai apposé cà et là des cachets, et pris toutes les précautions possibles pour qu'on ne pût rien lire de suspect par transparence ou tout autre procédé. J'ai du reste appliqué les mêmes mesures de protection à des lettres, tout à fait incolores, émanant de très honnêtes gens. Il est évident que la multiplicité des cachets que j'ai imprimés à certains documents inspire une sorte de respect. On se dit : voilà une pièce qui doit être bien précieuse puisqu'on l'entoure de bandelettes comme une momie égyptienne. Plusieurs graphologues ont éprouvé ce sentiment et m'en ont fait part. Je suppose cependant qu'il n'y a pas eu là cause d'erreur.

Du reste, plusieurs documents émanant d'assassins ne présentaient rien de suspect ; par exemple la lettre qu'Eyraud a écrite sous un faux nom, les copies et exercices d'écriture auxquels s'est livré Caron le parricide, et ainsi de suite.

Dans un cas, en particulier, le document était selon, l'expression d'un graphologue, « terriblement significatif ». C'est une lettre d'assassin qui demande qu'on fasse des démarches pour la commutation de sa peine. J'aurais dû peut-être supprimer cette lettre.

Les experts qui ont été conviés à ces analyses sont nombreux. Je citerai MM. Crépieux-Jamin, Vié, Eloy, Paulhan, Varinard et une dame, Mme de Salberg, etc. L'expérience m'a appris qu'il est peu utile d'étendre le nombre des experts, car tous n'ont pas la même habileté, et il est juste de ne considérer que les plus habiles comme représentant la graphologie. J'aurais beaucoup simplifié le travail en me bornant à travailler avec le plus habile de tous ; incontestablement c'est M. Crépieux-Jamin. J'ai cependant demandé plusieurs esquisses à M. Vié, et je ne m'en repens pas, car il a fait preuve d'une grande finesse d'esprit. M. Eloy a aussi été mis bien souvent à contribution, et je le remercie bien de son zèle. Tous m'ont appris quelque chose, et aucune collaboration n'a été vaine.

Enfin, pour terminer ces renseignements préliminaires, je rappelle que nos experts ont opéré dans l'ignorance complète de la méthode que nous avions adoptée. S'ils ont découvert qu'on leur donnait à analyser de l'écriture criminelle, c'est par le secours de leurs seules lumières. Je ne les en ai jamais prévenus.

CHAPITRE XXIII

Questions de méthode

Comment jugerons-nous les solutions des experts?

C'est peut-être la partie capitale de cette étude, la clef de de voûte de tout l'édifice.

Et d'abord, nous-même, comment connaissons-nous le caractère de ces assassins? A coup sûr beaucoup moins bien que celui de M. Bordi. et de Mme X.... dont nous avons esquissé la physionomie, pages 174 et seq.

Il est inutile d'avertir le lecteur que ces criminels ne sont ni de notre famille, ni de notre société. Personnellement, nous ne les avons jamais vus, ni en cour d'assise ni en prison, nous les connaissons indirectement, par la lecture de documents; ces documents sont, dans les cas les meilleurs, des rapports d'experts, des actes d'accusation, des comptes rendus de journaux spéciaux qui ont reproduit les débats de la cour d'assises, des études publiées dans des *Années criminelles*. Parfois les renseignements sont beaucoup moins abondants [1]. Or, il est un fait évident, et pour ainsi dire inévitable, c'est que le souvenir du crime que ces gens-là ont commis est devenu inséparable de leur nom. Quand on pense à Vidal, on voit le tueur de femmes, on imagine le geste qu'il a exécuté; le nom d'Eyraud évoque l'image de Gouffé pendu dans l'alcôve. Ils se personnifient, ils s'incarnent, ils se symbolisent dans leur crime. Notre esprit établit une re lation qui est exacte, en fait, mais qui n'a point en réalité une valeur aussi générale, aussi absorbante. Plusieurs gra-

---

1. On pourrait toujours en recueillir de nouveaux, si c'était nécessaire, puisque ce sont des personnalités connues.

phologues ont présenté cette remarque, qui est juste, à la condition toutefois de ne pas être exagérée. Il faut se garder ici de toute exagération, soit dans un sens, soit dans l'autre; et pour se tenir en équilibre, on doit faire la part de deux ordres de considérations, qui plaident en sens inverse.

D'une part, il faut admettre que la valeur du crime nous révèle au moins une partie de l'âme de son auteur. Il est incontestable que c'est un renseignement de premier ordre sur quelqu'un de savoir qu'il a tué et dans quelles circonstances il a donné la mort. Beaucoup de gens seraient incapables d'assassiner par cupidité, fort heureusement. Ceux qui s'y décident doivent avoir quelque chose de spécial dans leur mentalité.

Un mot là-dessus.

Ce que nous appelons la moralité (terme pris ici non dans un sens sexuel, ni même dans le sens de l'honneur, mais dans le sens le plus large) dépend ce me semble de deux facteurs différents : l'un égoïste, comprend l'amour de soi, la vanité, la prétention, l'ambition, le cabotinage, la vantardise, et aussi le respect de soi, le culte de l'honneur, etc. L'autre facteur, de nature altruiste, comprend la bonté, la sympathie, la tendresse, la pitié, la douceur, la serviabilité, le désintéressement, l'oubli de soi, l'amour, etc. Or, à lire les rapports médico-légaux sur les grands criminels, les criminels de sang par cupidité, et de nature professionnelle, on a l'impression que le facteur égoïste de la moralité ne leur fait pas défaut, bien au contraire; tous sont prétentieux, vantards, et combien se font un tremplin de la cour d'assise! Ils ont été parfois entraînés au crime par des arguments qui s'adressent uniquement à leur vanité; comme cette phrase qu'on rencontre si souvent qu'elle devient typique : « Tu as donc peur? Tu n'es donc pas un homme? » C'est justement la phrase de lady Macbeth à son mari, et c'est incroyable combien de fois elle a été prononcée! Et on a le sentiment que puisque cette disposition vaniteuse existe en eux, on pourrait souvent l'utiliser, la mieux diriger, en leur faisant quelques compliments au bon moment, pour développer l'amour-propre, et éveiller le respect de soi. C'est à voir, c'est à essayer. Mais ce qui leur manque presque incurablement, c'est la série des sentiments altruistes; leur sang froid, leur cruauté au moment du crime, l'absence de repentir après, la liberté d'esprit et le cynisme avec lequel ils étalent les détails les plus répugnants sont des faits qui ont frappé depuis longtemps tous les criminalistes.

On dit communément que les criminels sont des êtres atteints de folie morale, qu'ils sont des anormaux, en ce sens qu'ils comprennent la distinction du bien et du mal, mais qu'ils ne la *sentent* pas.

Il y aurait lieu de revenir sur ces questions et de les préciser, en établissant la série exacte des sentiments qui manquent aux criminels, car on va un peu vite quand on dit en bloc que les sentiments moraux leur manquent.

Il faudrait entrer dans le détail [1]. En tout cas, on verra par les renseignements que je donne ici sur quelques assassins dont j'ai pu me procurer l'écriture à quel point ils portent l'insensibilité morale. Je recommande particulièrement à ce point de vue, Hoyos, Eyraud et la femme Galtié.

Ces diverses considérations tendent à faire admettre qu'un crime est un document du plus haut intérêt pour établir la psychologie d'un individu; et on a raison de le dire; mais il faut ajouter des considérations un peu différentes, qui conduisent à des conclusions opposées, et qui corrigent tant soit peu l'effet des premières.

Si le crime est la manifestation d'une personnalité, on doit reconnaître toutefois que c'est une manifestation à la fois particulière et occasionnelle; particulière, disons-nous, tandis que le caractère est une chose générale. Il n'est pas prouvé que tel acte particulier représente en miniature tout l'individu. En termes moins abstraits, disons que bien des mobiles différents peuvent pousser au crime et l'expliquer; de même, bien des traits de caractère, qui n'ont aucun rapport avec le crime, peuvent exister chez le criminel, et même jouer en lui un rôle très important; il est possible que le crime ne soit chez lui qu'un accident, important sans doute pour la victime, mais accessoire dans la psychologie de l'auteur, et ne représentant pas son état normal moyen.

Une manifestation occasionnelle, disons-nous encore; et par là nous voulons faire entendre que pour qu'une certaine tendance psychologique aboutisse à un assassinat, il a fallu

---

1. Ce ne serait possible que si l'administration de la justice ouvrait toutes grandes ses archives aux psychologues.

le concours de circonstances matérielles qui sont indépendantes du caractère de l'agent, et qui auraient pu manquer.
Un sceptique pourrait même prétendre que l'écriture ne recèle
pas plus le crime commis qu'elle ne pourrait indiquer qu'on
a une tante dans le commerce ou un neveu dans la magis-
trature. Ce serait exagéré; mais on peut du moins aller
jusqu'à dire que la matérialité du crime est une résultante
dans laquelle le milieu joue un rôle aussi important que
l'agent [1].

Ceci posé, quelle conduite allons-nous tenir vis-à-vis des
experts? Qu'allons-nous réclamer d'eux, quand nous leur
montrerons de l'écriture d'assassin? et comment jugerons-
nous leurs solutions? Nous pouvons employer deux procédures; en fait, nous les emploierons toutes deux.

La première consiste à rapprocher le modèle et son portrait graphologique et à décider si le portrait est ressemblant.
A quelle condition le sera-t-il? On ne peut pas demander au
graphologue de déclarer devant une écriture : cet homme a
tué, puisque le meurtre est un fait empirique et non un trait
de caractère; et s'il ne fait pas cette reconnaissance, on ne
peut pas le taxer d'erreur. Cependant celui qui conclurait
que le scripteur est capable d'assassiner ou d'avoir assas-
siné mériterait la palme; de même, il faudrait louer celui

---

1. Sans être un grand devin, je prévois à quels assauts je m'expose de la part
des graphologues, lorsqu'ils discuteront ma méthode de contrôle. Il est à peu près
certain qu'ils ne verront pas entre l'écriture des criminels et celle des honnêtes
gens des différences aussi grandes que celles qui existent réellement entre les personnages; tout ce que nous savons de la psychologie et de l'expérimentation nous
permet de le prédire. Par conséquent, pour atténuer leurs erreurs, ils auront une
tendance à chicaner ces différences de moralité et à soutenir, avec la finesse et
l'entrain qu'on trouve toujours lorsqu'on plaide pour sa propre cause, que les assassins ne sont pas toujours aussi criminels qu'il en ont l'air, et que les honnêtes gens
sont moins honnêtes qu'on ne croit. M. Crépieux-Jamin, dans les lettres qu'il m'a
écrites, a déjà esquissé ce commencement de défense : « Un crime, écrit-il, est un
fait possible dans des conditions morales extrêmement variées. On n'est guère assassin par profession, on l'est parfois sans être de moralité très basse. Il y a des brutes
qui n'ont jamais eu affaire avec la justice, et des gens très intéressants qu'un moment d'oubli a jetés au bagne. » M. Crépieux-Jamin a l'esprit trop averti pour donner en plein dans cette manière de plaider; mais malgré lui, en quelque sorte, il
cherche à réhabiliter mes criminels. Je citerai plus loin quelques exemples piquants
de son indulgence. Il ne m'en voudra pas de les lui signaler. C'est un homme d'esprit, et avec lui on s'entend toujours. Une remarque à ce propos. En relisant mes
pages, je constate que c'est avec lui que je discute le plus, lui que je prends à parti,
comme s'il était le seul à se tromper! C'est juste le contraire qui est exact. Il est
celui qui s'est trompé le moins souvent, et dont les solutions sont non seulement
les plus justes, mais les plus fines. Ceux qui se sont trompés le plus souvent, en
réalité, ce sont ceux que je ne nomme pas, et avec lesquels je ne discute pas,
usant ainsi d'une discrétion dont j'espère qu'ils me sauront gré.

qui sans faire des précisions de cette sorte verrait cependant par l'écriture toute une série de mauvaises tendances qui sont capables d'expliquer un crime.

Malheureusement, cette procédure est pleine d'écueils. Ce sont ceux que nous avons déjà rencontrés dans le chapi-tre XXI de cette troisième partie, quand nous avons essayé le contrôle des portraits graphologiques. Nous pouvons prévoir presque à coup sûr que les portraits que nous dessi-neront les graphologues seront complexes comme la nature, et contiendront des traits discordants. Parmi ces traits les uns nous paraîtront s'appliquer au criminel en question, les autres pas. Les graphologues que nous jugeons auront une tendance toute naturelle à insister sur les points qui parais-sent exacts, et à considérer comme accessoires ceux qui se-ront reconnus inexacts. Nous, qui avons moins de parti pris qu'eux, comment jugerons-nous? Faudra-t-il compter les traits de ressemblance et de différence? C'est bien grossier. Faudra-t-il, au lieu de les compter, chercher à les juger, les évaluer? C'est bien délicat.

De plus, n'oublions pas que ces modèles ne nous sont pas connus dans leur intimité morale ; et lorsque l'expert attri-bue à un criminel notoire une qualité du cœur, l'erreur dont nous accusons cet expert est peut-être une simple apparence due à ce que la psychologie du criminel nous reste ignorée sur certains points. Et l'effet contraire pourrait se produire tout aussi bien. Il n'est pas invraisemblable d'imaginer tel défaut de caractère qui, imputé par l'expert au criminel, nous paraî-tra juste, parce que nous avons une tendance à croire que quel-qu'un qui a commis un crime abominable est capable de tout, tandis que si on connaissait mieux le personnage, on trouve-rait peut-être que le jugement de l'expert est erronné, et qu'il y avait au fond de cette brute quelques petites délica-tesses de sentiment.

Cette première procédure est donc pleine d'inconvénients. C'est celle qui vient la première à l'esprit, et qu'on voudrait poursuivre à fond lorsqu'on aime la psychologie ; mais je ne crois pas, pour les raisons que j'ai dites, qu'elle conduise à des conclusions fermes. La finesse des analyses est ici hors de saison ; elle est même dangereuse ; il faut un contrôle plus sommaire, et donnant plus de certitude.

Je me trouve ici, d'une manière inattendue, en conflit avec M. Crépieux-Jamin, qui, lorsqu'il eut connaissance de ma méthode, — c'était après qu'il eut fait et envoyé ses diagnostics — la jugea très sévèrement. Il me déclara, avec la grande franchise dont nous avons pris l'habitude dans nos relations scientifiques, qu'il était surpris, choqué, dépité de me voir employer des procédés aussi sommaires. « Ce qui manque le plus à votre contrôle psychologique, n'a-t-il cessé de me répéter sur tous les tons, c'est la psychologie. Vous allez faire crier contre vous ! » Un professionnel de la psychologie à qui on fait ce reproche en est toujours un peu étonné. On n'a que trop de tendance à pencher du côté de son métier. Si donc, je me suis gardé contre l'excès de la psychologie, si j'ai fait à l'analyse psychologique une part restreinte, je ne m'y suis décidé que par une violence contre moi-même, et pour des raisons que M. Crépieux-Jamin comprendra certainement, s'il ne les admet pas.

La délicatesse des analyses psychologiques ne me paraît intéressante qu'à la condition de venir à son point. Lorsqu'il s'est agi de faire passer la graphologie de l'intelligence sous les fourches caudines de la critique, j'ai éliminé tous les renseignements que je pouvais avoir sur les types si divers de l'intelligence; lorsque j'ai demandé qu'on comparât une lettre de Victorien Sardou à celle d'un petit commerçant qui consacre à la littérature tous ses moments perdus — perdus à plus d'un titre, — je n'ai tenu compte que d'une chose : c'est qu'incontestablement l'intelligence de Sardou est supérieure à celle de mon boutiquier. J'ai resserré le problème, je l'ai rendu plus étroit, plus grossier et aussi plus précis. Car c'est surtout de précision que nous avons besoin. C'est pour les mêmes raisons que maintenant, dans ce contrôle de la graphologie de la moralité, je jette au vent tout ce qui est d'analyse psychologique subtile; la subtilité confine à l'imprécis et à l'indémontré. Je veux au contraire de l'incontestable, afin d'assurer, aux yeux de tous, un bon contrôle.

Ce contrôle nous l'obtiendrons surtout en employant la seconde procédure, que j'ai annoncée tout à l'heure. Elle consiste tout simplement à faire le mélange des écritures de criminels avec les écritures d'honnêtes gens, et à prier le graphologue d'opérer le triage. Nous verrons en détail un peu plus loin sous quelle forme on peut leur proposer cette sélection. Pour le moment, il suffit de poser le principe. Il ne s'agit plus de faire des analyses fines de caractère, de peser des qualités et des défauts, mais de faire une différenciation qui est très grosse et répond à une vérité certaine, car il est incontestable que tous nos honnêtes gens, pris en masse, sont d'une moralité supérieure à l'ensemble des criminels ; il est très vraisemblable, ajouterons-nous, que chacun de nos honnêtes gens est d'une moralité supérieure à celle de chacun de nos criminels. Cette seconde proposition est moins certaine que la première, je le reconnais ; et je ne puis garantir qu'aucun de mes honnêtes gens ne deviendra un assassin. Il se peut que cet excellent marchand de légumes qui figure dans ma série honnête s'introduise chez moi pendant la nuit pour me tuer à coups de couteau, que l'aide pharmacien m'empoisonne ou que le boulanger mette le feu à ma maison. C'est possible, mais ce n'est pas du tout vraisemblable : la vraisemblance est plutôt pour que des gens qui jusqu'ici n'ont point commis de gros crime achèvent leur existence sans en commettre. Ce n'est pas la vérité absolue, certes, mais c'est la vérité approchée, c'est le maximum d'approximation dont nous sommes capables. Par conséquent, sans vouloir me porter garant de la moralité d'autrui, je pose en principe, je le répète, et même j'admets comme un postulat, que n'importe lequel de mes onze honnêtes gens est supérieur à n'importe lequel de mes onze criminels.

Voilà trouvé notre principe directeur. Nous verrons dans un moment quel parti nous en tirerons.

CHAPITRE XXIV

La graphologie de la bonté

On se rappelle peut-être ce que nous avons dit plus haut des signes graphologiques à propos du diagnostic de l'intelligence dans une écriture.

Nous avons trouvé que ces signes sont généralement un peu vagues, mal définis, et que les praticiens semblent toujours voir, au delà du signe, quelque chose que le signe lui-même n'exprime pas entièrement. Aussi, dans l'état actuel des connaissances, n'attachons-nous qu'une importance minime à l'explication des signes. C'est toute une partie qui serait à revoir.

Sous le bénéfice de ces réserves, je reproduis deux consultations qui m'ont été données, l'une par M. Crépieux-Jamin, l'autre par M. Vié. Tous deux ont eu l'obligeance de renfermer en vingt ou trente lignes la quintessence de la graphologie de la bonté

Que le lecteur ne s'imagine pas qu'il trouvera ici une sorte de clef lui permettant d'ouvrir les caractères.

LA BONTÉ, ET SA RÉVÉLATION GRAPHIQUE,
D'APRÈS M. CRÉPIEUX-JAMIN

Définition. — La bonté est une qualité très complexe, un véritable aboutissant de tout le caractère. Hommes et femmes l'entendent et la pratiquent de façon différente.

Les hommes ont une conception de la bonté dans laquelle l'intelligence joue un rôle important. Ils la font résider plus ou moins consciemment dans un idéal de justice. Une haute justice est bienveillante, indulgente et suffit à tout.

Les femmes s'abandonnent à leurs sentiments de compassion, de tendresse, de dévouement.

Un grand idéal de bonté est atteint par les deux sexes, mais la supériorité de celui de l'homme est manifeste; il est moins passionné, plus stable, plus sûr. Le sentiment a ses dangers, la solidité de la raison est supérieure. Aussi voit-on plus de femmes méchantes que d'hommes et elles vont plus loin dans la méchanceté.

Dans un autre ordre d'idées je repousse comme des formes de la bonté les produits de la faiblesse et du laisser faire. Il y aurait un chapitre à écrire sur les fausses vertus, celles que Spinoza appelait les vertus d'esclaves, qui ne rendent pas les hommes plus parfaits, mais moins dangereux.

La bonté. — Je crois que la bonté, dans l'écriture, ne se manifeste pas par un signe spécial; c'est toujours une résultante. L'intelligence (1) unie à une sensibilité modérée (2) fournit un excellent terrain pour la production de la bonté. Mais elles ne donnent pas nécessairement la bonté. On la trouve dans les intelligences très vulgaires comme produit d'une douceur (3) et d'une bienveillance (4) naturelles. Ce genre de bonté est d'une valeur moindre, assurément, puisqu'elle est facile à détourner, ou trop lente dans ses effets, il y a des degrés en tout, mais le moindre mouvement de bonté est infiniment précieux pour l'humanité. Un peu plus haut dans la hiérarchie intellectuelle c'est l'apaisement des passions (5) et non seulement la présence des sentiments altruistes (6), mais une certaine harmonie entre ces sentiments, qui dénotent la bonté.

Plus haut encore, c'est la raison (7) qui en assure les résultats les plus parfaits et les plus constants.

La méchanceté. — Pour la méchanceté, c'est l'écriture habituellement floue et lâchée, indices de dégénérescence, de paresse, de désordre, de faiblesse, de lâcheté, qui constitue le milieu de culture la plus favorable.

J'ai trouvé un signe graphologique qui, sans être un indice exclusif de toute bonté, est cependant le plus spécial, le plus typique des signes de la méchanceté, c'est le *t* barré et en pointe, avec une direction plus ou moins flottante. Barré court et en pointe il devient très souvent un indice de causticité, d'esprit critique, d'irritabilité, selon le milieu où il se manifeste. Les soulignements et les accents terminés en pointe participent à ces significations.

Mais la méchanceté est le plus souvent manifestée dans l'écriture par les discordances entre les signes des passions et par la violence de celles-ci. L'extrême vivacité (8), l'égoïsme (9), la rudesse (10), la violence (11), la brutalité (12), l'irritabilité (13), la fausseté (14), l'excitation (15), sont les traits qui me déterminent.

Quelques résultantes faciles donnant la susceptibilité, l'envie, la jalousie, jouent également un rôle dans mes appréciations.

Références

(1) Ecriture claire, sobre, rapide.
(2)   —   modérément inégale, surtout dans les dimensions et les
            directions.
(3)   —   courbe, pas trop rapide, ni trop mouvementée.

(4) Ecriture dextrogyre et courbe, sans discordances.

(5)   —   sobre, à l'exclusion des indices de passions violentes.

(6)   —   dextrogyre, courbe, inclinée.

(7)   —   sobre, simple, naturelle, modérément rapide et inégale, gracieuse, claire, ordonnée.

(8)   —   très rapide, très montante ; barres du *t* longues et rapidement tracées, ou courtes et pointues.

(9)   —   en premier lieu senestrogyre et ronde. Au second plan, surhaussée et serrée.

(10)   —   anguleuse dans ses différents modes.

(11)   —   anguleuse. Traits massués. Changements brusques de direction. Discordances violentes entre les signes graphiques. Inégalités fortes.

(12)   —   grossière et un nombre plus ou moins grand des signes du n° 11.

(13)   —   gladiolée, (barre du *t* en pointe), inégale (surtout les changements brusques de direction).

(14)   —   confuse, renversée, artificielle, senestrogyre, inégale, (lignes serpentines, mots filiformés.)

(15)   —   inégale (brusques changements de direction et de dimension), tremblée.

On reconnaît dans les lignes qui précèdent la manière habituelle de M. Crépieux-Jamin ; une certaine impatience du détail, du signe individuel, un mouvement vers la synthèse, l'idée générale.

La notice suivante, due à la plume avisée de M. Vié, trahit des tendances assez différentes, plus analytiques.

NOTE GRAPHOLOGIQUE SUR LA BONTÉ, PAR M. VIÉ

La *bonté* ne se manifeste pas dans l'écriture par un signe simple ; elle est la résultante de la *douceur* (courbes significatives) et de l'affectivité (écriture inclinée). Cette règle, constante dans son principe, est d'une application relativement facile dans la cursive normale, mais elle donne lieu à une analyse très délicate quand il s'agit de certaines écritures conventionnelles, telles que celle dite du *Sacré-Cœur*, où le redressement et l'angulosité font partie de l'enseignement qui s'y réfère, mais le naturel du scripteur tend à y briser le moule par endroits, et alors se montrent des dérogations révélatrices.

Ces données une fois déduites, il y a encore lieu d'étudier les antagonismes moraux capables de réduire cette qualité ou de l'oblitérer ; on peut citer, notamment :

A. *L'avarice*: mots serrés dans la ligne, lettres serrées dans le mot, finales écourtées, économie visible de l'encre et du papier.....

L'égoïsme : crochet convergent ajouté à certaines lettres.....

L'orgueil : majuscules qui s'épanouissent en largeur, lettres qui s'exagèrent en hauteur; *L* majuscule se hissant sur sa base.....

La dissimulation : finales filiformes; *o* ou *a* (ou lettres simulaires) fortement bouclés.....

L'esprit de contradiction : première lettre d'un mot annoncée par un petit trait sec.....

Les signes suivants sont des composantes de la *méchanceté* :

B. *L'humeur acerbe* : abus ou accentuation des angles.....

La fourberie : *o* ou *a* (ou lettres similaires) ouverts par la base.....

La tracasserie : barres de *t* croisant la hampe par une oblique ascendante.....

· *Le despotisme dur* : fortes barres de *t* en haut ou au-dessus de la hampe......

La violence : massue projetée en avant; massue ascendante.....

N.-B. Ces indications, limitées par la condition, ici imposée, de ne pas exéder vingt lignes d'impression, sont des plus sommaires. Elles livrent d'importants éléments du diagnostic, mais elle laissent en suspens de nombreuses questions que l'analyste peut être appelé à résoudre.

Voilà qui est bien.

Il s'agit maintenant de savoir comment les graphologues se servent de ces notions.

Tournons la page.

CHAPITRE XXV

Une galerie d'assassins jugés d'après leur écriture

Le lecteur qui a bien voulu prendre connaissance des règles de méthode que je viens d'écrire dans le chapitre précédent comprendra que le présent chapitre est simplement une sorte de musée que j'ouvre à sa curiosité. J'emploie ici la première des deux procédures indiquées précédemment. Je donne quelques écritures d'assassins, de ceux sur lesquels j'ai pu réunir pas mal de documents; puis je publie les portraits de ces assassins, tels qu'ils ont été brossés par des graphologues.

Cela est intéressant, sans doute, et on m'aurait même fait de graves reproches si j'avais manqué de publier des documents de ce genre, mais ce n'est pas avec cette procédure qu'on peut arriver à contrôler la graphologie.

Vidal, le tueur de femmes.

Il sera bon de donner quelques notes caractéristiques sur chacun des assassins dont l'écriture a été utilisée.

Une étude longue, minutieuse et très complète a été publiée sur Henri Vidal par Lacassagne, Boyer, et Rebatel [1]. On lit dans leur rapport que cet individu s'est rendu coupable de nombreux vols et de quatre assassinats, pratiqués tous les quatre sur des femmes. Le 26 novembre, il tentait d'assassiner, à Nice, une jeune fille galante, Joséphine Morero; il se précipita sur elle au moment où elle allumait sa lampe; sans rien dire il la renversa et lui porta dans le dos un coup de couteau. Elle poussa des cris, il s'enfuit.

Le 6 décembre au soir, il était à Marseille; à deux heures du matin, il abordait dans la rue la fille Louise Guinard et l'accompagnait chez elle

---

1. Arch. d'anthropologie criminelle, 15 nov. 1902.

Celle-ci, en pénétrant dans sa chambre, se mit à allumer la lampe. A ce moment, Vidal se précipita sur elle, et la saisit par le cou. Elle parvient à se dégager. Elle reçoit deux coups de couteau dans la main gauche, tombe sur une chaise longue, se relève, et porte à son agresseur un violent coup de pied. Vidal chancelle à son tour. Louise Guinard en profite pour sortir de sa chambre, et essaye de l'y enfermer derrière elle. Mais il

Fig. 55. — *Portrait de Vidal, « le tueur de femmes ».*

pousse fortement la porte, elle crie « au secours », Vidal se précipite hors de l'appartement, passe à côté de sa victime, lui porte plusieurs coups de couteau, laisse tomber son arme, la ramasse, et prend définitivement la fuite. Le reste de la nuit, il erre dans Marseille.

Ces deux tentatives d'assassinat avaient pour but unique le vol; il ne s'y mêlait aucune obsession, aucune perturbation sexuelle.

Le 10 décembre, il continue; il est à Toulon; il se rend à la Taverne Alsacienne, lie conversation avec une jeune fille, la demoiselle Van Brusselin. Il passe la nuit avec elle, et le lendemain ils prennent rendez-vous pour aller dîner à Tamaris. Il conduisit sa compagne dans un chemin écarté, la frappa dans le dos, la tua, lui prit ensuite une bague en or, chercha ses clefs sans les trouver, rentra ensuite à Toulon, et essaya de pénétrer dans l'appartement de la fille Van Brusselin, sans y parvenir.

Enfin, le 22 décembre, il commettait son dernier assassinat sur la ligne de Nice à Menton, dans un wagon de chemin de fer. Une demoiselle Gertrude Herschbrunner, demoiselle de magasin à Monte-Carlo, avait pris un train du soir à Nice. Vidal était à la gare. Il resta sur le quai du départ jusqu'à la fermeture des portières. Au dernier moment, il monta dans le compartiment où Gertrude se trouvait seule. En route, entre Beaulieu et Eze, il se précipitait sur elle, l'égorgeait, jetait son corps sur la voie, se précipitait derrière lui, le transportait vers le talus, puis revenait à pied à Nice.

La matérialité de tous ces crimes a été reconnue et Vidal a avoué que c'est le besoin d'argent qui l'a poussé à les commettre.

Les trois médecins légistes qui l'ont étudié semblent un peu différer d'opinion sur son degré de responsabilité, bien qu'ils aient signé des conclusions identiques. Sans doute, ils ont dû se faire quelques concessions mutuelles. Lacassagne est surtout frappé par les signes de dégénérescence qu'il relève dans l'anamnèse de Vidal, il en ferait volontiers un malade ; Rebatel et Boyer ne trouvent pas dans son examen physique une tare sérieuse, ni dans l'analyse des crimes commis aucun caractère d'incohérence, de délire ou d'impulsion. En conséquence, les trois experts ont déclaré Henri Vidal « responsable avec une légère atténuation ».

Les détails qu'on nous donne sur sa psychologie sont nombreux, et appuyés par plusieurs témoignages concordants. Il nous est représenté comme sournois, timide, hypocrite, vindicatif, vantard, paresseux, violent, et surtout d'une intelligence inférieure à la moyenne ; on répète sans cesse : c'est un débile. Voilà un portrait bien peu sympathique. J'ai lu avec attention cette longue histoire, cherchant si l'on pouvait y trouver quelque circonstance qui fût à l'avantage de Vidal, et je n'en ai pour ainsi dire pas trouvé.

Vidal est donc un criminel de sang, qui, par son écriture, va nous fournir un excellent sujet d'étude.

Les spécimens d'écriture qui émanent de lui m'ont été prêtés par le Dr Lacassagne, qui a bien voulu les détacher des cahiers de mémoires que Vidal a écrits pendant qu'il était en prison. Les écrits sont donc postérieurs aux différents crimes. M. Lacassagne, sur ma demande, a choisi des pages dans lesquelles Vidal ne fait aucune allusion à des faits de son passé qui pourraient révéler son identité.

J'ai soumis aux experts huit lignes de cette écriture ; je les reproduis ici, en partie. C'est un passage où Vidal parle de ses rêves. Comme au verso du même feuillet, quelques mots écrits auraient pu mettre sur la voie, j'ai eu soin d'encastrer les huit lignes dans du fort carton, auquel il a été fixé avec des fils couverts de cachets de cire. Je me suis assuré que ces cachets sont demeurés intacts. Ils seraient, à ce que je je présume, fort difficiles à imiter. J'ai donné conventionnel-

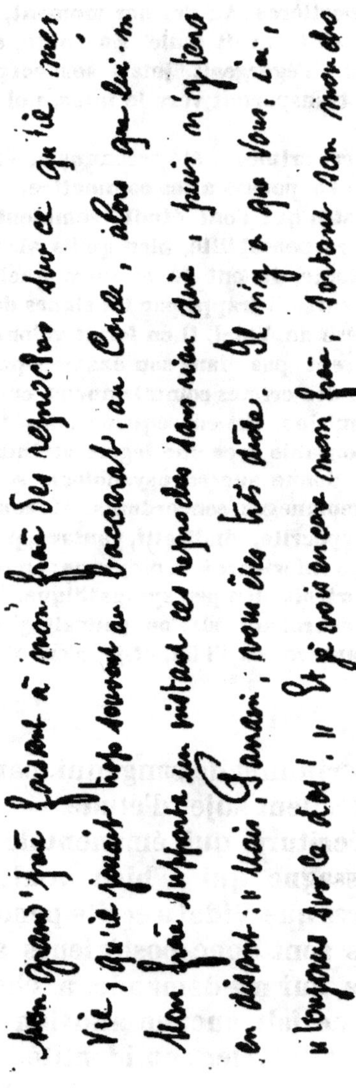

Fig. 56. — *Écriture de Vidal « le tueur de femmes ». Ces lignes sont extraites d'une prétentieuse autobiographie que Vidal a écrite en prison.*

lement à Vidal le nom de « Zéphyr ». C'est sous ce nom élégant, qui sent son pseudonyme, que les graphologues ont étudié le graphisme de ce célèbre assassin.

ÉTUDE SUR L'ÉCRITURE DE L'ASSASSIN VIDAL
PAR M. CRÉPIEUX-JAMIN

ZÉPHYR (Vidal).

Zéphyr est doué d'une imagination vive mais sans grâce (1), associée à une activité d'ordre inférieur dans laquelle l'agitation (2) et la discontinuité (3) jouent le rôle principal. Il est essentiellement médiocre (4) et superficiel (5). Son caractère est insaisissable par plusieurs côtés, comme tous les faibles il emploie volontiers la ruse et les moyens dilatoires (6).

Il est plus exalté que sincère ; même au milieu de ses expansions il a des idées de derrière la tête (7). Le mensonge par excès d'imagination est son fait habituel (8). Sa droiture est éminemment sujette à caution. Dans tous les cas, il n'est pas capable d'exactitude ; la sûreté lui manque par définition (9). Il n'est pas généreux (10), ni bon (11), mais égoïste. Par contre, poussé par l'orgueil (12) et l'exaltation il n'est pas incapable, accidentellement, d'un trait d'héroïsme.

Son énergie est faible et très inégale (13). C'est un inconsistant. Il est doux et violent (14), d'ailleurs sensuel et paresseux (15). Devant cette indigence d'esprit, de caractère et de moyens, associée à une exaltation trop vive, je conclurais volontiers à une nature déséquilibrée.

Références

(1) Ecriture très inégale de direction et de dimension, sans grâce Majuscules où il n'en faut pas. Ecriture renversée, avec quelques grands mouvements discordants, le *P* de *Parrain*, le mot *gronder*. Ecriture surhaussée (s minuscule.)

(2) Ecriture très inégale de dimension et de direction, sans netteté, ni rapidité.

(3) Liaison maladroite des lettres et des syllabes, retardant le mouvement graphique.

(4) Ecriture vulgaire, sans relief, sans rapidité.

(5) — hésitante, arrondie, sans relief, ni systématisation.

(6) — très inégale de dimension (gladiolée) et de direction discordante dans les espacements de mots.

(7) — renversée et sobre, avec de grands mouvements discordants

(8) — très inégale de dimension et de direction, sinueuse et hésitante, surélevée.

(9) — très inégale de dimension et de direction, sans relief. Résultant de la faiblesse, de l'agitation et de la discontinuité.

(10) — renversée et d'une sobriété calculée.

(11) — renversée, senestrogyre, surhaussée.

(12) — surhaussée.

(13) — t non barrés, ou faiblement. Ecriture hésitante, peu rapide, très inégale.

(14) — courbe, avec des discordances nombreuses.

(15) — Lettres boueuses, traits appuyés (*l* de *alors*, *r* de *rêve*). Résultante de l'imagination stérile.

Que faut-il penser de ce portrait? Il ne me paraît pas mauvais, quoiqu'il soit un peu flatté. Laissons de côté, d'abord, ce que M. Crépieux-Jamin dit de l'imagination de Vidal; les experts qui l'ont étudié ne font aucune allusion aux écarts ou aux développements de son imagination, ce qui ne prouve ni pour ni contre le graphologue.

J'aime à trouver dans le portrait de M. Crépieux-Jamin des traits comme celui-ci : « Il est essentiellement médiocre... agitation, discontinuité, désordre. »

En effet, ses biographes nous apprennent qu'il a successivement entrepris six métiers différents, et que chaque fois, par mollesse, insouciance, ou changement dans les idées, il les a abandonnés.

« Plus exalté que sincère... idées de derrière la tête. » Cela est excellent s'appliquant à un homme que tous ceux qui l'ont connu traitent de sournois. « Droiture éminemment sujette à caution. » Nous le pensons bien, un voleur! « Pas généreux, ni bon, mais égoïste... Doux et violent, d'ailleurs sensuel et paresseux. » Parfait. Le dernier mot « nature déséquilibrée » est tout à fait à sa place.

Cependant, lorsqu'on a fini cette lecture, on a une petite déception. L'expert semble ne pas être allé assez loin. Dans ce médiocre, ce vulgaire, ce rusé, ce sensuel, ce déséquilibré, y a-t-il de quoi faire un tueur de femmes? Je crois bien que non, et voilà pourquoi il me semble que M. Crépieux-Jamin est resté trop optimiste. Bien entendu cette appréciation m'est toute personnelle; c'est plutôt une impression; et j'ai dit combien il est difficile de trancher les questions de cet ordre.

L'écriture de Vidal doit être particulièrement difficile à déchiffrer, car elle a donné lieu à de curieuses erreurs.

Voici le portrait esquissé par M. Vié.

ESQUISSE GRAPHOLOGIQUE DE ZÉPHYR (VIDAL), PAR M. VIÉ

Z. est une jeune fille (sinon une jeune femme) qu'il faut classer dans les caractères tempérés. Ce n'est point à la sentimentalité qu'elle emprunte sa principale note distinctive, non qu'elle ne soit capable d'affection, capable qu'elle est d'altruisme, mais les élans en sont réglés et contenus : elle possède du sang-froid et la maîtrise d'elle-même. Dans le domaine des sentiments, le rayonnement très limité de son âme s'opère de préférence en faveur du désir de plaire, bien légitimé d'ailleurs parce qu'il y a de très personnel dans ses goûts distingués et dans sa manière d'être. De là lui vient la permission — et elle en use — de ne pas exagérer la modestie, mais sa fierté est plutôt subjective, car l'allure simple et ordonnée ne l'abandonne guère dans la conduite de la vie. Z est une timide ; son manque d'expansion ne permet pas à la franchise de suivre son libre essor et l'oblige de recourir aux souples et ingénieuses ressources de la diplomatie. « Modération », telle est la devise dont sa destinée lui a confié la garde et à laquelle aucune exubérance marquée ne vient contredire.

Au niveau moyen qui est le sien, l'esprit est clair, assimilateur, de conception prompte, de tendance concrète et pratique ; sa finesse est appréciable, mais non pas subtile. De la réflexion, de l'attention, du soin accentué par la recherche du mieux militent en faveur du jugement. L'imagination n'est pas dépourvue de grâce, mais elle a plus de mesure que d'envolée. Ce qui, néanmoins, est le mieux fait pour étonner dans l'étude de cette personnalité, c'est que l'intelligence, d'ordinaire mouvementée au profit de la diffusion chez les jeunes filles, se distingue ici par la sobriété concise et très condensée, habituel privilège d'un autre sexe et d'un autre âge.

Peut-on faire l'éloge de sa volonté ? Cette faculté, inégalement douée, laisse voir des lacunes. En harmonie avec la timidité, déjà signalée, elle manque surtout de force impulsive, mais fait preuve de ténacité, au besoin, et, dans la résistance, n'est point dépourvue de fermeté. Son activité possède une qualité supérieure à celle du vouloir, pondérée qu'elle est dans sa persévérance.

Telle apparaît cette jeune communauté de penchants, bien disciplinés sous l'unité de leur règle — la modération.

Je ne devine pas pour quelle raison M. Vié a supposé que Zéphyr est une femme. L'inexactitude de ce point de départ a probablement exercé son influence néfaste sur tout l'ensemble des déductions. Que M. Vié se console de son erreur, sur laquelle nous n'insistons pas davantage. Tous les hommes d'esprit se trompent. M. Vié a pris sa revanche depuis longtemps, dans une foule d'excellents portraits qu'il nous a fournis.

Le portrait qui nous est tracé par M. Eloy me paraît être très analogue à celui de M. Vié, et je suppose que cette analogue tient à quelque caractère graphique insolite, qui a fourvoyé les deux experts.

PORTRAIT GRAPHOLOGIQUE DE ZÉPHYR (VIDAL), PAR M. ÉLOY

La dominante du caractère de celui qui a tracé les huit lignes soumises à l'examen graphologique, c'est une très grande émotivité dans un tempérament nerveux et susceptible ; il a conscience de cette extrême sensibilité et cherche à la masquer sous une apparente froideur ; cet effort rend plus visible encore l'impressionnabilité de l'esprit et la tendresse du cœur.

Il montre aussi jusqu'où peuvent aller la souplesse d'esprit, la finesse et même la subtilité du scripteur. — Cette retenue d'une nature si impressionnable, tant par la sensibilité de l'esprit que par ses élans du cœur, produit une réserve voisine de la dissimulation et qui, sans tomber dans ce défaut, est certainement nuancée d'une forte sécrétivité.

On peut se demander s'il est toujours assez maître de lui pour cacher, dans toutes circonstances, les vives impressions ressenties par sa nature délicate et d'une énergie médiocre; je ne le crois pas et je pense que par instants, rarement cependant, il s'échappe à lui-même; ce n'est pas qu'à ces rares moments l'impression ressentie ait été plus vive (peine ou douleur, joie ou jouissance); mais c'est parce qu'il faut une forte dose d'activité volontaire et une grande constance d'énergie pour toujours et dans toutes circonstances, contrecarrer sa nature et paraître froid quand on est vivement ému.

Or les forces vololontaires sont, en effet, un peu au-dessous d'une pareille dépense : si elles sont généralement assez accentuées comme volonté d'initiative, elles sont nuancées d'obstination et présentent des lacunes temporaires; lacunes rares, très rares certes, mais qui permettent cependant à l'imagination excitée par la sensibilité de laisser se produire et des sorties de susceptibilité et des mouvements de sensualité (gourmandise de jeunesse).

Il découle aussi de cette lutte contre les instincts naturels un désir de perfectionnement, une recherche du mieux, tendant à développer les aptitudes esthétiques qui donnent un charme assez remarquable à cette physionomie morale.

Il convient de noter en plus une légère impuissance de réalisation qui peut provenir autant d'une culture intellectuelle inachevée (le sujet me paraît encore très jeune) que du combat signalé plus haut qui, par réaction produit une certaine inhibition. Cette seconde cause de faiblesse de réalisation me paraît même la plus effective, car il y a, dans cette intelligence, une certaine suite dans les idées, une bonne logique et une assez grande facilité d'assimilation; le manque de netteté dans le jugement, par suite de l'imagination trop vive et mal utilisée, est par là contrebalancé.

La spontanéité naturelle aux jeunes gens, spontanéité qui existait jadis bien plus grande dans notre sujet, tend à disparaître par suite des efforts incessants qui cherchent à mettre au pas voulu la sensibilité et l'imagination.

Un caractère ainsi contrarié dans ses tendances instinctives, et dans lequel apparaissent forcément des contrastes, manque de gaité et, soit par tristesse, soit par malaise, on y sent des appréhensions. Il faudrait lâcher un peu la bride moralement et intellectuellement: l'expansion de cette nature sensible remplacerait la sécrétivité et les élans de l'imagination non plus contenue, mais dirigée, deviendraient féconds, ayant ainsi renversé l'inhibition fâcheuse, génératrice d'impuissance.

M. Eloy termine par les lignes suivantes, qui m'ont profondément surpris :

M'est-il permis d'ajouter un hors d'œuvre ? J'ai ressenti presque au début de l'examen des huit lignes l'impression qu'elles avaient été tracées par M. A. Binet jeune (quand il avait de 15 à 18 ans). Après comparaison, cette impression a persisté. Est-elle exacte ? Je suis curieux de la savoir et si elle l'est je suis prêt à en donner les motifs.

Je relève brièvement quelques traits de l'étude précédente. M. Eloy insiste sur l'intelligence de Vidal et sur son impressionnabilité. En ce qui concerne le premier point, l'erreur est certaine, puisque Vidal est notoirement un débile. Je n'en dirai pas autant de l'impressionnabilité. Il y a dans le rapport du Dr Lacassage quelques observations qui semblent prouver qu'à l'occasion Vidal pleurait facilement. On dit par exemple qu'il évitait de tuer lui-même une poule ou un pigeon. On devine que le dernier paragraphe de l'étude de M. Eloy a vivement piqué ma curiosité. On pouvait retrouver, disait-il, ma personnalité, à l'état jeune, dans celle de cette brute ! Je n'en suis pas très flatté.

S'il fallait juger la graphologie par cette suite de réponses relatives à l'écriture de Vidal, ce serait terrible. Il est très probable que cette écriture est pleine de pièges. Dans ces pièges, une femme graphologue, fort connue, a mis étourdiment sa blanche main, on en jugera par le portrait suivant, dont je recommande la conclusion, sans autre commentaire.

PORTRAIT DE ZÉPHYR (VIDAL), PAR Mme X...

Tout annonce que ce graphisme a été écrit dans une époque relativement éloignée, 50 ans peut-être ? L'encre pâlie, la forme de l'écriture elle-même sont des indices qui ne trompent généralement pas. Le scripteur paraissait adonné exclusivement aux travaux intellectuels. Suivant ces différentes observations on peut conclure que nous nous trouvons en présence d'un écrivain d'une génération antérieure. Si nous considérons les manifestation de la volonté, nous voyons qu'elle est d'une nature plutôt résistante qu'active. Il est vrai qu'elle est si bien disciplinée, si bien conduite, qu'avec peu de forces volontaires le scripteur a dû arriver à de grands résultats. C'est l'histoire d'un petit capital bien administré. Quelques barres de *t* absentes nous montrent le scripteur accessible aux influences. Le graphisme redressé est d'une inégalité en hauteur tout à fait révélatrice de l'impressionnabilité. D'ailleurs, ce redressement doit être occasionnel. Les quelques lignes que nous avons sous les yeux appartiennent évidemment à un manuscrit. Or dans un manuscrit l'écriture redressée est d'un fréquent usage. Il est à présumer que dans une lettre le même graphisme est beaucoup plus incliné, le cœur est donc dominant. L'altruisme en découle. Pourtant, le scripteur n'est pas entièrement bon ; quelques petites griffes très félines à l'extrémité des jambages et beaucoup de petites pointes aiguës révèlent un goût pour la critique peu ordinaire. Son genre d'esprit est donc d'autant plus satirique qu'il est très indépendant. Cette indépendance est même la seule atténuation à ses sentiments altruistes. Il est bon d'observer encore la recherche du perfectionnement et des envolées d'idéalité malgré des préoccupations matérielles qui paraissent *voulues*. De la réunion de ces différentes observations on peut conclure au scepticisme, d'autant plus que c'est un observateur minutieux, chercheur de petites bêtes. Malgré sa très grande intelligence, nous voudrions un peu plus d'élargissement dans les idées ; nous craignons que notre sujet n'ait surtout envisagé la vie par ses petits côtés. Du reste, ce n'était pas un créateur, il a dû peindre ce qu'il voyait plutôt que donner la vie à des personnages fictifs. Dans les temps modernes on aurait qualifié notre sujet « d'auteur rosse » (pardon de ce mot d'argot qui rend bien notre pensée). Dans le cas présent le cœur est meilleur que les idées et aussi que le caractère. Aucune violence mais une irritabilité habituelle. Ce nerveux bilieux avait une santé résistante plutôt que forte. Les dispositions physiques avaient certainement un contre-coup sur son genre d'esprit. Cet homme réfléchi, observateur et sans emballement, avait des aptitudes très particulières pour l'administration et l'organisation. Il était à la fois économe et habile ; tout en n'étant pas un fantaisiste, c'était pourtant un original. Ici « originalité » veut seulement dire : sortant de la banalité. Pour nous résumer, nous voyons dans ce graphisme beaucoup de talent mais non du génie, car le caractère essentiel du génie c'est la création. Quoique nous n'ayons jamais vu le graphisme de Taine, c'est un peu ainsi que nous nous le représentons. En tout cas, celui qui a écrit ces lignes était un penseur.

Je me contente de relever dans ce portrait les traits suivants : « Le cœur est dominant, l'altruisme en découle... beaucoup de talent... un penseur... nous nous représentons ainsi le graphisme de Taine. »

Je donne en terminant un portrait de Vidal qui émane d'un expert professionnel. Je suis obligé de taire son nom, par convenance, afin d'acquérir, par cette précaution, la liberté de dire tout ce que je pense de ses appréciations. Après les avoir lues et relues, je reste convaincu que ce portrait est un type achevé de ce que j'appellerai le *passe-partout*. C'est une description psychologique tellement imprécise qu'elle convient à une foule de gens ; non seulement elle est vague, mais elle se développe en considérations qui sont absolument au-dessus de toute espèce de contrôle. Je prie le lecteur de lire ceci avec la plus grande attention.

PORTRAIT GRAPHOLOGIQUE DE ZÉPHYR (VIDAL), PAR M. X...

J'ai étudié cet autographe, déjà ancien, sans m'occuper de l'écriture nouvelle. J'ai donc le portrait moral au moment où cet écrit a été fait.

J'ai une autre réserve à formuler c'est que : je n'ai que des lignes incomplètes et que je perds ainsi des éléments diagnostiques importants d'encadrement de l'écriture et de l'aspect général.

L'intelligence est plus passive et réflexe qu'intuitive; c'est un cerveau qui observe, raisonne et s'assimile, il se renferme dans un domaine déterminé et ne cherche pas à l'étendre, mais seulement à le bien cultiver, pour lui faire rendre tout ce qu'il est susceptible de donner. L'imagination est peu développée, elle tend à se limiter de plus en plus et à produire un cerveau philosophique, plus apte au sophisme qu'à la création. Nous avons donc un travailleur plutôt qu'un penseur, et le travail peut être très grand, mais se cantonner et ne se laisser aller à aucune curiosité, pour ce qui ne rentre pas dans ses données, et convaincu de ce qu'il déduit, il veut convaincre et n'est pas loin de vouloir imposer même ses idées.

De même au physique, c'est un corps peu disposé au mouvement; le tempérament sanguin-billeux nous donne un brun peu porté à l'embonpoint, mais vigoureux et bien musclé, avec des mouvements secs et peu étendus, d'une santé régulière, ses fonctions se faisant promptement et vigoureusement, taille assez grande (1ᵐ65).

La sensibilité est faible, l'émotivité n'existant pas pour cet homme, qui sans être égoïste dans le sens propre du mot, l'est par indifférence d'autrui; sa devise peut se résumer en : « Que chacun s'arrange. » Pour lui, s'il est doux, c'est pour s'éviter une lutte toujours pénible et..... qui fait perdre du temps, il peut avoir du courage, jamais de la témérité.

Il est ordonné, sa méthode n'est pas impeccable, car il n'est pas organisateur, n'ayant pas d'idées d'ensemble et il ne voit généralement qu'un objet, sans les à-côtés, mais néanmoins il s'y tient, quand même, avec régularité et persistance, sans se laisser distraire par aucune considération extérieure, restant positif et jamais idéaliste.

Loyal d'ensemble, ce n'est cependant pas un homme franc, il est trop diplomate et sceptique et à côté de finesses très grandes, il y a des crédulités qui, à tour de rôle, le poussent à des manques d'à-propos; cause (en s'unissant avec l'hésitation due à la logique hésitante) qu'il arrive trop tard pour les occasions qui se présentent à lui.

Simple de manière et de pensée il n'a aucun *snobisme*, il pense avec les opinions de sa raison et non des sentiments, il s'y maintient avec plus d'opiniâtreté que d'obstination, se réservant le cadre de l'abstrait ou de de la critique plutôt que de l'art.

Acquisiviste, très près de ses intérêts, il les défend mais n'est pas avare dans la dépense. C'est un homme qui a peu de besoins ne désirant pas briller, paraître ni satisfaire des goûts matériels excessifs, un juste bien-être lui suffit sans cependant qu'il dénie toute valeur aux plaisirs des sens, mais il est plus aimant de cœur que sensuel.

Après avoir vu les composantes intellectuelles et morales de ce caractère, il me reste la volonté qui est en rapport avec elles. Incapable de résolution énergique elle est surtout persévérante et constante, elle est intrinsèque et se manifeste sur le moi plus qu'à l'extérieur.

Ce portrait est un chef-d'œuvre d'habileté. Je demande à mes lecteurs de songer à n'importe lequel de leurs amis et d'examiner si ce portrait de Zéphyr ne lui convient pas parfaitement. C'est un de ces paletots tout faits qui vont à toutes les anatomies. Le portrait ressemble-t-il à Vidal? Autant qu'à moi, autant qu'à vous, autant qu'au premier venu. Ainsi pratiquée la graphologie se confond avec la prestidigitation. Et ce qu'il y a de plus curieux, c'est qu'examiné de près, ce portrait n'est nullement banal, comme on aurait pu le supposer; il est plutôt caractéristique de toute une série d'individus, car il exprime un type intellectuel assez bien défini; mais d'une part, ce type est d'une telle vérité générale qu'il contient au moins le quart de l'humanité; et, d'autre part, il est formé de traits qui sont incontrôlables.

En résumé, il nous semble que Vidal a eu parmi les graphologues ce qu'on peut appeler « une bonne presse »; sauf M. Crépieux-Jamin, tout le monde l'a traité comme s'il était un parfait honnête homme.

Carron le parricide.

Carron est le nom d'un jeune homme de 28 ans, qui tua sa mère dans les circonstances suivantes, que j'extrais de son acte d'accusation.

Claude Carron demeurait avec sa mère, Marie Cognard, femme divorcée de Pierre Carron.

La femme Carron avait toujours mené une vie irrégulière. Quand elle était avec son mari, il y avait entre les deux époux de violentes querelles; elle en eut plus tard, et non moins bruyantes, avec les amants qui remplacèrent le mari. Le fils assistait souvent à ces scènes.

Assez peu assidu au travail, Pierre Carron, qui gagnait de bonnes journées comme ouvrier passementier, dépensait rapidement son argent, et n'en donnait pas facilement à sa mère pour son entretien.

C'était l'occasion de constantes discussions entre la mère et le fils.

Depuis quelque temps, notamment, la femme Carron adressait à son fils les plus vifs reproches au sujet de sa conduite : Elle était, disait-elle, lasse de le nourrir.

Dans les premiers jours du mois de juin, une querelle survint, plus violente encore que de coutume : le fils avait engagé au Mont-de-Piété une pendule et des livres qu'une voisine avait confiés à la femme Carron. Ce fut l'occasion d'une scène faite par la vieille femme qui, en public, adressa à son fils, et à un de ses amis, qu'elle supposait lui donner de mauvais conseils, les reproches les plus vifs.

C'est à la suite de cette scène, dont il conçut un profond ressentiment, que le misérable résolut de tuer sa mère.

Le 8 juin, il se présenta à son domicile, vers huit heures du matin;

il savait que sa mère n'y était pas; il l'avait vue sortir. Peu après, la
mère Carron rentrait et commençait à faire des reproches à son fils.

C'est alors que, furieux, il se jetta sur elle, la frappa à coups de
poing d'abord, puis avec une pince et un marteau qui se trouvaient à
portée de sa main.

Bientôt la malheureuse fut inanimée. Claude Carron traîna le cadavre
à l'autre bout de l'appartement, le fouilla, prit l'argent caché dans le
corsage, puis se mit à manger et à boire aux côtés de la morte.

Les voisins avaient entendu le bruit des coups et les cris que
poussait la victime; ils allèrent chercher la police. Le meurtrier, pendant
ce temps, s'échappait par la fenêtre donnant sur la cour, escaladait le
toit de la maison voisine, et descendait tranquillement dans la rue.

Après s'être changé, car son linge et ses chaussures étaient rouges de
sang, Carron alla dans une maison mal famée du quartier de la Croix-
Rousse; il invita le patron, sa femme et une pensionnaire à un déjeuner
à la campagne. On partit en voiture.

Cette partie fine fut la perte du misérable; pris de boisson, il revint
le soir à la maison de ses invités et fut appréhendé par les agents au moment
où il descendait de voiture.

Carron a reconnu tous les faits qui lui sont reprochés. Il a affirmé, au
cours de l'instruction, n'avoir pas prémédité son crime et, dans un   long
mémoire, a prétendu se justifier. Sa mère, dit-il, a mérité son sort. C'est
lui qui est une victime.

Ce système, on le comprend, venant s'ajouter à certains détails odieux
et par trop cyniques de l'attitude de l'accusé, a frappé M. Benoît, le distingué magistrat chargé de l'instruction de l'affaire. Il commit les doc-
teurs Rebatel et Boyer pour examiner l'état mental de l'accusé. Les
médecins le déclarent responsable.

Ajoutons que Carron a été trois fois condamné, notamment pour
vol, à six mois d'emprisonnement [1].

Voici quelques détails sur l'interrogatoire de Carron. Nous citons ce qui a trait au crime.

Carron. — Pendant que je me promenais sur le quai, j'ai vu passer ma
mère qui allait au marché, comme tous les matins.

Je suis alors rentré pour l'attendre. Je suis resté au moins un quart
d'heure à la porte du logement.

D. Et quand elle arrivée, que s'est-il passé ? — R. Elle s'est mise à me
parler, sans se fâcher. Puis je suis rentré avec elle, et tout d'un coup
elle m'a reparlé de la pendule et des livres; elle m'a menacé de la police.
Je lui avais dit cependant que si j'étais encore condamné, je pourrais
être relégué.

Je savais, d'ailleurs, que ce n'était pas vrai, mais je comptais l'attendrir.
Ça ne lui a rien fait. Je me suis vu perdu, obligé de me suicider. Cependant, je ne tiens pas à la vie.

D. Votre mère y tenait sans doute, elle... — R. Oh! je pense bien que

1, *Lyon républicain*, 1ᵉʳ décembre 1903.

ce n'est pas de gaîté de cœur qu'elle a vu venir la mort (Violents murmures dans l'auditoire).

D. Alors, qu'avez-vous fait? — R. Eh bien, voilà : Quand j'ai vu qu'elle était décidée à me faire arrêter, je suis devenu furieux. J'ai saisi sur la table de cuisine une pince de cordonnier et j'ai frappé à la tête.

D. Vous avez frappé avec un rare acharnement. Le médecin a relevé

Fig. 57. — *Carron, le parricide.*

plus de vingt blessures. — R. Que voulez-vous? J'étais furieux. Elle a eu le tort, d'ailleurs, de venir sur moi (Violents murmures).

D. Votre mère a poussé des cris. — R. Oh! elle a marmotté quelques mots, peut-être a-t-elle dit « maman! », mais je ne m'en souviens pas; cela m'aurait frappé. Elle est d'ailleurs tombée presque tout de suite et n'a pas crié plus de cinq à six secondes.

D. Et quand votre mère agonisait à terre, qu'avez-vous fait? — R. Je l'ai regardée un petit moment, puis je me suis lavé les mains que j'avais un peu teintes de sang. Je voulais me changer.

D. Vous avez encore frappé quand elle était à terre. — R. Non, le médecin s'est trompé. Chaque coup de ma pince faisait deux blessures, mais je n'ai frappé, à mon estimation, qu'une douzaine de fois. Je ne sais pas si c'est avec la pince ou avec le marteau que je lui ai enfoncé le crâne.

D. La malheureuse s'est défendue? — R. Oh! très peu. Encore une fois, elle n'était pas à terre quand j'ai fini de frapper : elle était seulement un peu affaissée contre une chaise.

D. Aviez-vous prémédité votre crime? — R. Mais non. Quand j'étais en colère, j'ai bien pu crier, lui dire des injures; mais, de sang-froid, je ne l'aurais même pas giflée. D'ailleurs, si j'avais préparé mon crime, je l'aurais commis d'une façon plus intelligente (violents murmures); je ne l'aurais pas tuée en plein jour.

D. Après avoir tué votre mère, vous avez mangé à côté de son cadavre? — R. J'ai bu un demi-litre de vin, mais j'étais altéré. Ce vin m'a écœuré. Alors, j'ai mangé une bouchée de pain et de viande.

D. Et après? — R. J'ai porté le corps sur le lit. Puis, j'ai entendu du

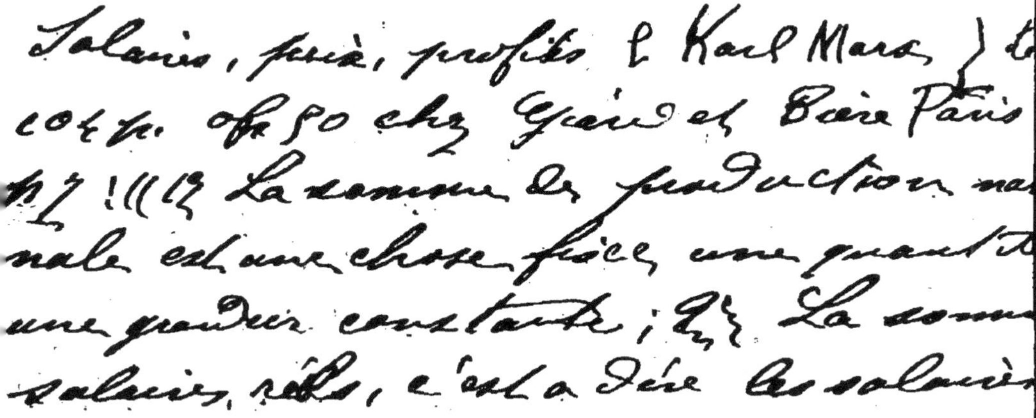

Fig. 58. — *Notes de lecture, écrites en prison par Carron, le parricide. Cette écriture est bien trompeuse, elle a illusionné plusieurs graphologues.*

bruit, j'ai eu peur; je me suis sauvé en passant par la fenêtre de la cuisine; je suis descendu par l'escalier de la maison voisine.

D. N'oubliez pas de dire ce que vous avez fait avant de prendre la fuite. — R. Ah! oui, ma mère cachait d'habitude son argent dans son corset; j'en ai coupé le lacet, et j'ai pris le porte-monnaie. Il y avait 390 francs.

D. A ce moment, votre mère n'avait pas encore rendu son dernier soupir. — R. Peut-être; c'est très difficile de savoir où commence la mort (*sic*). Les physiologistes eux-mêmes ne sont pas d'accord (Violents murmures). Mais, en tous cas, j'avais bien compris à sa blessure que c'était fini.

D. Vous n'avez, en tout cas, pas essayé de lui porter secours? — R. Il n'y avait plus rien à faire.

D. Vous n'avez pas, jusqu'à présent, paru manifester beaucoup de regrets de votre crime. Il serait encore temps de dire à MM. les jurés si vous avez un remords.

A ce moment, Carron, la voix plus assurée que jamais, répond avec emphase :

— Messieurs, au point de vue filial, il m'est impossible d'avoir un remords. J'ai été, dans cette affaire, une arme, agissant par impulsion. Je ne me suis pas rendu compte de ce qui se passait. Mais que voulez-vous? Ma mère n'a jamais eu d'affection pour moi : je ne l'ai jamais non plus considérée comme une mère. Alors, moi qui, de sang-froid, n'aurais fait de mal à personne, j'ai frappé...

D. Je vous rappelle, en terminant, que les médecins légistes qui ont examiné votre état mental vous déclarent responsable.

C'est de sa voix nette, calme, bien affermie, que Carron, se redressant, répond sans l'ombre d'émotion, ces trois mots : « *Je le sais* ».

Le Dr Rebatel, médecin-expert chargé d'étudier l'état mental de Carron, déclare qu'il est intelligent, que ce n'est pas un aliéné, un impulsif, qu'il est entièrement responsable. Le parricide a été condamné à la peine de mort.

Les documents qui émanent de Carron sont parmi ceux qui ont le plus trompé les experts. Voici d'abord le portrait écrit par M. Crépieux-Jamin.

PORTRAIT GRAPHOLOGIQUE DE D'ARG. (CARRON)
PAR M. CRÉPIEUX-JAMIN

Voici une nature égoïste, très réservée (1) et cependant affectueuse (2). Il est assez actif (3), mais négligent (4). Sa sensibilité est profonde (5). Ces diverses qualités sont associées à un fond de douceur et même de timidité (6) et à une nature passionnée, chagrine et inquiète (7). Ce n'est pas un homme méchant; il a des sentiments tendres, mais sa bonté n'est guère expansive et dépend trop de ses passions et de son jugement exalté.

Sa droiture est une chose très compliquée, ce qui veut déjà dire qu'elle est loin d'être irréprochable. Il a une conscience et des éclats de loyauté (8), mais son énergie faible (9) et son jugement médiocre n'assurent pas les résultats. Il n'inspire pas confiance parce que ses qualités sont toujours insuffisantes par un côté.

Sa franchise a à lutter contre sa timidité, sa réserve et une grande souplesse (10). Son premier mouvement est souvent droit, le second est beaucoup moins sincère et moins expansif (11). La réflexion réduit ses qualités. Malgré tout il a des côtés attachants à cause de son intelligence vive et souple et de sa nature émotive.

Références.

(1) Écriture senestrogyre.
(2) — inclinée et très inégale de dimension et de direction.
(3) — assez rapide.
(4) — floue, *t* non barrés.
(5) — très inégale.

9

LE CARACTÈRE DANS L'ÉCRITURE.

(6) Écriture courbe, assez rapide et expressive, mais sans relief, avec des *t* non barrés et des finales retenues et fines.

(7) — très inégale, agitée, incoordonnée, floue.

(8) — naturelle et simple. Mots grossissants.

(9) — sans relief; *t* non barrés ou très inégalement. Pas de fermeté dans le trait.

(10) — très inégale. (Lignes serpentines.)

(11) — grossissante, naturelle, simple, claire, mais senestrogyre.

N'hésitons pas à considérer ce portrait comme une erreur de M. Crépieux-Jamin (1).

L'erreur de M. Vié est plus considérable encore. Voici ce que ce second expert, d'ordinaire si sagace, nous écrit :

ÉTUDE GRAPHOLOHIQUE SUR B. D'ARG. (CARRON), PAR M. VIÉ

Trois documents : deux d'entre eux ont été formés à l'aide d'une plume émoussée; ils sont d'une structure confuse et boueuse, notes jetées ner-

1. Prié de donner son avis sur mon appréciation, M. Crépieux-Jamin m'écrit :
« Je ne pense pas que vous puissiez dire de mon portrait qu'il est purement et simplement une erreur. Il y a des degrés dans l'erreur et il y a plusieurs points de vue pour juger du degré. J'avais deux documents extrêmement différents; sur l'un on pouvait faire le portrait d'un être assez intelligent et d'une moralité terne, sur l'autre la moralité s'abaissait fort, j'ai fait un compromis entre les deux. Les deux documents paraissent écrits à quelque dix ans de distance et cela explique bien des choses.
« Évidemment, le personnage vu à travers cette obsédante prévention de l'assassinat paraît ici très mal jugé, le point de vue n'est pas le même.
« Je ne prétends pas ne pas m'être trompé, je dis seulement que je n'ai pas fait une erreur totale, je n'ai pas dit le contraire de ce qu'il fallait dire.
« Il eût été plus juste de dire :
« M. Crépieux-Jamin dit que ce personnage ne lui inspire pas confiance parce que ses qualités sont toujours insuffisantes par un côté. Comme les médecins légistes, il le déclare intelligent. Son portrait n'exprime donc pas entièrement le contraire de ce qu'il fallait dire, mais il est assez inexact pour être compté comme une erreur, atténuée si l'on veut.
« Le cas de Carron n'est pas excellent pour vous. J'aurais préféré aux coupures de l'interrogatoire, des citations du rapport du Dr Rebatel. Il s'agit de psychologie, il eût fallu établir la *mentalité* NORMALE du personnage, tandis que vous mettez en relief l'acte du crime, de telle sorte qu'on ne voit que cela dans votre étude. Il y a cependant bien des circonstances atténuantes à son crime, si odieux qu'il soit. Il n'a jamais considéré sa mère comme une mère, elle fut l'agent principal de sa dégradation. »
La discussion de M. Crépieux-Jamin sur un cas qui lui est tout personnel est vive, attachante, pleine de verve, et convaincante comme un de ces plaidoyers éloquents, qui pour un moment impressionnent notre conviction.... mais ne résistent pas à la révision de sang-froid que nous faisons. Et, en effet, c'est seulement un plaidoyer, avec toutes les qualités et tous les défauts du genre. La loi du plaidoyer consiste à distribuer adroitement les lumières; on éclaire certains détails, on noie les autres dans l'ombre. Avec des portraits aussi remarquablement complexes que ceux de M. Crépieux-Jamin, on arrive toujours à tomber juste sur un point ou deux; et si on insiste seulement sur ces accords, cela paraît un succès. M. Crépieux-Jamin connaît pourtant bien le mécanisme et la gravité de cette illusion curieuse du plaidoyer; dans ses lettres, il y fait allusion. Mais le voilà aux prises avec un cas personnel, il oublie! Aussi, remarquons avec quelle indulgence il parle de Carron; il lui trouve des circonstances atténuantes !

veusement comme avec mauvaise grâce, en un déshabillé non destiné aux regards, dans un grimoire difforme, incohérent et incorrect. Questions traitées :

A — des salaires ;
B — de la pudeur.

Ce qu'on pourrait dire de l'autographe *A* se confirme et s'accentue dans *B*, qu'il suffira de retenir momentanément. Celui-ci, dépouillé de toutes les séductions de la femme, pourrait presque être taxé de viril, surtout si l'analyste cédait au mirage d'un texte capable d'effaroucher une confrérie de nonnains. L'autre est d'un tracé calligraphique ou peu s'en faut, fin, délicat, presque immatériel — que nous désignerons par la lettre *C*. Les différences de *facies* n'excluent cependant pas l'étroite communauté de nombreux signes graphiques, manifestement issus de la même main. Etudiées de près, ces deux écritures sont jeunes et féminines, d'où le droit de conclure, sans trop de témérité, qu'une jeune fille les a formées l'une et l'autre.

Est-il possible de fonder une esquisse graphologique sur ces uniques données, si disparates dans leurs grandes lignes de comparaison ? L'entreprise est ardue, et subordonnée à la discussion préalable des documents. Les matières traitées dans *A* et *B* impliquent un niveau d'occupations et de connaissances supérieur à la moyenne, et cependant Mlle B d'A. a constellé ces deux écrits de déformations qui empirent progressivement. Si celles-ci n'étaient que graphiques, on pourrait les imputer à un excès de fatigue corporelle; mais elles sont aussi orthographiques, et en cela fort choquantes, fournissant ainsi le diagnostic d'une grande dépression mentale, telle que le surmenage pourrait la produire, ce qui enlève à ces autographes leur normalité documentaire. Dès lors, on n'est plus en présence que de la note *C*, copie faite avec application, mais où l'on trouve néanmoins quelques indications caractéristiques à utiliser.

C'est un graphisme point déplaisant dans sa texture aérienne, mais presque banal pour son manque de relief, partant exclusif d'une appréciable originalité intellectuelle. Le soin y montre de fréquentes lacunes, et n'évoque pas la notion d'une personne de tout point ordonnée.

Le goût n'est pas dépourvu de délicatesses qui plaisent, mais on les voudrait plus constantes. Ces petites ombres s'atténuent, il est vrai, en regard d'autres qualités morales de cette jeune fille, douce, modeste et peu coquette. Modérément expansive, elle donne du prix à sa réserve par la franchise et le naturel.

Mlle B. d'A. est très sensible, mais les émotions ne s'impriment guère dans son âme pour en altérer longtemps la sérénité. Aimante, elle possède cette *affectivité* surveillée où les gages de durée des sentiments n'ont pas contre eux de grands élans imaginatifs, car son imagination modérée ne s'attarde pas dans les nuées bleues où se complaît souvent le rêve des jeunes filles.

L'activité est ici d'essence fragile et ne veut pas être mise à rude épreuve, elle est d'ailleurs imparfaitement secondée par le vouloir, en vérité tenace, très apte à s'attacher au but avec force, si ce but vient à passer, mais beaucoup moins à marcher vaillamment vers lui pour l'atteindre.

Eyraud, l'assassin de l'huissier Gouffé.

M. le professeur Lacassagne a publié sous le titre de « l'affaire Gouffé [1] » un compte rendu très complet de cette affaire, qui a si fortement passionné l'opinion publique. Cela s'explique. Il faut dire qu'elle débuta avec les allures mystérieuses d'un roman de Gaboriau. D'abord, c'est un huissier parisien, appelé Gouffé, qui disparaît; il ne rentre pas chez lui, où l'attendent ses deux filles, il ne se montre pas à son étude. On constate que le premier jour de sa disparition un inconnu a ouvert la porte de son étude, au moment où elle était déserte, et y a fait des recherches, attestées par une dizaine d'allumettes-bougies qui, à demi consumées, ont été jetées sur le parquet.

Quinze jours après, le 13 août 1889, on découvre sur un glacis boisé, dans la commune de Millery, près de Lyon, un sac de toile cirée contenant un cadavre en état complet de putréfaction; plus loin, on ramasse une petite clef. Le cadavre est montré à des parents de Gouffé, qui malheureusement ne le reconnaissent pas; pourtant c'était bien lui.

Le surlendemain, dans une commune voisine, on trouve au fond d'un fossé, une grande malle brisée; il se trouve que la clef ramassée à Millery ouvre la serrure de cette malle; de plus la malle exhale la même odeur infecte que le cadavre. Elle porte une étiquette qui prouve qu'elle a voyagé, par chemin de fer, de Paris à Lyon, le 27 juillet 1888 ou 1889, le dernier chiffre étant un peu effacé. On consulte un expert local qui croit lire 1888; or c'était faux, la malle avait réellement voyagé en 1889.

Pour entraver encore la marche de la justice, voilà qu'un cocher de fiacre de Lyon, le nommé Laforge, cédant au désir insensé de jouer un rôle, s'avise de produire un récit mensonger du transport de la malle sur sa voiture. Pressé de questions, il alla jusqu'à dénoncer trois individus qui étaient sous les verrous pour un autre crime. Cette déplorable imposture fit encore perdre du temps.

Heureusement qu'à Paris une information bien dirigée réunissait tous les renseignements possibles sur Gouffé, sa taille, sa conformation, ses particularités physiques, ses relations mondaines; et on arrivait ainsi à établir qu'il avait fait la connaissance d'une fille galante, Gabrielle Bompard, qui vivait avec un homme plus que suspect, Michel Eyraud, et que ceux-ci avaient quitté précipitamment Paris le jour même où Gouffé disparaissait. Les médecins légistes de Lyon, et notamment le professeur Lacassagne, éclairés par les documents multiples qui leur étaient transmis de Paris, n'hésitaient pas à conclure que le cadavre trouvé à Millery était bien celui de l'huissier.

La vérité était donc connue, la justice possédait les noms des coupables. On s'efforça d'opérer leur arrestation; on les chercha à Londres, puis à New-York, où il furent manqués de quelques jours seulement. Puis on perdit leur trace. Six mois après, le 22 janvier 1890, Gabrielle Bompard se présentait spontanément à la préfecture de police et faisait la révélation de son crime. Elle avait abandonné Eyraud en Amérique. Quant à lui,

1. Lyon, Storck, 1891. Nous faisons, pour établir notre résumé, de larges emprunts à l'acte d'accusation.

réduit à la dernière extrémité, et déconcerté par le départ imprévu de sa complice, il erra de New-York à Philadelphie, du Mexique à La Havane, changeant de nom à chaque étape.

Aussi incapable de remords que sa maîtresse, il vécut d'escroqueries, courut les lieux de débauche, et rédigea pour un journal la relation audacieusement mensongère de la mort violente de Gouffé. Puis, reconnu à La Havane, il y fut arrêté par la police espagnole. Il fut écroué à Paris le 30 juin 1890. Après quelques vaines réticences, il fit des aveux, et ses déclarations réitérées, jointes à celles de Gabrielle, permettent de reconstituer le drame sanglant du 26 juillet 1889.

Eyraud est représenté par les témoins comme un homme sans moralité, sans probité, violent et capable de tout. Déserteur devant l'ennemi, chevalier d'industrie, il se ruine en débauches, commet des escroqueries de toutes sortes, jusqu'au moment où rencontrant Gabrielle Bompard sur le trottoir du boulevard, il vit de la prostitution de cette femme; l'idée lui vient de se servir d'elle pour attirer quelque opulent débauché à un rendez-vous galant, avec l'intention de le dépouiller, vivant ou mort.

Tous les faits de l'instruction montrent avec quel soin le crime fut prémédité : location d'un petit appartement dans une rue déserte, achat d'une grande malle pour y cacher le cadavre, achat d'une fausse barbe, d'une corde de 4 mètres, d'une poulie et d'un moufle. On fait des préparatifs dans une chambre de la rue Tronçon-Ducoudray, au fond de la cour. On a augmenté la solidité de la malle en la faisant doubler par deux bandes de fer. Eyraud se procure un fort clou carré, un porte-mousqueton, et un morceau de toile cirée destinée à empêcher le sang et les déjections de se répandre.

La victime choisie est un huissier, le nommé Gouffé, homme de mœurs légères, qui depuis quelque temps poursuit Gabrielle de ses assiduités. Gabrielle se met, le matin, après déjeuner, sur le chemin de son étude, pendant qu'Eyraud se tient à l'écart dans un café. Postée dans la rue, cette fille rencontre Gouffé, l'aborde, et se fait désirer, accorde une promesse, et finalement on convient de se rencontrer à huit heures du soir place de la Madeleine.

L'après-midi fut consacrée aux derniers préparatifs. Eyraud emprunta un marteau et enfonça le clou dans une poutre formant traverse à l'entrée de l'alcôve; à l'intérieur de cette alcôve il posa le moufle et la poulie, agença la corde; la fille Bompard tenait l'escabeau. Ensuite, à l'extrémité de la corde, ils attachèrent le porte-mousqueton, en prenant les précautions les plus minutieuses. Une chaise longue fut placée contre l'angle de l'alcôve de telle sorte qu'un homme allongé sur ce siège devait avoir la tête à proximité de la corde et du mousqueton.

A sept heures et demie du soir Eyraud s'embusquait dans l'alcôve. Gabrielle arrivait bientôt, en ramenant Gouffé.

Celui-ci causait et plaisantait en pénétrant dans le petit salon où elle lui avait promis le plaisir [1]. Comme tous les autres sièges avaient été soi-

---

1. Ces détails de la scène, je les extrais de l'acte d'accusation, ils sont probables, non certains, puisque la scène n'a pas eu d'autres témoins qu'Eyraud et la fille Bompard. Un magistrat a supposé que c'est quand Gouffé était couché dans le lit qu'on l'a étranglé.

gneusement écartés, il s'assit instinctivement sur la chaise longue. Gabrielle lui offrit du champagne; il refusa. Alors elle se plaça sur ses
genoux; puis, tout en badinant, de façon caressante, elle prit à deux mains
sa cordellière, et lui en entoura le cou. Tandis qu'il souriait à ce jeu, elle
passa doucement une des boucles dans l'autre, derrière la tête de l'homme,
et glissa la boucle saillante dans le porte-mousqueton. Aussitôt Eyraud
prévenu vraisemblablement par le mouvement qu'elle fit en se levant,

Fig. 59. — *Portrait d'Eyraud, l'assassin de l'huissier Gouffé.*

tira brusquement la corde, et Gouffé fut subitement suspendu. Cette
effroyable et prompte exécution prouve qu'Eyraud avait combiné non le
chantage, mais l'assassinat.
    Gouffé pendu, ils attachèrent tous deux la corde au pied du lit pour le
maintenir en l'air. Puis Eyraud enleva au mort son trousseau de clefs,
et s'en fut à l'étude de la rue Montmartre, où il ne découvrit aucune
valeur. Quand il fut de retour auprès du cadavre, il se mit à boire, et
ensuite lui et cette fille dépouillèrent Gouffé de l'or, des billets et des
bijoux qu'il avait sur lui. Ils coupèrent ses vêtements, le mirent à nu.
Après avoir enveloppé la tête de toile cirée, ils ficelèrent le corps, le
firent descendre dans un sac, et le placèrent dans la malle. Ils firent le
endemain, ensemble, le voyage de Millery.

Dans le compte rendu des débats, on s'est surtout occupé de tracer la psychologie de Gabrielle Bompard, car son cas présentait un intérêt particulier. Il s'agissait de savoir si cette fille était réellement hypnotisable

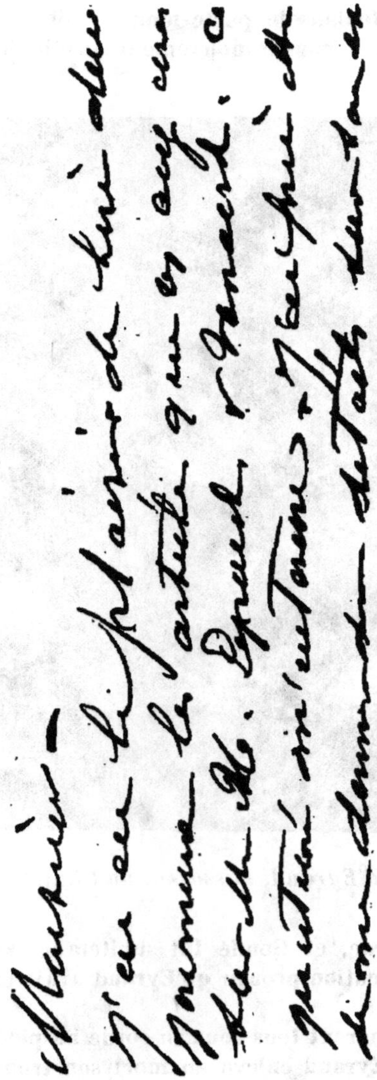

Fig. 60. — *Dans ces lignes tracées par Eyraud, le célèbre assassin, les graphologues ont lu la méchanceté et la perfidie.*

et suggestible, et si elle avait subi, comme elle le prétendait pour diminuer sa responsabilité, l'ascendant irrésistible d'Eyraud. De longues discussions, très animées, eurent lieu entre les représentants de l'École d'hypnotisme de Nancy, et ceux de l'École de Paris. Tout cela paraît bien vieux aujourd'hui, bien peu intéressant. Mais à l'époque, on discutait aigrement

Il en résulte que la figure d'Eyraud, qui seule nous intéresse pour le moment, est restée un peu dans l'ombre. Cependant nous avons assez de détails sur lui pour deviner ce qu'il vaut. Ce grand gaillard est un agent d'affaires véreux, un hâbleur, un ergoteur, un vaniteux, qui parle de lui avec complaisance et veut se faire passer pour une âme délicate et candide ; ajoutons à cela qu'il est sans scrupules, il menace, il est cruel, il est violent ; jusqu'au pied de l'échafaud il repousse le prêtre avec une expression menaçante, et ses dernières paroles sont pour injurier et maudire. Quant à la question de savoir si c'est lui qui a exercé son influence sur Gabrielle Bompard, si c'est lui qui l'a suggestionnée ou terrorisée, ou si, au contraire, il a été subjugué par une maitresse à laquelle il n'osait rien refuser, il n'y a pas moyen de répondre exactement ; les deux opinions ont été soutenues avec des raisons très plausibles.

Le document graphique que je publie ici, est une lettre qu'Eyraud écrit sous un faux nom au vice-consul de Russie à San Francisco. Il parle de lui à la troisième personne, comme de quelqu'un qu'il connaîtrait, Il me paraît extrêmement difficile de décider si ce nom d'Eyraud, qui revient quatre fois dans la lettre à pu donner aux experts l'idée qu'ils avaient sous leurs yeux l'écriture de ce célèbre assassin. Les experts n'ont ajouté aucune réflexion à leur étude. Si j'avais été à leur place, qu'aurais-je pensé ? Il me semble [1] que j'aurais cru avoir affaire à Eyraud, à la condition que, d'autre part, j'eusse déjà l'idée, le soupçon, que les séries contenaient de l'écriture d'assassin ; sinon, non.

Le portrait d'Eyraud par M. Crépieux-Jamin est court, trop court, mais bien caractéristique.

---

1. M. Crépieux-Jamin fait, à ce propos, cette remarque intéressante :

« Il vous semble mal...

« J'avais en premier lieu supposé qu'il s'agissait d'un paralytique général, tant il y avait de désordre dans cette écriture. Le nom d'Eyraud ne m'a pas frappé pour la première raison qu'il était illisible. Ensuite l'autographe parle de Eyraud non à la 3e personne seulement, mais franchement comme d'une autre personne, et de façon désobligeante.

« Quand vous dites qu'il vous parait difficile de décider si vos experts ont eu l'idée d'Eyraud et qu'à leur place il vous semble que vous auriez eu cette idée, vous vous exposez aux plus vives critiques. Il fallait alors couvrir ce nom d'Eyraud, mais vous n'avez pas le droit de transformer ce fait en arme à deux tranchants.

« Personnellement, je n'ai eu aucune espèce d'idée que j'avais sous les yeux l'écriture d'Eyraud, et cette écriture est suffisamment expressive de mauvais instincts pour que les succès des experts n'étonnent personne. »

Il faut que je réponde. Evidemment, j'aurais mieux fait de couvrir le nom d'Eyraud. J'ai cru d'abord que comme il parlait de lui à la 3e personne, les experts ne lui attribueraient pas cet autographe ; et c'est en effet ce qui est arrivé à M. Crépieux-Jamin. Puis, j'ai eu un scrupule, je me suis demandé ce qu'on a pu lire dans mon texte. Scrupule tardif, je n'en disconviens pas. Qu'y faire ? Je le dis, je l'avoue, puisque, dans une étude comme la nôtre, on doit tout mettre au jour.

PORTRAIT D'ALASKA (EYRAUD), PAR M. CRÉPIEUX-JAMIN.

M. X. est un homme intelligent et actif, mais quelque peu brouillon. Il est très passionné, mettant beaucoup d'intensité à tout ce qu'il fait. Son caractère est difficile, trop vif, irritable, surexcité, méchant. Il est, par conséquent, capable de violence. Je le crois médiocrement honnête et même moins encore si sa santé n'est pas altérée. Il n'a pas d'ordre.

Ce portrait est vraiment très bon.

Je crois même qu'on peut le considérer comme excellent, si on y ajoute le fragment de lettre suivant. J'avais écrit à M. Crépieux-Jamin pour lui demander s'il s'était fait une idée sur la manière dont j'avais composé ma série de documents. Voici ce qu'il me répondit :

Vous ne m'aviez dit que tardivement que vous faisiez une étude plus spéciale de la bonté. Au début vous m'aviez parlé des sentiments, en général.

Je n'ai [pas cherché à deviner la manière dont vous aviez composé votre série. Ces documents arrivaient par petits paquets, assez dissemblables. D'ailleurs je crois que cette recherche de vos intentions eût produit un fâcheux effet de prévention. Vous nous avez avoué, dans votre premier article, je crois, que vous étiez bien capable de tendre des pièges... scientifiques. Dans ces conditions à quoi bon compliquer ma besogne par des hypothèses ?

Dans un des premiers envois il y avait un document daté de Russie et adressé à San Francisco, si j'ai bonne mémoire. Il a été étudié avant que vous me disiez que votre expérience visait plus spécialement la bonté. Nul doute que si vous m'aviez dit cela avant, j'aurais fait davantage pencher la balance du côté de la méchanceté. Mais le document aurait besoin d'être contrôlé aussi par un autre. Je ne sais plus ce que j'en ai dit au juste, mais j'ai le sentiment que cette écriture était ou d'un malade ou d'un homme détestable, peut-être les deux.

On voit par les derniers mots de cette lettre que M. Crépieux-Jamin augmente encore l'exactitude du portrait. La dernière touche qu'il y donne est excellente.

PORTRAIT D'EYRAUD PAR M. LÉONCE VIÉ

ESQUISSE GRAPHOLOGIQUE

Document: « *Alaska...* »

Celui qui a tracé cette page manuscrite est un émotionnel passionné et véritable chez qui le naturel va de la douceur à la violence, de la bonté aux instincts malveillants, de la tendance expansive à la dissimulation. Il est capable d'aimer, mais plus encore de haïr, et ses sentiments tendent à excéder l'ordinaire mesure; chez cet impétueux, le passage est rapide du calme à la colère, et celle-ci est redoutable à affronter.

C'est un type de contraste dans lequel des éléments disparates ou contraires n'ont point, pour les coordonner ou pour régler sainement leur rôle individuel, la direction d'un jugement pondéré, ni, pour contenir leur exubérance, l'usage d'un pouvoir volontaire ou moral opportunément inhibitoire.

Matériel, sensuel, peu soucieux de distinction, il dirige ses visées vers les choses pratiques et la poursuite du bien-être, et y déploie beaucoup d'activité. Aussi le voit-on dépourvu de l'ordre et de la régularité dont la recherche du succès rend le concours nécessaire, poursuivre souvent ces qualités comme on poursuivrait son ombre. Moins vainement peut-être, sa volonté, tenace et combative, s'appuie sur l'audace, qui est la favorite de la fortune.

Il n'est pas dépourvu de compréhension et son intelligence est supérieure à sa culture, mais son originalité, accentuée et protéiforme, confine à un degré où la bizarrerie est d'ordre pathologique.

En somme, un compliqué, un impulsif, que l'on hésiterait à cautionner.

C'est encore un assez bon portrait, malgré quelques critiques qu'on pourrait faire de certaines expressions ambiguës.

PORTRAIT D'EYRAUD PAR M. ELOY

ÉTUDE GRAPHOLOGIQUE D'UN DOCUMENT DÉSIGNÉ *n° 3 bleu*

Cette écriture me paraît naturelle et habituelle au scripteur; mais je ne puis m'en assurer puisque, n'ayant qu'un seul document, je manque de contrôle. Il eût été cependant fort utile de le savoir, en raison de la très grande émotivité que révèle ce graphisme. Je l'ai analysé comme étant une écriture habituelle et normale.

Je crois que c'est une *traduction* rapidement faite.

ANALYSE OU DÉTAIL DES SIGNES GRAPHIQUES

Écriture rapide. — Écriture très gladiolée et sinueuse. — Écriture confuse (peu lisible et peu gracieuse). — Écriture inclinée à droite, inégale de dimensions (mots gros, mots fins; lettres grosses et grandes, lettres petites), inégale de direction (mots et lettres redressés) et inégale de formes (lettres du même nom de formes diverses).

Finales pointues et longues, barres des *t* longues, pointues et renflées et hautes; renflements en forme de fuseaux et empâtements nombreux.

ESQUISSE

Ce graphisme révèle un caractère vif, très fin ou plutôt très rusé, mais dont le défaut de clarté intellectuelle suffisante, le peu de culture, et surtout la passion, faussent le jugement et poussent à des actes répréhensibles, soit à lui-même, soit aux autres.

Cet homme est vif, emporté et querelleur ; quand il veut, c'est tout d'un coup, avec un effort disproportionné, avec un despotisme désagréable et une brusquerie de taureau.

Les passions, gourmandise (ivrognerie, je crois) et sensualité, semblent dominer cet individu peu distingué et très peu sympathique.

Il est variable, même pour le fond de son caractère, la vivacité ; c'est-à-dire qu'il éprouve, soit par la fatigue, soit par des mouvements de retour sur lui-même, des arrêts ou tout au moins des rallentissements pendant lesquels la fournaise semble se refroidir. C'est alors qu'il peut être nuisible à autrui, car il sait flatter et bassement approuver ce qu'il dénigrera ensuite.

Vaniteux et très susceptible, il est aussi rancunier et vindicatif.

C'est donc un être assez dangereux, même quand on connaît ses défauts, et il est bon de ne pas se fier à lui, tout au contraire.

Le portrait de M. Eloy est peut-être le plus caractéristique des trois ; c'est celui dans lequel on devine le mieux l'assassin ; et cette circonstance reste bien frappante, malgré toutes les réserves qu'on peut faire sur la procédure que nous employons pour juger ces portraits.

Une empoisonneuse.

Madame Rachel Galtié, connue sous le nom de l'empoisonneuse de Saint-Clar, est une jeune femme de 25 ans que la cour d'assises d'Auch a condamnée à vingt ans de travaux forcés ; elle a été reconnue coupable de nombreux vols et de trois empoisonnements. Elle a empoisonné par l'arsenic son mari, son frère et sa grand'mère. Ces différents crimes avaient pour mobile unique le désir de se procurer de l'argent. La situation de son mari, juge de paix, lui avait ouvert les salons de la petite ville qu'elle habitait ; et elle noua des relations avec des jeunes femmes élégantes ; leur éducation l'attirait, et surtout elle enviait leurs toilettes, leurs bijoux, leur fortune.

Une première fois, elle se rendit coupable de vols ; elle met le feu chez une de ses amies, afin de profiter de l'émotion produite par le commencement d'incendie pour voler des bijoux. Peu après elle cherchait à décider son mari à s'assurer pour un capital payable à sa veuve après son décès ; croyant à tort la police signée, elle entreprit l'empoisonnement de son mari au moyen d'arsenic. Elle ne fut pas inquiétée pour cette mort, dont la cause véritable ne fut pas reconnue. Elle s'installa ensuite au chevet de sa grand'mère malade ; il se trouve qu'elle avait intérêt à la mort de cette parente, car lors de son mariage, son père s'était engagé à lui verser 10.000 fr. deux ans après le décès de la grand'mère. Celle-ci, empoisonnée par l'arsenic, mourut rapidement dans de grandes souffrances. Rachel jeta alors son dévolu sur son jeune frère, Gaston Dupont, qui lui portait la plus vive affection ; elle le décida à contracter une assurance ; l'imprudent y consent, il signe une police portant qu'à son décès, une somme de 50.000 fr. sera versée entre les mains de sa sœur. Dès lors, elle invite avec insistance Gaston à venir passer deux jours chez elle à Saint-Clar. Il arrivait le 4 août à 5 heures du soir, il devait repartir le lendemain à 3 heures. A son arrivée, il dîne avec sa sœur; le lendemain, après

Fig. 61. — *Portrait de l'héroïne de l'affaire de Saint-Clar, qui a tué successivement trois personnes, son mari, sa grand'mère et son frère, en les empoisonnant par l'arsenic, afin de toucher des primes d'assurance.*

le repas de midi, il est pris de vomissements qui continuent jusqu'à son départ. Malgré l'insistance de sa sœur, qui voulait le garder jusqu'au lendemain, il repart dans la soirée. Après un voyage des plus pénibles il est admis d'urgence à l'hôpital. Vingt jours après, il est à peu près rétabli; sur l'invitation pressante de sa sœur, il revient chez elle. Comme il paraissait fatigué, elle lui sert elle-même immédiatement un bol de lait. A midi il se met à table, où il est pris de vomissements. Son état empire au point qu'il est obligé de s'aliter, et meurt deux jours après dans d'horribles souffrances. C'est aussi par l'arsenic qu'il est empoisonné, comme les deux victimes précédentes. Rachel Galtié demandait cet arsenic au pharmacien pour tuer les rats. Le jour même de la mort de son frère, pendant qu'il agonise, elle achète un nouveau paquet, auquel elle ne fait qu'un faible emprunt, la mort étant survenue le même jour.

Le rapport des experts chimistes a démontré surabondamment que les trois victimes ont été empoisonnées par l'acide arsénieux, et que le toxique avait été donné en partie peu de temps avant la mort.

Rien n'est intéressant comme le rapport des médecins Anglade, Pitres et Régis sur l'état mental de Rachel Galtié. Jeune femme de vingt-cinq ans,

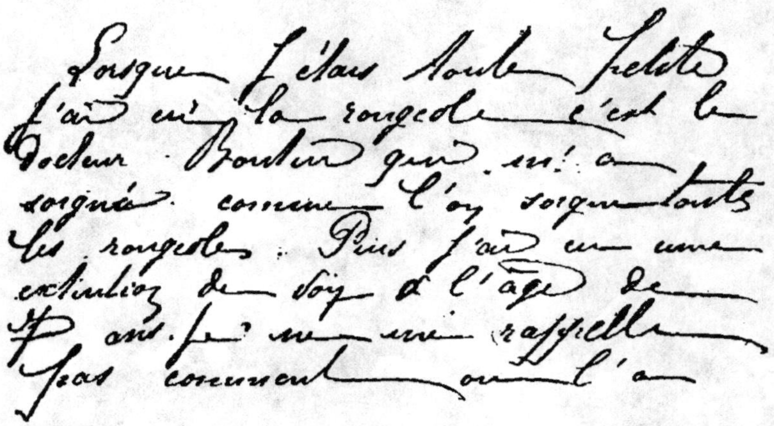
Lorsque j'étais toute petite
j'ai eu la rougeole c'est le
Docteur Bouleur qui m'a
soignée comme l'on soigne toutes
les rougeoles. Puis j'ai eu une
extinction de voix à l'âge de
7 ans. Je ne me rappelle
pas comment on l'a

Fig. 62. — *Commencement de l'autobiographe écrite en prison par l'empoisonneuse de Saint-Clar. Les graphologues ont-ils correctement interprété son écriture? Et celui qui trouve cette femme à la fois « médiocre, impulsive, menteuse, vaniteuse, hystérique, — pas méchante, affectueuse, reconnaissante, désagréable et non odieuse » est-il plus près de la vérité ou de l'erreur !*

bien constituée, jolie, elle présente comme fait caractéristique une anesthésie complète de la sensibilité superficielle et profonde ; on peut enfoncer une épingle à travers la langue, la pulpe des doigts et les orteils, brûler la peau au 1er degré, faire passer des courants d'intensité très forte, sans éveiller la moindre douleur. Il existe aussi, et pour ainsi dire parallèlement, de l'insensibilité morale. Cette femme n'aime et n'a jamais aimé personne ; elle ne peut pas être émue ; elle assiste avec autant d'indifférence aux débats de la cour d'assises qu'à la mort de ses victimes. Quoi qu'il arrive, elle reste la même, aimable, docile, souriante, constamment gaie, et s'accommodant de tout avec la même bonne humeur, ne s'animant jamais, et parlant de son affaire, jusque dans les détails les plus pénibles et les plus émouvants, comme s'il s'agissait d'une autre. Elle est non seulement amorale, mais d'une insouciance étrange, flirtant avec le premier venu dans sa prison, à la veille de sa comparution en cours d'assises, ou encore se laissant surprendre par son père dans les bras d'un jeune homme, pendant que le cadavre de son frère est encore chez elle. Il y a dans toute sa conduite un mélange de finesse, d'adresse, d'étourderie et de sottise. Qu'elle soit arrivée à empoisonner trois personnes sans donner l'éveil autour d'elle prouve sa ruse, car tout cela a été longuement préparé et de très loin ; mais elle commet imprudences sur imprudences ; elle annonce d'avance, comme un pressentiment, que son frère, bien portant, va bientôt mourir ; elle réclame de l'arsenic au pharmacien par l'intermédiaire de ses domestiques ; après la mort de son frère, elle se montre d'une coquetterie et d'une insouciance qui choquent tout le monde.

L'autographe de la figure 62 est la première page du mémoire que Rachel Galtié a écrit pour M. Régis, le médecin légiste chargé de l'étudier.

Voici le portrait de M. Crépieux-Jamin.

L'imagination (1) de M⁻ᵉ X... est si vive qu'elle domine dans tout le caractère. Ses produits sont en rapport avec la médiocrité de l'intelligence (2). C'est dire que M⁻ᵉ X... manque de jugement et est incapable d'attention et de réflexion soutenues.

Elle est femme de premier mouvement, impulsive, exaltée (3), inconséquente (4), désordonnée (5), négligente (6). Comme la plupart des insuffisants elle croit combler ses lacunes par de la prétention (7) et ne fait que souligner son état d'infériorité.

Elle est menteuse par imagination et par désordre (8), à la façon des hystériques dont elle a la psychologie. Malgré la grande agitation de sa nature, son exaltation, son désordre, son mensonge, sa vanité, qui sont à des degrés divers des obstacles à la manifestation de la bonté, elle n'est pas méchante (9). On doit la considérer comme dangereuse parce que déséquilibrée, très passionnée, mal armée pour la vie (10), à la merci des entraînements, par conséquent offrant beaucoup d'imprévu, mais elle est affectueuse (11), reconnaissante avec l'excès de démonstrations de sa nature extrêmement émotive et en dehors (12). Elle a des côtés désagréables et excessifs plutôt qu'odieux.

Références.

(1) Grands mouvements de la plume avec des inégalités considérables,

(2) Discordance graphique, très vulgaire et désordonné.

(3) Mouvements tour à tour dextrogyres et senestrogyres excessifs. Mots grossissants.

(4) Résultat des discordances graphiques.

(5) Écriture désordonnée et mouvementée.

(6) *t* non barrés ; écriture désordonnée.

(7) Écriture ornée (*d* enroulés) et surhaussée.

(8) Écriture mouvementée, avec des discordances et *t* non barrés. Écriture tantôt très senestrogyre, tantôt très dextrogyre.

(9) Mots grossissants ; faibles inégalités de direction, écriture courbe et claire.

(10) *t* non barrés, incordination des mouvements graphiques.

(11) Écriture inclinée, courbe, avec de nombreux et vifs mouvements dextrogyres,

(12) Écriture très inégale de dimension (mots grossissants). Écriture mouvementée.

Ce portrait est bien curieux. Il a des parties excellentes; et c'est vraiment admirable que M. Crépieux-Jamin ait découvert tant de traits qui s'appliquent si exactement au modèle. Médiocre d'intelligence, impulsive, inconséquente, désordonnée, négligente, psychologie d'hystérique, mensonge, vanité, tous ces mots de M. Crépieux-Jamin se trouvent dans le rapport des médecins. Mais d'autre part, on ne saurait donner raison à l'expert, lorsqu'il nous affirme qu'elle est affectueuse, reconnaissante, extrêmement émotive, pas méchante, désagréable et non odieuse. C'est le côté ombre. On pourrait, avec un peu de parti pris, voir dans ce portrait une erreur complète, ou une exacte vérité [1].

Voici maintenant le portrait de M. Vié. Il est intéressant, mais si enveloppé, que je ne sais qu'en dire : il me semble bien que l'auteur a vu à peu près aussi juste que M. Crépieux-Jamin et a succombé aux mêmes erreurs.

PORTRAIT DE L'EMPOISONNEUSE, PAR M. VIÉ

Nature vive et ardente, où l'imagination, qui en est le grand ressort, tend à se soustraire au contrôle, l'impulsion y est assez grande pour que le jugement, débile d'ailleurs, n'ait pas toujours le temps d'en prévenir les écarts. De son côté, la volonté est faible, surtout parce qu'elle est inconstante et d'une orientation malaisée. Par là, Mme A. se classe parmi les sensitifs

---

1. Voici les remarques que mon appréciation suggère à M. Crépieux-Jamin :

« Pas méchante, oui, mais je ne le dis que sous la réserve qui suit : dangereuse, parce que déséquilibrée. Et alors le sens de pas méchante apparaît clairement. C'est-à-dire que si vous mettez à mon passif que j'ai écrit pas méchante, il faut ajouter entre parenthèse (il est vrai qu'il ajoute dangereuse, parce que déséquilibrée). Il suffit que j'aie dit qu'elle était *menteuse par imagination, à la façon des hystériques dont elle a la psychologie*, pour que mon portrait soit considéré comme exact. Votre appréciation, qui ne se fixe d'ailleurs pas, ne me paraît pas équitable. Celui qui verrait dans mon portrait une erreur complète montrerait un parti pris évident; y voir une *exacte* vérité... C'est un bien gros terme pour un objet qui se prête si peu à la mesure de l'exactitude. Mais sans montrer une bienveillance particulière on peut dire, je crois, que ce portrait retrace la graphologie de cette femme d'une façon très satisfaisante, avec de la faiblesse seulement dans les dernières lignes. »

J'ai dit qu'il y a dans ce portrait du bon et du mauvais. M. Crépieux-Jamin croit que le bon l'emporte. Peut-être. En comptant les épithètes qui se rapportent au modèle, et celles qui ne s'y rapportent pas, il semble bien que les premières sont plus nombreuses. Mais c'est peu de chose, en vérité.

à qui manque un suffisant pouvoir d'arrêt pour contenir l'agitation et faire régner un désirable équilibre.

Tel apparaît d'abord ce caractère, vu d'en haut, mais il y a un niveau inférieur qui avoisine l'instinct et dont on ne peut se déprendre pour bien juger : là se manifestent des éléments modérateurs, tels qu'un certain sens pratique et une défiance prudente, en antagonisme utile avec les poussées imaginatives. Nous nous croyons donc autorisé à conclure que la pondération, déjà insuffisante à l'état de repos, va se perdant à mesure que l'activité s'avive.

Nous dirons seulement de son intelligence qu'elle est médiocre, avec un peu plus de compréhension que de culture, et qu'elle acquerrait un profit peu négligeable à secouer le joug de la « folle du logis ».

Où Mᵐᵉ A demeure en possession de la maîtrise de son moi, c'est quand il s'agit des cachettes de son âme ; elle est, à cet égard, d'une enviable discrétion, et cette qualité peut même rendre des points — beaucoup de points — à sa modestie. Mais ce qui importe davantage, ce sont les qualités de son cœur : elle est très sensible, émotive même ; sa vivacité sans frein contrarie sa douceur, et sa grand nervosité paralyse en elle la bienveillance. Point égoïste, elle est capable d'aimer, surtout par élans imaginatifs et soudains.

Si cette personne ne doit pas être rangée dans la catégorie des instables, c'est uniquement parce que les forces psychiques, dans les variations de leur mise en œuvre, obéissent toujours en elle aux mêmes lois d'évolution.

L'assassin Tilloy.

Je n'ai pas beaucoup de renseignements sur cet assassin. Le document dont je me suis servi est extrait d'un dossier qui m'a été obligeamment prêté par M. l'inspecteur général Granier.

Le nommé Tilloy, d'après ce que je lis dans ce dossier, vivait au commencement du siècle dernier ; il a commis un grand nombre de vols et trois ou quatre assassinats par cupidité. Il a écrit en prison l'histoire de sa vie, où il raconte simplement ses forfaits, sans grands détails, et avec une tranquillité d'esprit parfaite ; c'est au cahier renfermant son histoire que j'ai emprunté les fragments soumis aux experts.

Il apparaît dans ce document comme une nature fruste, sans culture, brutale, cruelle, à courte vue, sans intelligence, très rapprochée de l'animalité.

Le passage le plus caractéristique de son mémoire est le récit qu'il fait d'un de ses assassinats. Dans une maison où il était en train de voler, il est surpris par le retour inopiné du maître ; il se cache dans la cave, et une fois là, il cherche à y attirer le maître en faisant du bruit. En effet, le maître descend par curiosité dans sa cave, croyant avoir affaire à des rats. Tilloy se précipite sur lui et le frappe à la tête ; le malheureux tombe par terre, il ne bouge plus, il est mort. Quelques jours après, on l'enterre ; et comme on a besoin de porteurs, on avise Tilloy qui rôdait encore au·

tour de la maison, on l'invite à venir donner un coup de main aux porteurs; puis pour le remercier de sa complaisance, on l'invite à entrer
dans la maison du mort et on lui sert à boire. Tilloy raconte cette scène

Fig. 63. — Écriture de l'assassin Tilloy. Ce passage est emprunté à un
récit de son crime. Voici le texte complet : « mais j'ai tout de même
eu quelque chance pour moi ; l'on m'a venu chercher pour le porter
en terre. Comme il y avait une tombe dans cet endroit, ça fait que je
porte en terre ; pour ma peine... » Il s'agit d'un homme qu'il a assas-
siné, comme nous l'expliquons dans le texte.

sans se mettre en frais d'imagination, et avec la concision d'un illettré,
et avec une ironie et un cynisme qui font d'autant plus d'effet que cela
n'a rien de littéraire.

Le portrait de M. Crépieux-Jamin n'est pas mal, quoique
un peu optimiste. Il est bien entendu que je le juge ici dans
l'ensemble.

PORTRAIT DE ROBERT TILLOY, PAR M. CRÉPIEUX-JAMIN

L'intelligence de M. R. T. est très vulgaire; il a peu de culture, une imagination exaltée et disgracieuse. D'autre part sa volonté est très mal équilibrée, tour à tour vive, précipitée, violente et faible en dernière analyse, parce que sans consistance.

Les sentiments moraux évoluant dans un tel milieu ont bien de la peine à se manifester avec quelque élévation.

Il n'a pas de jugement et il est rempli de préventions, de précipitation, de passion. Quand il agit son exaltation s'associe aussitôt à ses sentiments (1). Il ne fait rien à moitié et manque habituellement de mesure. Cet état d'esprit déjà dangereux quand il s'applique à des caractères supérieurs est ici particulièrement compromettant.

Ses sentiments d'altruisme sont faibles (2). Il est très attentif à ses avantages matériels. Sa sensibilité morale (3) lui suggère seulement des poussées, des préférences vives, des dévouements inconsidérés. Il en est ainsi pour toutes ses passions, elles ne sont pas solides mais seulement véhémentes. Il est remarquable qu'avec son exaltation et ses impulsions il reste un homme réservé (4); c'est un contraste perpétuel chez lui.

Il est fourbe, très menteur (5), mais il ne manque pas de sentiments de droiture (6); il n'a malheureusement pas la force, ni la continuité néces- saire à en assurer pratiquement les effets (7). Quand il veut être loyal et sincère il se croit obligé, et il l'est par ses insuffisances, de faire un effort assez considérable, d'affirmer, d'étaler ses preuves, d'exagérer ses actions, en sorte qu'il dépasse le but (8). A ce moment-là il est candidat à la dupe- rie et il est vraisemblable qu'il a dû être souvent victime de ses meilleurs sentiments. Alors par réaction, ou bien il se promet une autre fois de con- tinuer à tromper les autres, ou bien il s'abandonnera au désespoir de ne jamais réussir en rien (9).

Il n'est pas tendre, ni doux, mais paresseux (10), sensuel (11), avec des mouvements de vivacité (12) et parfois de violence (13), qui ne laissent pas que d'inquiéter.

Références.

(1) Grands mouvements de la plume, (imagination, exaltation) conti- nuellement associés à l'inégalité de dimensions (sensibilité vive) avec le mode caractéristique de l'écriture grossissante.

(2) Nombreux traits sénestrogyres, formes ramassées sur elles-mêmes.

(3) Ecriture très inégale dans tous les genres de mouvements graphi- ques. Les trois premières lignes par leurs discordances sont carastéris- tiques de la qualité mauvaise.

(4) Ecriture lente et dextrogyre d'une part, à grands mouvements et très inégale d'autre part.

(5) Ecriture très inégale de direction, de forme, de mouvement. Sénes- trogyre.

(6) Ecriture relativement claire. Mots grossissants.

(7) Ecriture très inégale et discordante. Barres du *t* fines et trop lon- gues. Ecriture lente.

(8) Mots grossissants et grands mouvements de la plume.

(9) Grands mouvements de la plume et mots grossissants, écriture descendante.

(10) Ecriture floue, lâchée, épaisse.

(11) Ecriture épaisse, lâchée, très inégale, lente.

(12) Barres de *t* longues et minces. Grands mouvements de la plume.

(13) Exagération discordante des traits, (le *p* de *préface*, les *v* et *s*, minuscules, etc. Voir le *d* de *droit* 2ᵉ document, ligne 5).

Le rapport qu'a écrit pour nous, avec le plus grand soin, M. Eloy est malheureusement trop long pour que je puisse le reproduire *in extenso*. Je citerai seulement quelques passages.

ÉTUDE SUR ROBERT TILLOY, PAR M. ÉLOY

Signes généraux. — Écriture lente, parce que la plume pèse aux doigts du scripteur, par manque d'habitude d'écrire et non parce que son esprit est lent. Il y a donc lenteur, non à concevoir, mais à exprimer ses pensées.

Ecriture très mouvementée : elle indique imagination un peu exaltée, impressionnabilité vaniteuse; elle indique aussi, par certaines formes, vivacité et bavardage. Ce sont les floritures, ces formes mouvementées des finales et particulièrement des *d* minuscules qui dénotent la vanité; ce sont les panses des lettres en boucles élargies qui indiquent l'imagination; c'est le remplacement de plusieurs minuscules par des majuscules qui permet de voir une certaine exaltation; les quelques finales consistant en un crochet rentrant élevé confirment cette légère exaltation en la nuançant de l'exagération et de manque de jugement. Les barres des *t* sont généralement longues et fines : elles disent aussi imagination, en même temps qu'elles indiquent une volonté plus vive que forte, plus emportée que constante et par suite une volonté assez faible.

Ecriture très inégale ; signification générale : grande sensibilité.

Les inégalités de dimensions sont les plus apparentes. En entrant dans le détail, nous voyons les lettres tour à tour grandes et petites, larges et étroites : traduisons par nature très émotive et nerveuse, sensibilité vaniteuse; propension à la colère et même à la colère rageuse. Certains mots beaucoup plus gros que les autres (« principalle », « à vantage » entre autres) indiquent l'exaltation, l'importance exagérée et hors de proportion donnée à certains faits, à certaines idées se rapportant plus particulièrement à lui-même; ce grossissement des mots est un genre de soulignement inconscient et par suite très significatif. — Par contre, les mots sont, en général, gladiolés, c'est-à-dire que la hauteur des lettres du commencement des mots est moindre que celle de leur fin. Ce signe se rencontre rarement dans une écriture fruste et il est particulièrement à noter ici : il indique que, malgré la tendance à l'exagération, malgré les manques de jugement et les défaillances de volonté par suite de trop vive sensibilité, Robert T.-M était fin et habile; il avait du savoir-faire.

Les inégalités de direction sont aussi très visibles : elles indiquent en général la souplesse d'esprit et l'adresse à se tirer d'affaire. Voici le détail de ces inégalités : Écriture serpentine (signe très marqué) c'est-à-dire écriture dont le bas des lettres n'est pas en ligne droite, mais au contraire en ligne sinueuse.

Signification : souplesse d'esprit et mensonge au besoin. Si nous rapprochons ce trait, souplesse d'esprit du trait finesse ci-dessus, nous avons par leur réunion la résultante ruse et comme nous sommes en présence d'une nature émotive et vaniteuse nous avons, comme conséquence logique, la résultante à deux degrés que voici :

(Écriture gladiolée) finesse........................) résultante :
(Écriture serpentine) souplesse d'esprit..........)   ruse
(Écriture très inégale et inclinée) sensibilité vive) résultante :
    (grands mouvements, etc.) vanité.............)   mensonge

Mensonge, soit par exagération, soit pour se tirer d'affaire dans le cas où il y aurait un froissement d'amour propre, une humiliation à subir, si la vérité était connue.

Continuons notre examem des irrégularités de direction. Nous voyons des lettres plus inclinées les unes que les autres.

L'inclinaison de l'écriture indique tendresse de cœur ; l'écriture très inclinée, c'est le cas, nous dit vive sensibilité et tendresse. Les redressements qui se rencontrent ont la double signification de sensibilité et tendresse retenues : notre homme, ce doit être un ancien soldat de ces guerres mémorables et plus glorieuses qu'utiles qui étaient presque l'unique préoccupation des familles il y a 80 à 100 ans ; notre ancien grognard, soit qu'il en ait honte, soit qu'il en connaisse les dangers, retient les mouvements trop vifs de son cœur très sensible et très aimant ; il en résulte une certaine susceptibilité. On trouve d'ailleurs ce trait susceptibilité par la résultante ci-dessous, ce qui le confirme en le nuançant :

Sensibilité vive et tendresse) résultante :
Vanité. . . . .) susceptibilité (surtout pour les choses du cœur).

Nous avons donné une partie importante de ce portrait, pour permettre au lecteur de juger par lui-même combien il est difficile de décider si un portrait ressemble ou non au modèle. Qu'on veuille bien comparer ce que nous savons de Tilloy et ce que M. Eloy dit de son écriture. Je défie bien n'importe qui de dire si les ressemblances sont supérieures aux différences.

Hoyos.

Le 30 novembre 1888, au matin, des ouvriers de la Compagnie du Nord découvraient sur la voie, près de Chantilly, sous le pont de la route de Senlis, le corps d'un homme auquel le train avait écrasé les deux jambes. On crut d'abord à un suicide, mais l'examen attentif du cadavre montra qu'il portait au visage, aux épaules, à la partie antérieur du cou de très nombreuses blessures, faites à coup de hachette; la face surtout en était lardée, comme si l'assassin avait voulu la rendre méconnaissable : il avait dû compter en outre sur les trains qui allaient passer sur le corps pour achever son œuvre. Sur le pont qui passait au dessus de la voie à cet endroit, on trouvait une large mare de sang; et à quelques pas deux dents, des lambeaux de chair, un chapeau mou, une canne, un mouchoir et une traînée de sang allant jusqu'au parapet du pont. Le linge de la victime était

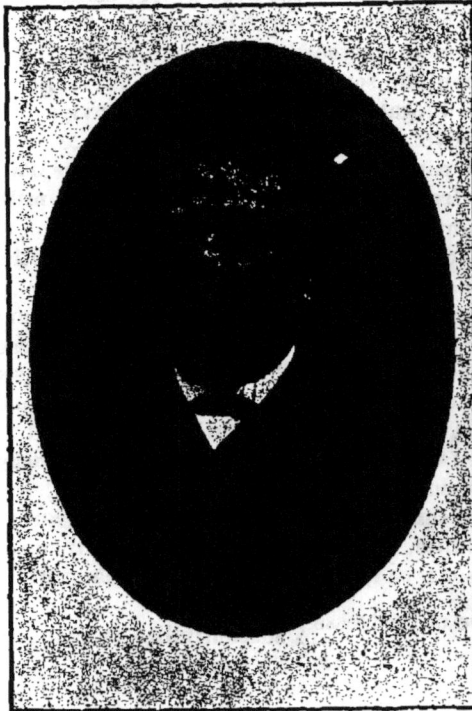

Fig. 64. — *Portrait d'Hoyos, condamné à mort pour des assassinats commis après une préméditation de plusieurs mois.*

marqué de deux *H*. On la fouilla, et divers papiers trouvés sur elle firent conclure qu'on était en présence d'un nommé Hippolyte Hoyos, régisseur chez un riche châtelain de Seine-et-Oise. Les vêtements furent reconnus comme lui appartenant. On apprit en outre que ce Hoyos venait de quitter sa place, et avait annoncé qu'il se rendait en Belgique pour y recueillir une succesion. Sa maîtresse, une demoiselle Figue, attesta que depuis deux semaines il avait disparu et qu'au moment de sa disparition il était porteur d'une forte somme. On crut donc qu'il avait été victime d'un assassinat, et on rédigea en conséquence son acte de décès.

Mais, sur ses entrefaites, on apprit qu'Hoyos s'était assuré sur la vie pour des sommes élevées, au profit de sa maîtresse et de ses deux

enfants naturels. Sa photographie fut présentée au juge d'instruction ;
elle ne présentait aucune ressemblance avec la figure du cadavre. Celui-ci
fut ensuite reconnu pour être celui d'un jeune homme, appelé Louis Baron,
qu'Hoyos avait protégé, qu'il avait placé dans une maison comme valet
de ferme ; on avait vu les deux hommes mangeant et logeant ensemble
chez un aubergiste de Rambouillet, un mois avant le crime, et on avait
ensuite perdu la trace de Baron. Tout s'éclaircit, et quelque temps après
Hoyos était retrouvé bien vivant ; il s'était fait engager, comme domestique, dans un hôtel de Valenciennes, sous le nom de Baron, dont il possédait le livret.

L'instruction montra avec quelle habileté ce plan de substitution avait
été exécuté. Hoyos était allé chercher en Belgique sa victime, il l'avait
amenée en France en lui présentant l'appât d'une place superbe ; il espérait
que la disparition de Baron dans un pays où celui-ci n'avait pas de famille
ne serait pas remarquée. Quelques semaines avant le crime, il lui faisait
cadeau d'un de ses vêtements ; il lui faisait délivrer, par la mairie de
Sognies, ce livret d'ouvrier, dont il comptait se servir plus tard. Quelle
préméditation ! Puis il achète une hachette, en fait raccourcir le manche,
pour la cacher commodément dans sa poche. Le 2 novembre, il donne
rendez-vous à Baron à la gare de Chantilly, fort tard dans la soirée. Sous
quel prétexte ? On ne sait. Peut-être promettait-il encore au pauvre diable
une place. A Chantilly, Hoyos descend de wagon, il retrouve Baron qui
l'attend docilement, et lui et sa victime partent ensemble, dans la nuit,
vers la campagne, peut-être sous prétexte de se présenter dans un des
châteaux des environs. Ils arrivent sur le pont. Hoyos se jette sur Baron
l'abat à coups de hachette, le défigure, à force de le frapper au visage,
puis il fait l'échange de ses papiers contre ceux du mort, qu'il jette
ensuite sur la voie.

Voilà l'homme. Malgré les charges accablantes qui pesaient sur lui,
Hoyos n'a jamais avoué. Il s'est défendu avec une énergie extraordinaire.
Ceux qui l'ont vu le dépeignent comme un homme de quarante-cinq ans,
encolure énorme, force herculéenne, teint de brique, l'œil faux et cligno-
tant. Il ne se défend pas seulement, il accuse, et quand il parle il a des
ricanements féroces. J'ai lu les détails de son interrogatoire. Il a toujours le
mot qui porte, il se défend, il attaque avec une sûreté, un aplomb extraordinaires : pas de défaillance, pas un moment de sensibilité.

Son passé est déplorable. On ne le connaît pas tout entier, car son existence, pleine d'aventures, reste mystérieuse par certains côtés ; ainsi on ne
s'explique pas comment il a pu, à certains moments de sa vie,
avoir tant d'argent dans la main. Où le prenait-il ? Mais en revanche,
certains faits paraissent tout à fait clairs. Les témoins s'accordent pour le
représenter comme la terreur de tout un pays ; il avait une force prodigieuse, et il en abusait ; on cite je ne sais combien de rixes qu'il a provo-
quées, et où il a mis à mal ses adversaires. Ce n'est pas seulement un
violent, et un brutal, c'est un fourbe. Dans les affaires dont il s'occupe, on
le signale comme voleur, escroc. Il a été condamné pour avoir fabriqué
de fausses traites. Du reste, sa mauvaise foi en affaires est un fait reconnu,
et on ne compte plus le nombre de ses escroqueries. Mais ce sont ses crimes qui accusent le mieux sa personnalité. On trouve des traces de sang

dans toutes les pages de son histoire, si bien que lorsque le président de la cour d'assises lui fait l'énumération de tous les crimes dont on l'accuse, il répond cyniquement : « Je n'aurai donc fait que ça, assassiner. Alors,

Fig. 65. — Dans l'écriture de la lettre que le sanguinaire Hoyos écrivait peu après sa condamnation les graphologues, trop indulgents, n'ont vu que de la prétention et de la fourberie.

c'est une profession ! » Et il disait juste. L'assassinat paraît chez lui comme un état normal. Il n'avait pas seulement attiré hors de son pays ce Baron qui est devenu sa victime : il avait en outre jeté son dévolu sur un autre individu, qui heureusement lui échappa ; mais si le crime manqua, la tentative était bien nette. On le soupçonne aussi, d'après les présomptions

les plus fortes, d'avoir tué sa première femme ; il lui asséna sur la tête
un coup formidable, avec un instrument préparé à l'avance. Car c'était
un calculateur qui préméditait toujours ses crimes. L'instrument était un
maillet sur lequel il avait cloué un fer à cheval, acheté quelques jours
auparavant. Il tua sa femme par esprit de lucre, il l'avait fait assurer sur
la vie, trois mois auparavant, pour une somme de 110.000 francs, et il
voulait toucher la prime. Un soir de novembre, raconte-t-on, il se trouve
seul avec sa femme à la maison ; les domestiques sont sortis. Il va à l'éta-
ble, appelle sa femme ; elle vient ; tout à coup, un grand cri ; la femme tombe
à la renverse, le crâne fracturé. Il prétendit qu'elle avait reçu un coup de
pied de cheval. Ce n'est pas tout. Deux fois, il a essayé d'assassiner son
beau-père ; il a tellement brutalisé sa seconde femme qu'il lui a fait faire
une fausse couche. A la cour d'assises, son sang froid et son cynisme ont
à maintes reprises révolté l'assistance. Condamné à la peine de mort,
Hoyos a été exécuté à Beauvais, il a marché à l'échafaud avec le plus
grand calme, sans avoir fait d'aveux, demandant seulement « pardon à Dieu
des fautes qu'il a pu commettre ».

Le portrait de M. Crépieux-Jamin, est un peu optimiste.
Il contient quelques traits qui semblent s'appliquer à Hoyos ;
d'autres paraissent ne pas lui convenir.

PORTRAIT DE BEAUVAIS (HOYOS), PAR. M. CRÉPIEUX-JAMIN

L'individu de Beauvais a reçu une éducation satisfaisante, mais il
manque de jugement et n'a jamais pu s'élever au-dessus de la médiocrité.

Il est prétentieux (1), vaniteux et mesquin (2). Très émotif (3) et cependant ni expansif, ni liant (4). On le blesse fortement et on l'exalte en choquant sa prétention (5).

Le fond de sa tendresse est fait de sensualité (6).

Il manifeste de la timidité (7) ; il est finassier et assez habile, même
inventeur et fourbe (8).

Son énergie est très inégale (9), précipitée (10), se manifestant par à-
coups et faiblissant rapidement (11). C'est un caractère de demi-teinte et,
en somme, un petit esprit et un petit caractère.

Références graphologiques.

(1) Nombreuses lettres surhaussées, d minuscules enroulés (écriture ornée) ; écriture montante.

(2) Ecriture petite, ornée, surhaussée, montante, sans caractère.

(3) Ecriture inégale de direction et de dimension.

(4) n et m en arcades ; écriture anguleuse et retenue.

(5) Résultante de la sensibilité et de la vanité. L'exaltation est indiquée
par les longs jambages des majuscules et minuscules, aux lettres surhaussées, les majuscules où il n'en faut pas.

(6) Jambages écrasés.

(7) Jambages des majuscules très rapprochés, très petits, parfois légers.

(8) Ecriture sinueuse, petite, blanche, gladiolée.

(9) Écriture inégale.

(10) Barres de *t* trop longues, majuscules discordantes.

(11) Tracé relativement lent avec des mouvements vifs, avec discontinuité dans les mouvements qui sont toujours d'une puissance médiocre ou faible.

L'esquisse de M. Vié nous intéresse aussi, au point de vue du contrôle. Il serait presque impossible de la juger, tant elle contient de réserves diplomatiques.

ESQUISSE GRAPHOLOGIQUE (HOYOS), PAR M. VIÉ

Cette lettre d'un condamné est dangereusement suggestive pour l'analyste; comme elle tend à obtenir à son auteur une commutation de peine, il semble qu'une forte criminalité soit ici en cause, d'où pourrait naître, dès l'abord, la pensée qu'on va être amené à charger cet homme de tous les péchés d'Israël. Or il importe hautement d'écarter la vision conjecturale d'actes accomplis et de voir seulement dans cette écriture ce qu'y a mis le geste inconscient et révélateur.

Le scripteur est un passionné. Telle est en lui la sensitivité qu'elle atteint le degré où elle peut devenir impulsive, tandis qu'une imagination ardente s'y ajoute pour en attiser le feu. Il n'est pas méchant, mais l'insuffisance de sa douceur ne permet pas de lui attribuer beaucoup de bonté, d'autant qu'un orgueil, de forme prétentieuse, ferme à l'altruisme la porte du cœur. Notons encore une nature nullement détachée des séductions brillantes et en qui les appétits sensuels se montrent impérieux.

L'auteur de cette lettre est d'une activité un peu inférieure à la moyenne et qui suit d'un pied boiteux une conception assez prompte. Malgré des à-coups d'une fermeté qui se cramponne, il est doué d'une volonté flottante, souvent faible et de nature à enlever aux actes un désirable esprit de suite. Sa passion elle-même est sujette à des rémittences qui influent sur l'intervention du jugement.

D'autre part, en dépit d'une souplesse d'esprit, peu accentuée d'ailleurs, aucun signe révélateur des penchants n'offre une nette contre-indication de la droiture et ne permet de dépeindre ici un homme prédestiné à suivre fatalement la voie tortueuse. Sa méfiance est indéniable, mais elle ne se combine pas, dans les manifestations graphiques, avec les indices de la fourberie.

En somme, m'en tenant au document en cause, j'y vois un composé moral qui laisse éventuellement prise à des défaillances, mais n'autorise pas à les pronostiquer.

Trop d'indulgence, en vérité.

CHAPITRE XXVI

La mesure de l'habileté individuelle

Le lecteur qui a parcouru tous les portraits du chapitre précédent doit éprouver quelque embarras pour formuler une conclusion. Il aura surtout remarqué combien les appréciations des graphologues se contredisent souvent.

Ces contradictions ne prouvent rien contre la graphologie, puisque nous avons posé cette règle que le graphologue qui se trompe le moins, a seul qualité pour représenter cet art. Mais ces discordances ont au moins une conséquence pratique : si vous voulez une opinion autorisée sur une écriture, dirons-nous aux curieux, choisissez bien votre graphologue. Ils ne s'entendent pas mieux que des médecins au lit d'un malade. Quelques-uns se trompent lourdement. La qualité de graphologue ne leur confère pas un brevet d'infaillibilité. Ici comme partout, tant vaut l'homme, tant vaut le métier.

Essayons maintenant de calculer le pourcentage d'erreurs commises par quelques-uns de ceux qui ont bien voulu travailler pour nous. Ce calcul nous permettra non seulement de nous rendre compte de l'habileté de chacun, mais encore de savoir si en fin de compte, les appréciations des plus habiles sont supérieures au jeu du hasard.

LES APPRÉCIATIONS DE M. CRÉPIEUX-JAMIN

Je vais relater en détail, car la chose en vaut la peine, comment j'ai façonné l'expérience pour M. Crépieux-Jamin. Ce serait une erreur de croire que des épreuves de contrôle s'organisent *à priori*, selon certaines règles applicables à tous les cas et valables pour tous les experts. On n'expérimente pas dans l'absolu. A la vérité, j'ai dû modifier mon expérience plusieurs fois, pour mieux l'adapter aux habitudes de M. Crépieux-Jamin. Ainsi, je me suis aperçu que je n'avais pas prévu telle cause d'incertitude qui provenait de sa manière de travailler, et il m'a fallu revenir sur mes pas, modifier le dispositif qui avait d'abord paru convenable. Cette série d'épreuves a duré environ deux

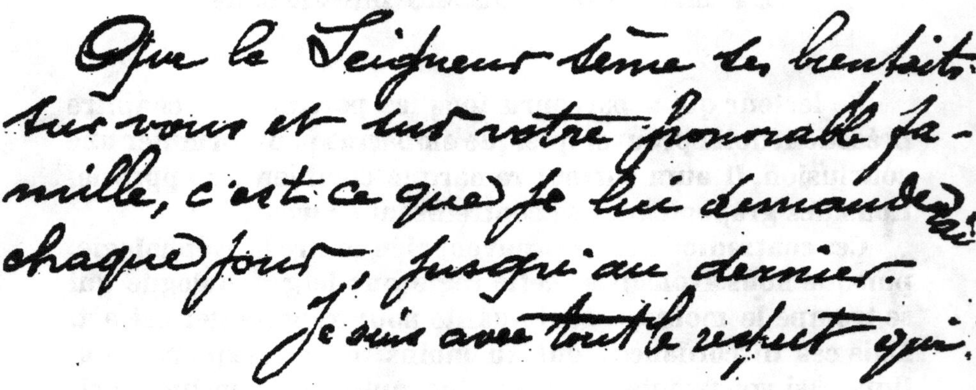
Que le Seigneur verse ses bienfaits sur vous et sur votre honorable famille, c'est ce que je lui demande chaque jour, jusqu'au dernier. Je suis avec tout le respect qui

Fig. 66. — *Ces vœux hypocrites, extraits d'une lettre à un protecteur, sont de Nouguier, dangereux assassin, qui fut exécuté à Lyon pour avoir tué une femme à coups de bouteille, après préméditation, dans l'affaire dite de la Villette.*

mois. Je ne saurais mieux la comparer qu'à un duel; c'est moi qui attaquais, tantôt par des coups droits, tantôt par des feintes. Mon adversaire a montré une très belle défense, et je le dis tout de suite, ce long combat s'est terminé à son honneur.

Mais soyons plus précis.

J'ai d'abord envoyé uniquement à M. Crépieux-Jamin des écritures d'assassins; bien entendu, je ne l'avertissais pas de l'origine des documents, et je me contentais de lui demander un portrait graphologique, en le priant d'insister sur la moralité, la bonté et les qualités contraires.

On a vu plus haut quelques-uns de ses portraits.

Le lecteur qui a étudié patiemment les documents précédents a dû se rendre compte qu'il est extrêmement délicat de les apprécier. Lorsque M. Crépieux-Jamin dit d'un assassin que c'est un être dangereux, menteur et d'une moralité vraiment basse, tout le monde sera d'accord pour lui donner raison ; mais, devant d'autres documents, il semble que l'expert a péché par excès d'indulgence. Les sujets qui me semblent bien jugés sont au nombre de 7 sur 12 ; je dis « il me semble », parce que je n'ai pas d'autre critérium qu'une impression subjective. Voici ces portraits, en raccourci.

VIDAL, le tueur de femmes, que M. Crépieux-Jamin traite de « nature déséquilibrée, de violent, de sensuel, de paresseux ».

TILLOY, assassin, dont M. Crépieux-Jamin dit « paresseux, sensuel, avec des mouvements de violence qui ne laissent pas que d'inquiéter ».

NOUGUIER, assassin, qui serait un « doux, violent, fourbe ».

HENRI VALLAT, assassin, qui est reconnu « dangereux, menteur et d'une moralité vraiment basse ».

AUGUSTE SERVANT, assassin, qui est « méchant, vindicatif, sans scrupule, un très mauvais caractère, avec lequel la vie est dangereuse ».

EYRAUD, assassin, qui est déclaré « pas bon, médiocrement honnête et même moins encore ».

UN INVERTI ASSASSIN, dont on nous dit « que son perfectionnement intellectuel et moral pourrait commencer par un traitement médical ».

Voilà sept diagnostics qui me paraissent excellents.

Pour 4 autres criminels, M. Crépieux-Jamin a vraiment manqué de la sévérité nécessaire. Ce sont : HOYOS, un assassin, à qui on reproche seulement d'être « mesquin, vaniteux, prétentieux, menteur et fourbe. Petit esprit et petit caractère ».

CARRON, le parricide : « Sa droiture est loin d'être irréprochable, mais ce n'est pas un homme méchant ; il n'inspire pas confiance ; mais il a des sentiments tendres ; et des côtés attachants. »

Mme RACHEL GALTIÉ, l'empoisonneuse de Saint-Clar, « est impulsive, désordonnée, menteuse à la façon des hystériques, dont elle a la psychologie dangereuse, parce que déséquilibrée, mais pas méchante, affectueuse, ayant des côtés désagréables et excessifs plutôt qu'odieux ».

Jules Dautrez, assassin, qui « serait foncièrement bon, a une conscience, est affectueux, mais brouillon, et deviendrait peu sûr s'il était déclassé ».

Somme toute, il me semble que ces quatre diagnostics sont inférieurs aux précédents. Mais je ne me dissimule pas que la démonstration que j'en fais ici est bien sujette à caution.

A la réflexion il m'a semblé utile de savoir comment l'expert traiterait de vrais honnêtes gens, et s'il sentirait la différence entre eux et les précédents personnages. Je lui envoyai donc l'écriture de trois très honnêtes gens, que je connais, et qui sont de mon milieu : une dame qui appartient au corps enseignant, un docteur ès sciences qui a été mon élève et reste mon collaborateur, et un ministre d'un pays étranger, qui est mon vieil ami de jeunesse, une de ces natures d'élite qui inspirent à la fois de l'estime et une irrésistible sympathie.

Voici deux des portraits de M. Crépieux-Jamin.

Catul (j'ai donné ce nom au ministre).

PORTRAIT DE CATUL PAR M. CRÉPIEUX-JAMIN

Les deux caractéristiques fondamentales de Catul sont du talent et un caractère très complexe.

Son intelligence est tout à fait vive, lumineuse et débrouillarde, mais elle s'applique avec une intensité variable.

Il pense, il agit avec intensité, puis brusquement il change de direction.

Ce mode d'action diminue sa force; on peut être quelqu'un dans ces conditions, mais il est plus difficile de faire quelque chose de grand.

Son imagination brillante et très représentative est, chez lui, une qualité brillante, quelque chose comme la lumière de son esprit. Elle colore et vivifie son intelligence à un haut degré, provoquant des sensations d'art, excitant sa pensée sans l'exalter. Il a du goût, de la délicatesse et, grand émotif, va d'instinct vers les belles choses.

Malgré ses hautes qualités il n'est pas heureux. C'est une nature facilement déprimée.

Il est orgueilleux et parfois amer et caustique. C'est une haute intelligence, ce n'est pas un caractère. Sa nature est triste; en tout cas la gaîté sereine lui manque. Il est cependant d'un commerce intéressant.

Ce serait trop dire que de parler de sa bonté, mais il est affectueux et dévoué pour ses amis.

Il a quelques vivacités et brusqueries, il est assez impatient. D'autre part on peut compter sur sa droiture pour autant que la négligence ne s'en mêle pas.

Le portrait est bon, très bon même; mais il n'est pas flatté. Catul est infiniment supérieur. Je ne nie pas qu'à la rigueur, il puisse être sujet à de la dépression, — les luttes politiques en donnent l'occasion souvent; mais je ne le crois pas spécialement irritable, ni nerveux. Il a un bon estomac, l'esprit clair, une volonté robuste, une grande endurance contre la fatigue. et malgré le scepticisme naturel à quelqu'un qui a souvent vu les hommes de près, je lui trouve des tendances optimistes et quelque chose de tout à fait tonique dans le tempérament. C'est une force unie à de la bonté; je ne sais pas une alliance de qualités plus attachante et plus belle.

Encore un portrait, celui de M. X., docteur ès sciences.

PORTRAIT DE M. X. PAR M. CRÉPIEUX-JAMIN

Ce caractère est des plus distingués. Il est éminemment sociable et prudent en même temps, avec une sereine élévation. L'intelligence est très vive, hautement cultivée, il semble que toutes les facultés lui soient départies.

Ici, la bonté est une qualité dominante; elle résulte de l'harmonie de tout le caractère et principalement d'une douceur et bienveillance naturelle et d'un grand bon sens. Nul doute que c'est par la bonté qu'on prend le chemin de son cœur.

Le caractère n'est pas sans passion, mais il en porte la trace affaiblie par l'usage de la méthode, par l'expérience de la sagesse.

La droiture est remarquable, avec une réserve douce qui ne lui retire rien, mais assure ses résultats.

La volonté est faite d'activité surtout, c'est-à-dire de la manifestation la plus riche d'énergie et de constance, mais ni l'énergie, ni la constance ne sont particulièrement en relief, elles sont fondues dans une activité très harmonieuse.

Ce charmant portrait est tout à fait réussi, et je suis heureux de le publier, en ajoutant à l'adresse de M. X., que je contresigne des deux mains les appréciations de l'expert. Une modestie excessive est peut-être le principal défaut de M. X., qui reste volontiers dans l'ombre, tandis que tant d'autres qui ne le valent ni comme finesse d'intelligence, ni comme droiture de sentiments, cabotinent dans la pleine lumière.

L'expérience de contrôle que j'avais imaginée ici, en envoyant à M. Crépieux-Jamin l'écriture de ces trois personnes que je considère comme des types de grands honnêtes gens, me parut d'abord tout à fait décisive. Il me semble que l'expert s'était bien aperçu que je l'avais introduit en meilleure compagnie. Seulement, à la réflexion, un scrupule me vint. Les trois personnages du groupe honnête ne sont pas seulement d'une moralité supérieure; ils appartiennent en outre par leur intelligence, et leur éducation, leur milieu, leur culture, à une catégorie beaucoup plus élevée que celle des criminels. Or, il m'a semblé que M. Crépieux-Jamin a l'habitude d'établir, peut-être avec raison, une relation très étroite entre le degré d'intelligence et le degré de moralité. C'est à ce point que je le verrais difficilement trouver une moralité élevée chez un individu dont l'intelligence serait très médiocre. Peut-être ma supposition est-elle inexacte; elle suffit toutefois pour commander la réserve.

Je fus donc amené à organiser un complément d'information. Je me procurai de l'écriture de gens qui appartiennent à une classe sociale très modeste, et comparable à celle des criminels; je me suis adressé à des petits commerçants, des petits ouvriers, des artisans de métiers minuscules, des employés retraités.

Je demandai à tous ces gens-là des spécimens de leur écriture; ensuite je les priai de m'écrire des lettres dont je leur indiquai d'avance le thème; quelques-uns ne réussirent pas à se conformer à cette dernière invitation; je leur dictai un modèle de lettre. Tous m'ont ainsi fourni à la fois de l'écriture naturelle, spontanée, et une autre écriture, tracée sur commande. Quelques-uns, paysans méfiants, s'y refusèrent, craignant de se faire du tort. Les autres consentirent, après qu'on leur eut expliqué qu'on cherchait à savoir s'il était possible de reconnaître le sexe d'après l'écriture. Les thèmes de lettres que j'ai proposés m'ont été inspirés par les lettres d'assassins, que j'avais à ma disposition : histoire embrouillée d'une querelle, plainte contre quelqu'un, demande d'argent aux parents, protestations de dévouement, fragment de biographie, etc. [1].

J'envoyai tous ces documents à M. Crépieux-Jamin, par petit paquets successifs, puis j'attendis ses esquisses avec beaucoup de curiosité.

---

1. M. Crépieux-Jamin me fait une critique à propos de ma documentation : « Puisque vos personnages étaient des ouvriers, petites gens, etc, pourquoi ne pas avoir soigné davantage votre documentation ? Celle de Legu, par exemple, ne vaut pas cher. C'était une avarice de documents que vous auriez pu éviter. » C'est vrai. Mais les documents provenant de criminels étant forcément très courts, je ne voulais pas mettre les honnêtes gens sur un meilleur pied.

Faut-il donner quelques portraits de la série honnête? Je regrette de ne pas pouvoir les donner tous. On m'a assuré que cela manquerait d'intérêt. Les honnêtes gens piquent moins la curosité que les assassins. Je n'en citerai qu'un.

Bour (cultivateur âgé, qui a été autrefois ouvrier en bijoux ; très brave homme, d'une bonne intelligence, caractère jovial, bon grand père de famille, vieillissant entouré de l'estime générale).

PORTRAIT DE BOUR PAR M. CRÉPIEUX-JAMIN

M. Bour est un individu doué d'un caractère très ferme et vif.

Il n'est pas égoïste, loin de là, et atteint même à la générosité.

Il a un vif sentiment de la justice et de l'équité, avec une certaine rudesse et une franchise qui n'admet pas les ambiguïtés. C'est un caractère simple et bon, mais avec une façade sévère trompeuse, — au moins pour les graphologues. Il semble insaisissable et il n'est que pourvu d'éléments modérateurs restreignant les manifestations de son émotivité forte et que l'on ne soupçonne pas tout d'abord. On le croirait méchant et emporté, il n'est que vif, avec un cœur affectueux sous une enveloppe fruste.

Si je pouvais mettre sous les yeux du lecteur toutes les esquisses de caractère que M. Crépieux-Jamin a faites pour mes honnêtes gens, on comprendrait mon embarras. Il est extrêmement difficile de juger l'ensemble, et de dire que, tout compte fait, les honnêtes gens sont mieux traités que les assassins. Cela varie beaucoup ; c'est, comme on dirait au palais, une question d'espèce. Dans certains cas, c'est l'assassin qui est le plus chargé ; dans d'autres cas, c'est l'honnête homme. Comment condenser ces documents dans des moyennes, comment représenter par une donnée précise le coefficient de moralité de chacune des deux séries ? Ah ! comme on sent bien ici que les phénomènes moraux ne se comptent pas, ne se pèsent pas ! Comme on voit bien qu'il suffirait de quelque parti pris, de moins encore, d'une idée préconçue à peine consciente, pour donner raison au graphologue, ou pour lui donner tort ! Ne nous laissons pas gagner par le scepticisme. Raidissons-nous. Cherchons à nous dégager des impressions subjectives, qui sont toujours dangereuses et suspectes. N'y a-t-il pas moyen d'imaginer un procédé quelconque, même grossier, qui nous mette tous d'accord, en utilisant des faits précis ?

Après y avoir un peu rêvé, voici la solution que j'ai trouvée. Le procédé que j'emploie est double.

D'abord, je prie M. Crépieux Jamin de dresser une hiérarchie de moralité comprenant tous les documents envoyés, c'est-à-dire 22 personnes.

C'est un travail de rangement auquel il ne faut attacher aucune idée de précision, car je me sentirais incapable de le contrôler dans le petit détail : je ne sais pas si tel de ma série honnête est supérieur à tel autre de la même série, et de combien il lui est supérieur.

Sur la valeur de ce classement en série hiérarchique, M. Crépieux-Jamin ne se fait pas plus d'illusions que moi : « Il va sans dire m'écrit-il, que le classement hiérarchique n'est pas autre chose qu'une indication à peu près, une manière de préciser ma pensée ... » Voilà qui est bien.

Nous nous sommes du reste expliqué sur la signification de ces classements, et nous avons dit qu'ils représentent une vérité approchée.

Je reproduis l'ordre donné par M. Crépieux-Jamin, avec des italiques pour les criminels.

CLASSIFICATION MORALE DE M. CRÉPIEUX-JAMIN

Supérieurs . . .	L. Croquet.	1
	Victor.	2
	Carron, le parricide . . .	3
Moyens	*Mᵐᵉ Galtié*	4
	Jules D	5
	Bour	6
	Cer	7
	Hoyos	8
	Cuni.	9
Insuffissant . .	Henri Bill	10
	Soufflot	11
	Far	12
	Legu.	13
	Vidal	14
	Bris	15
	L'inverti	16
	Gaspard	17
Inférieurs . .	*Eyraud*	18
	Tilloy	19
	Auguste S	20
	Nouguier	21
	Vallat.	22

Grâce à notre idée directrice, nous pouvons juger la série de M. Crépieux-Jamin, en comptant comme erreur toute position d'assassin placée au-dessus de n'importe quel honnête homme. Voici un calcul qui exprime bien mon idée. Nous avons une série hiérarchique de 22 noms ; divisons-la grossièrement en 2 portions égales, de 11 noms chacune ; la première portion de 1 à 11, comprenant des noms de gens qui seraient d'une moralité un peu supérieure à celle de l'autre portion, d'après M. Crépieux-Jamin. Si le hasard se chargeait seul de répartir les noms dans les deux catégories, il ferait un mélange en proportions égales de criminels et d'honnêtes gens. La proportion trouvée par M. Crépieux-Jamin est différente. Dans la série la plus morale, il y a 7 normaux et 4 criminels; dans la seconde partie, c'est la proportion inverse, 4 normaux et 7 criminels. On pourrait, du reste, faire d'autres calculs, que je trouve oiseux d'exposer ici ; ils aboutiraient sensiblement au même résultat.

Voici un second procédé que j'ai employé, pour vérifier les affirmations de M. Crépieux-Jamin. J'ai réuni par couples deux documents, l'un d'un normal, l'autre d'un criminel, et j'ai prié l'expert de désigner celui des deux documents qui révèle la moralité la moins basse. J'ai ainsi constitué 11 couples. Le choix de ces couples n'a été déterminé par aucune idée préconçue ; c'est le hasard qui les a appareillés. J'aurais pu, si j'en avais eu le dessein, augmenter ou diminuer la difficulté de ces comparaisons, en me guidant d'après le classement hiérarchique qui avait été dressé par M. Crépieux-Jamin, et que je connaissais déjà. Je m'en suis bien gardé. Voici les préférences qui m'ont été indiquées; l'indication de la préférence est suivie d'un bref commentaire, tracé par M. Crépieux-Jamin. Pour permettre au lecteur de juger tout de suite les appréciations de l'expert, j'ai mis entre parenthèse les qualités des sujets comparés. Il est évident que M. Crépieux-Jamin, au moment où il a formulé ses préférences et les a motivées, ignorait le contenu de ces parenthèses.

PRÉFÉRENCES DE M. CRÉPIEUX-JAMIN DANS LES EXPÉRIENCES DE COUPLES

Henri Bill (sujet normal) médiocre, inconsistant, exalté, mais très préférable à ALASKA (Eyraud assassin) qui diffère de lui par un caractère désagréable et méchant.

Lucien Croquet (sujet normal) honnête et bon, très grande différence avec AUGUSTE S (assassin) qui est une très mauvaise nature.

Gaspard (sujet normal) fourbe et agité, mais tout de même préférable à HENRI VALLAT (assassin) qui est plus grossier et plus brutal.

BOUR (sujet normal) médiocre et vif, mais altruiste et honnête, très préférable à Robert Tilloy (assassin) qui est exalté, emporté et grossier.

CER (sujet normal) très vulgaire, mais honnête, préférable à Mᵐᵉ G. (empoisonneuse) qui est perfide et d'ailleurs déséquilibrée.

SOUFFLOT (sujet normal) très vulgaire, mais sincère, préférable à Zéphyr (Vidal, le tueur de femmes) grand médiocre, exalté, inconsistant et déséquilibré.

BRIS (sujet normal) médiocre et faux, mais tout de même préférable à Religot Nouguier (assassin) très grossier, fourbe, brutal et lâche.

Nᵒ 2 (Inverti assassin) homme faible et nerveux, préférable à Cuni (sujet normal) qui n'est pas méchant non plus, mais a moins de simplicité.

VICTOR (sujet normal) nature fruste, mais droite, très préférable à Jules D. (assassin), sans caractère et peu franc.

BEAUVAIS (Hoyos assassin), nature faible, mais pas méchante, préférable à Far (sujet normal) qui est bien plus exalté, tout en étant, en somme, de moralité moyenne.

A (Carron parricide), émotif, passionné, plus d'intelligence que de caractère. Préférable à Légu (sujet normal) plus vulgaire et moins franc.

Résumons et jugeons.

Sur les 11 comparaisons, nous en trouvons 8 qui sont exactes, celles de Bill, Croquet, Gaspard, Bour, Cer, Soufflet, Bris, Victor; 3 sont inexactes, celles de l'Inverti, de Beauvais et de A.

Rappelons en effet que l'Inverti est un parricide, qu'on avait à comparer à un très honnête employé retraité des chemins de fer.

Beauvais (nom exact : Hoyos) est un assassin par cupidité, qu'on devait comparer à un employé de pharmacie, honorablement connu dans le pays qu'il habite depuis longtemps.

Enfin A (Carron) est un parricide, qu'il fallait rapprocher de Légu..., un brave marchand de légumes.

Le nombre des déterminations exactes, dans cette série de couples, est donc de 8 sur 11, soit 73 0/0.

APPRÉCIATIONS DE M. VIÉ ET DE M. ELOY

Les explications que j'ai données plus haut pour analyser les solutions de M. Crépieux-Jamin nous permettront d'aller plus vite.

Sur ma demande, M. Vié et M. Eloy ont établi la classification générale suivante, d'après leurs préférences résultant de l'examen des qualités morales.

CLASSIFICATION DE M. VIÉ

1. Cuni — *Zephÿr* (Vidal).
2. Mme n° 2 (*Galtié*).
3. Henry Bil. — *Jules D*.
4. Bour — Briss — Lucien Croquet.
5. *L'inverti* — Far — *Carron*
6. Victor — *Henri Val* — Légu.
7. Soufflot — *Eyraud* — *Auguste S*.
8. *Hoyos* — M. Cer — *Nouguier*.
9. Cas pathologiques : Gaspard — *Tilloy*.

CLASSIFICATION DE M. ELOY

1re catégorie : Lucien Croquet — M. Légu — *Vidal* — Victor — *Auguste S*.

2e catégorie : *Mme Galtié* — *Henri Vallat* — Bris — *Nouguier* — n° 2.

3e Catégorie : Cuni — Mme Cer... — Bour — Henri Bil — *Hoyos*.

4e catégorie : *Jules D*... — Gaspard — *Carron* — Far.

5e catégorie : Soufflet — *Robert-Tilloy*.

6e catégorie A — *Eyraud*.

Que penser de ces deux classifications ?

Les quatre premiers échelons, chez M. Vié, qui contiennent les cas de moralité relativement supérieure, ne comprennent que 3 criminels et 5 normaux ; au contraire, les quatre derniers échelons contiennent 7 criminels, soit plus du double, et 5 normaux. Il est incontestable que la sagacité de M. Vié ne s'est pas trouvée en défaut, pour les criminels ; il a moins bien dépisté les normaux, puisqu'il les a répartis en nombre égal dans les deux catégories. Les deux moitiés de la classification de M. Eloy sont à peu près équivalentes, sauf qu'il a un criminel de moins dans la moitié supérieure et un honnête homme de moins dans la moitié inférieure.

Quant aux erreurs dans la comparaison des couples, elles sont au nombre de 5 sur 11 pour M. Vié et aussi pour M. Eloy.

Elles ont porté sur Vallat, Jules D., la femme Galtié, Vidal, Carron le parricide, l'Inverti et enfin Hoyos.

Fig. 67. — *Ces charmantes pensées ont été écrites en prison par un jeune inverti qui a étranglé sa mère, en lui enfonçant ses doigts dans la gorge, parce que la malheureuse lui refusait de l'argent.*

Il y aurait lieu, pour finir, de rechercher si quelque analogie se découvre entre les résultats d'examen de nos trois experts. Peu nombreux sont les noms de ceux qui ont été mis

dans la même catégorie par tous; j'entends par même catégorie la première moitié ou la seconde de la série hiérarchique; Lucien Croquet, n° 2, Bour, Cuny, Henri Bil, Far, Gaspard, Eyraud, Tilloy sont seuls dans ce cas. C'est vraiment
très peu, que pour 9 écritures sur 22 les graphologues se
soient mis d'accord. Ils sont donc en opposition pour 13, et
déjà ce désaccord sur la majorité des écritures nous démontre d'une manière évidente que la matière à traiter ici est
bien délicate.

Nous avons constaté, à propos de la graphologie de l'intelligence, que les experts arrivent assez bien à définir les caractères d'une écriture intelligente. Il n'en est pas de même ici;
et cette observation ne manque pas de gravité. J'y porterai
toutes les atténuations qu'on voudra, et je reconnaitrai avec
plaisir que si les documents avaient été plus abondants, on
aurait fait mieux. Soit. Je sais même gré aux graphologues
de ne pas s'être retranchés derrière l'insuffisance des documents. Il n'en reste pas moins vrai, malheureusement, qu'une
opinion commune n'a pas pu se former sur la moralité dans
les écritures, et il semble qu'on a le droit d'en conclure que
cette graphologie-là est beaucoup moins avancée que celle
de l'intelligence.

Pour les couples à comparer, les mêmes divergences se
manifestent entre nos trois experts. M. Crépieux-Jamin se
trompe sur la moralité de Carron, le parricide, sur celle de
Hoyos et celle de l'Inverti ; M. Vié ne commet aucune erreur
sur eux; il se trompe sur d'autres; M. Eloy se méprend un peu
sur les mêmes que M. Vié, un peu sur les mêmes que M. Crépieux-Jamin. Des rencontres sont inévitables quand on opère
sur d'aussi petits nombres ; mais ces rencontres n'ont rien de
significatif.

Par-dessus tout, c'est le quantum d'erreurs qui nous
étonne. La moindre est de 3 sur 11, ce qui est considérable,
relativement à ce que nous avions constaté dans nos études
graphiques sur l'intelligence. Nous sommes loin du pourcentage de 90 diagnostics justes ; nous n'atteignons ici que 73
pour le plus avisé des graphologues, 64 pour le second, et aussi
pour le troisième. Les doutes, les hésitations, les changements
d'opinions, dont quelques experts ont bien voulu nous faire
la confidence montrent encore, et d'une autre manière, com-

bien ces questions sont encore mal étudiées ; et certainement, M. Crépieux-Jamin, qui sait si bien quand il doit douter de lui-même, qui est non seulement le plus savant, mais le plus douteur de tous mes experts, n'a pas été grandement surpris des erreurs que nous avons été obligé d'inscrire à son actif. Ces erreurs n'ont rien de décourageant. Il ne faut jamais se décourager. Il faut chercher, travailler, et surtout travailler mieux, avec des méthodes plus sûres, ne pas oublier que sans l'observation et l'expérimentation méthodique on n'aboutit à rien, ou plutôt on aboutit à des conclusions dont l'exactitude ne se contrôle pas et qui permettent des illusions dangereuses. Admettons que la graphologie du caractère, et en particulier celle de la bonté, peut s'amender, se perfectionner, égaler la précision à laquelle a déjà atteint la graphologie de l'intelligence. Espérons-le ; mais confessons que pour le moment, ce n'est encore qu'une lueur incertaine.

CHAPITRE XXVII

Conclusion générale

Le livre que nous venons d'écrire sur le contrôle de la graphologie ne ressemble guère en apparence, au *Système de logique inductive et déductive* de Stuart Mill; et cependant, ce qui fait l'intérêt de notre recherche, si elle en a un, c'est qu'elle est un effort pour appliquer à des phénomènes extrêmement compliqués et fuyants les règles rigides de la logique. Notre but principal a moins été de vider la question de savoir si l'écriture nous apprend quelque chose sur l'intelligence et le caractère de ceux qui ont tenu la plume, que de montrer la marche à suivre pour imposer les méthodes de démonstration aux phénomènes moraux. Ainsi, l'écriture n'a été pour nous qu'un exemple, une matière à expérimentation, et je suppose que cet exemple, avec ce qu'il contenait d'actualité, d'analyse, et de lutte vive quoique courtoise, contre les experts, était autrement intéressant et vivant que la froide et abstraite théorie de la rosée sur laquelle Stuart Mill a fait sa démonstration.

Ce n'est pas tout. Ces études de graphologie se rattachent par d'autres liens à mes recherches antérieures ; elle sont un anneau d'une chaîne ; elles sont le fragment d'un ensemble plus vaste, auquel on pourrait donner le nom : *les signes extérieurs de l'intelligence.* J'ai déjà publié (1) quelques analyses

1. *Année psychologique*, t. VII, Paris, Masson.

de ces signes, par exemple mes mesures du volume du crâne dans ses rapports avec le degré intellectuel [1]; j'ai dans mon tiroir d'autres études, sur la signification de la physionomie, et sur la valeur de la chiromancie. J'entrevois bien d'autres recherches à faire, sur la valeur révélatrice du geste, de l'intonation, du timbre, du vocabulaire, de la syntaxe. Un peu, bien peu est terminé. Beaucoup reste sur les chantiers. La graphologie s'intercale dans cette série. Et déjà de toutes les ébauches qui ont été tentées, on voit, on constate qu'il va sortir une conclusion assez précise : cette conclusion, c'est que dans la graphologie, comme dans la céphalométrie, probablement aussi dans la chiromancie — il y a quelque chose de vrai.

Mais en quoi consiste « cette âme de vérité » ? Quelle en est la dose ? Quelle en est l'importance ? Quelle en est la nature ? C'est sur tous ces points que je voudrais apporter un peu de précision. Bien entendu je me bornerai à la graphologie, qui ici est seule en cause.

D'abord on a dû être frappé de la difficulté des interprétations. Contrôler la graphologie, ce n'est pas du tout une affaire simple. On est entouré d'erreurs de toutes sortes, et il y en a tant, de si subtiles, de si inattendues, qu'on n'est jamais certain de les éliminer toutes. La plus dangereuse est la suggestion, ce choléra de la psychologie. La suggestion est partout, elle nous assaille du dehors, et elle se cache en nous, où elle corrompt notre jugement à sa source; elle devient extrêmement puissante quand, comme ici, elle mord sur des phénomènes moraux qui ne se mesurent pas, et dont la valeur n'apparaît qu'à travers une impression extrêmement complexe. Rappelons-nous par exemple ce qu'il faut faire pour contrôler scientifiquement un portrait graphologique. Il suffit de bien peu de prévention pour qu'on déclare que le portrait ressemble au modèle ou au contraire ne lui ressemble pas. En réalité, quelques-uns ressemblent, d'autres diffèrent. Et pour arriver à doser la part exacte de vérité, que de précautions à prendre, quelle procédure lente et minutieuse !

Après la suggestion, ce qu'il faut craindre surtout, ce sont

1. Il faut distinguer ici, comme M. Crépieux-Jamin me le fait remarquer, entre l'étude des formes de la main, et l'étude des lignes de la main; celle-ci paraît bien plus problématique que celle-là.

les malices du hasard. Le hasard est capable de répondre juste à n'importe quelle question, même la plus difficile. Il y a même des réponses données au hasard, qui ont une forme telle qu'elles tombent presque toujours juste. Il a donc fallu étudier de très près les probabilités, et se résigner à des calculs et à des chiffres. Nous sommes arrivé à cette conclusion capitale comme importance, que le fait unique, l'observation isolée ne prouvent rien en graphologie. Le pourcentage est seul une démonstration. Quand un graphologue nous dit, en regardant une écriture : « Cette personne a 40 ans », il est possible que la personne ait 40 ans tout juste, sans que le graphologue ait vu son âge dans l'écriture. Cela peut être un bonheur de coïncidence. Pour être certain, il faut une série. Il faut établir ce que donne le hasard, agissant seul, avec ses propres ressources, et voir si l'expert fait mieux. Le calcul du hasard n'est point pure affaire de mathématicien; il exige souvent une appréciation délicate et suppose quelque sens de la psychologie.

Après avoir pris toutes les précautions dont nous avions reconnu l'urgence, quelles constatations avons-nous faites ?

Qu'il s'agisse du sexe, de l'âge, de l'intelligence ou même (ce dernier point avec plus de réserve) qu'il s'agisse du caractère, nous arrivons toujours à la même conclusion. Les solutions fournies sur les gens par des graphologues qui ne voient que leur écriture sont constamment supérieures aux données du hasard, et elles ne sont jamais infaillibles dans l'unanimité des cas.

Donc, d'abord et incontestablement, il y a une part de vérité. Cette part est variable, et le chiffre dans lequel on voudrait la fixer d'une manière générale n'aurait aucune valeur: cela dépend du document, et surtout de celui qui l'examine. Il y a des cerveaux que la nature a doués d'une finesse remarquable; ce sont de vrais génies; il y en a d'autres qui, moins brillamment, peuvent encore rendre des services. Il y en a enfin qui sont dépourvus de toute capacité, et ne sont bons à rien. Que chacun se garde! Qu'on ne se laisse pas éblouir par la qualité de graphologue ! Il y a aussi des ignorants, qui sans avoir aucune prétention, sans s'être livrés à aucune étude préparatoire, réussissent mieux que certains professionnels.

D'autre part, la graphologie n'est point infaillible. Je sens bien que quelques-uns vont résister à cette proposition. On a déjà commencé. Les graphologues, qui sont rarement modestes pourtant, aiment mieux s'accuser d'étourderie, de faiblesse, d'impéritie, et de toutes sortes de défauts humiliants, plutôt que laisser mettre en cause leur science. Quand ils sont pris en flagrant délit d'erreur, le plus souvent ils nous disent : « C'est moi qui suis coupable, accablez-moi. L'honneur de la graphologie est sauf. » On n'est pas forcé de les croire. Il serait même dangereux de les croire; ils nous mèneraient loin; car aucun n'est embarrassé pour justifier une assertion quelconque, au moyen d'une étude d'écriture. Nous l'avons bien vu dans nos expériences de suggestion, et de pièges. La valeur des signes graphologiques est assez souple pour se prêter aux usages les plus franchement contradictoires, tout comme le sabre de Joseph Prudhomme qui sert à défendre l'État ou au besoin à le combattre. Jamais on ne doit permettre à un graphologue de justifier par l'écriture ce qu'il sait déjà être vrai, le jeu est trop facile.

Repoussés par nous dans leurs offres de justification, les graphologues nous diront peut-être que leur art, dans son état actuel, est encore faillible, mais le deviendra nécessairement moins à l'avenir. La science ne peut que progresser; celle de demain surpassera celle d'aujourd'hui. Bien. La science en tant que connaissance générale, ajoutera-t-on, est nécessairement supérieure aux connaissances individuelles des savants. Il y a quelqu'un qui est plus fort que Crépieux-Jamin, c'est l'entité graphologique. Soit. Reconnaissons cette supériorité.

Mais la question est de savoir à combien cette supériorité peut atteindre. Devant le résidu d'erreur que nous trouvons constamment au fond de notre creuset, nous nous demandons s'il est probable que la graphologie supprime ce résidu; en d'autres termes, une graphologie parfaite est-elle possible ?

Le problème paraît se diviser en deux parties; et cette division, que nous allons indiquer, est probablement importante, car nous la retrouvons ailleurs, dans d'autres domaines, par exemple dans l'étude de la physionomie.

D'une part, il faut admettre l'existence bien réelle d'écritures ayant les caractères que les graphologues décrivent.

Il y a par exemple, c'est incontestable, un type, plusieurs types d'écriture très intelligente, et d'écriture moins intelligente. Les graphologues peuvent se mettre d'accord sur la notation des signes qui constituent l'intelligence dans l'écriture; et cette notation pourrait être rendue tellement précise que personne, ou presque personne, ne s'y tromperait. Avec quelques réserves, ce serait aussi facile à reconnaître qu'une teinte colorée ou une longueur.

D'autre part, il faut admettre que ces types d'écriture ainsi définis correspondent le plus souvent, mais pas toujours, avec les phénomèmes psychologiques qu'ils révèlent. Il y a un lien, entre le signe et la chose signifiée, mais ce lien peut manquer. Une écriture contenant les signes évidents de grande intelligence peut, par aventure, émaner d'un médiocre. Alors, ce ne sont pas les signes qui sont en défaut, c'est leur signification; et ce défaut de correspondance, quoique rare, mais restant toujours possible, fait de la graphologie un art faillible.

Il est bon d'insister là-dessus; car c'est une utile occasion de lutter contre un préjugé tenace. La graphologie a, pour certaines gens, le prestige d'un sacerdoce; la qualité de graphologue confère à l'adepte un pouvoir d'autant plus grand que c'est un pouvoir mystérieux. Le profane admire d'autant plus qu'il comprend moins, et l'autorité est surtout forte quand elle s'exerce sur des choses inexpliquées. Du reste, il est facile de voir pourquoi les graphologues ont su s'entourer de tant de prestige. C'est parce qu'ils se servent de connaissances qui sont de l'ordre intuitif. L'intuition est le contraire du raisonnement; c'est ce qui ne se démontre pas, ce qui se fait par une sorte de perception subite, un coup de la grâce.

Tout le développement de la graphologie s'est opéré de cette manière. On chercherait en vain dans les traités spéciaux la lenteur et le détail des recherches expérimentales et des démontrations minutieuses. On affirme. On se sert du principe d'autorité. Lorsque je parcours les livres de graphologie, les meilleurs, les seuls qui comptent, je suis frappé de voir combien les preuves citées y sont rares; elles ne figurent qu'à titre d'illustrations, et on comprend la faiblesse, l'inanité, je dirai même la profondeur de comique des démonstrations qui se font à l'aide d'exemples choisis. J'ai déjà parlé à plusieurs graphologues de cette nécessité de démontrer; leurs réponses ne m'ont pas toujours convaincu.

Les uns se satisfont avec l'idée que l'abbé Michon, le fondateur et comme l'agent responsable de cette science, avait certainement réuni et comparé des écritures de gens à caractères connus, pour élaborer son système de signes. Ce « certainement » là me paraît extrêmement douteux. On n'affirme d'ailleurs, avec insistance, que ce qui est douteux.

Les autres pensent que pour organiser une science ou même un art, il faut commencer par affirmer, on démontre ensuite. Oui. Peut-être, car l'affirmation est le procédé de rhétorique qui frappe le plus fortement les esprits, mais à la condition que la démonstration ne tarde pas trop, car jusque-là, la valeur de l'affirmation reste affectée d'une condition suspensive.

D'autres nous apprennent qu'ils reçoivent par leur expérience de tous les jours la confirmation de leurs diagnostics, et ils s'imaginent de bonne foi que lorsque le consultant se déclare satisfait de leurs avis, cela peut compter pour une expérience bien faite. J'espère avoir, tout le long de ce travail, démontré le contraire, par l'énumération de la formidable armée de causes d'erreurs qu'il faut éviter pour constater scientifiquement une vérité. Dans les exercices de graphologie qu'on fait au va-comme-je-te-pousse, on ne prend aucune de ces précautions, et les résultats sont sans valeur. Ils ont même le danger d'augmenter la crédulité des uns et la confiance des autres, ce qui n'est pas pour favoriser l'esprit critique.

La science en se détournant jusqu'ici de la graphologie s'est désintéressée d'un « domaine » qui est bien plus vaste qu'on ne pense; il s'étend à perte de vue; il comprend toutes les connaissances empiriques que nous possédons, que nous acquérons on ne sait trop comment, et qui nous rendent de si grands services dans la vie quotidienne. Il est clair que par exemple notre connaissance du caractère des hommes, nos prévisions de leurs actes, et la manière dont nous devinons leurs sentiments, rien qu'en écoutant le son de leur voix, ou en guettant les expressions de leur physionomie, est une accumulation de remarques empiriques qui ne doit rien à la psychologie; il est évident aussi que la sûreté avec

laquelle un ignorant peut juger si une personne est bien por-
tante ou malade, ou seulement un peu faible, d'après la colora-
tion de sa peau, son allure générale et une foule de petits signes
imperceptibles, n'est point le résultat d'une étude médicale
théorique; et il en est de même d'une foule d'autres connaissances qui sont en nous et nous servent continuellement.
Tout cela est, comme origine, extra-scientifique.

La science pourrait-elle s'introduire là-dedans? Ceux qui
s'y sont déjà établis pensent volontiers que non, parce qu'ils
veulent conserver cette situation mystérieuse et privilégiée qui
les fait ressembler à des mages. On a remarqué avec esprit que
les spirites, ces autres amateurs de clair-obscur qui sont peut-
être de même la famille que les graphologues et les chiromanciens, ne se font pas faute de réclamer la collaboration de la
science, mais lorsque celle-ci commence une incursion chez
eux, ils ne peuvent pas se faire à ses méthodes de précision
qui vont si mal à leur nature d'esprit; ils reculent devant le
flot qui monte, et ils vont planter leur tente plus loin, car
ce qu'il leur faut c'est l'imprécis, l'indémontré, le rêve, la
foi.

Je crois, j'espère que les graphologues, pas plus que les
chiromanciens et les physiognomonistes, n'appartiennent
à cette catégorie de rétrogrades. Je les convie donc à favoriser de tout leur pouvoir la recherche scientifique. Ayant
rencontré parmi eux des esprits très distingués, très ouverts
très libéraux, j'ai bon espoir. Je souhaite donc ardemment
que les vraies méthodes expérimentales, avec toute leur rigueur, soient appliquées à l'étude de l'écriture. Je fais mieux
que de former des souhaits platoniques, j'offre mon concours.

Il faudrait pour ces recherches nouvelles, d'abord un intuitif,
un croyant, à l'esprit fin, chercheur, fouilleur et même un peu
aventureux; que celui-là fût déjà un graphologue convaincu,
ce ne serait pas un mal; et volontiers on lui souhaiterait la force
d'intuition si curieuse et si pénétrante d'un Crépieux-Jamin.
Si celui que je nomme ici et que les graphologues doivent
être fiers de compter parmi eux acceptait de faire ce travail,
ce serait une bonne fortune pour la graphologie.

Derrière lui, d'un pas plus lourd, mais plus circonspect,
marcherait le contrôleur, celui qui comme moi a assumé le

rôle ingrat de douter de tout, non par scepticisme de dilet-
tante, mais par besoin de précision et de démonstration. Je
promets mon concours parce que je sens que la graphologie,
qui en se développant comme un sauvageon a déjà donné
de jolies fleurs, mériterait qu'on essayât de lui appliquer une
culture rationnelle. C'est un art d'avenir.

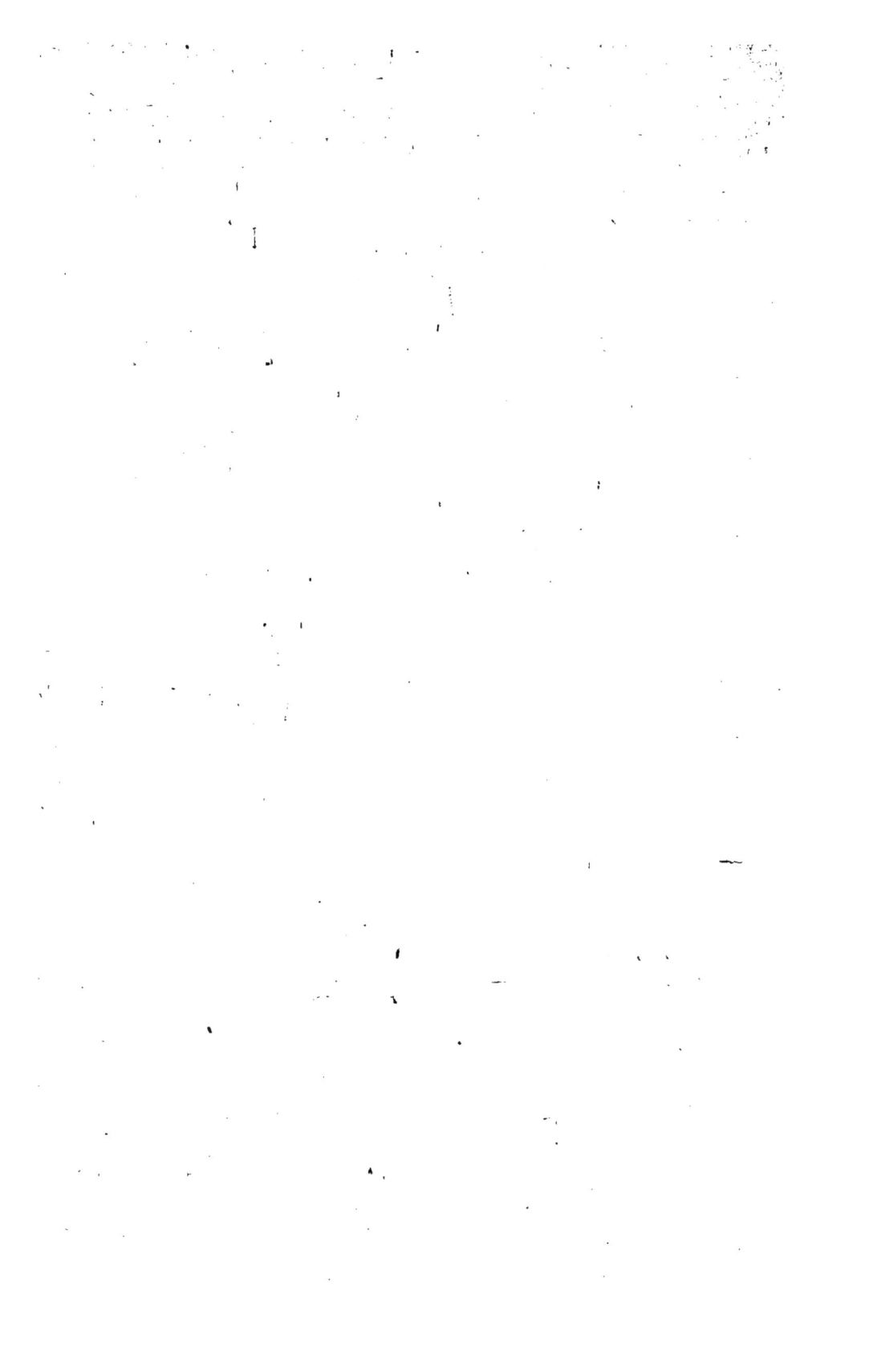

TABLE DES MATIÈRES

QUATRIÈME PARTIE

Le Caractère dans l'Ecriture

Paris. — Typ. PHILIPPE RENOUARD, 19, rue des Saints-Pères. — 37